权威·前沿·原创

皮书系列为
"十二五""十三五"国家重点图书出版规划项目

BLUE BOOK

智库成果出版与传播平台

北京市哲学社会科学研究基地智库报告系列丛书

首都文化贸易蓝皮书
BLUE BOOK OF BEIJING INTERNATIONAL CULTURAL TRADE

首都文化贸易发展报告（2021）
RESEARCH REPORT OF BEIJING INTERNATIONAL CULTURAL TRADE (2021)

主　编 / 李嘉珊
副主编 / 孙俊新

社会科学文献出版社
SOCIAL SCIENCES ACADEMIC PRESS (CHINA)

图书在版编目(CIP)数据

首都文化贸易发展报告.2021/李嘉珊主编.--北京:社会科学文献出版社,2021.8
(首都文化贸易蓝皮书)
ISBN 978-7-5201-8903-3

Ⅰ.①首… Ⅱ.①李… Ⅲ.①文化产业-研究报告-北京-2021 Ⅳ.①G127.1

中国版本图书馆CIP数据核字(2021)第169557号

首都文化贸易蓝皮书
首都文化贸易发展报告(2021)

主　　编／李嘉珊

出　版　人／王利民
责任编辑／路　红　丁阿丽
文稿编辑／李惠惠　公靖靖　程丽霞
责任印制／王京美

出　　版／社会科学文献出版社 (010) 59367194
　　　　　地址:北京市北三环中路甲29号院华龙大厦　邮编:100029
　　　　　网址:www.ssap.com.cn

发　　行／市场营销中心 (010) 59367081　59367083
印　　装／天津千鹤文化传播有限公司

规　　格／开　本:787mm×1092mm　1/16
　　　　　印　张:20.5　字　数:305千字

版　　次／2021年8月第1版　2021年8月第1次印刷
书　　号／ISBN 978-7-5201-8903-3
定　　价／158.00元

本书如有印装质量问题,请与读者服务中心 (010-59367028) 联系

▲ 版权所有 翻印必究

《首都文化贸易发展报告（2021）》编委会

主　　编　李嘉珊

副 主 编　孙俊新

编撰单位　北京第二外国语学院国家文化发展国际战略研究院
　　　　　首都国际交往中心研究院
　　　　　中国服务贸易研究院
　　　　　中国国际贸易学会服务贸易专业委员会
　　　　　首都国际服务贸易与文化贸易研究基地
　　　　　国家文化贸易学术研究平台
　　　　　首都对外文化贸易与文化交流协同创新中心

总 顾 问
　　　　　陈　健　中国服务贸易研究院总顾问、原中华人民共和国商务部副部长
　　　　　刘　鹏　首都国际交往中心研究院名誉院长、中国奥委会名誉主席

学术顾问
　　　　　刘宝荣　中国国际贸易学会

胡景岩　原中华人民共和国商务部服贸司
张国庆　中国国际贸易学会自贸区港专业委员会
李　钢　中国国际贸易学会
李小牧　北京第二外国语学院
钱建初　中国驻斯洛伐克大使馆
李　俊　商务部国际贸易经济合作研究院
蔡继辉　社会科学文献出版社
李怀亮　中国传媒大学
曲如晓　北京师范大学
高宏存　中共中央党校（国家行政学院）
王成慧　北京第二外国语学院
张　平　北京舞蹈学院

撰　　稿（按姓氏笔画排序）

王海文　方　朔　伍格慧　刘　畅　刘　霞
刘冬雪　刘洪宇　刘嘉瑶　孙　静　孙俊新
孙乾坤　李中秋　李洪波　李洪新　李继东
李嘉珊　李婕臣希　张　伟　张宸妍　林建勇
罗立彬　荆　雯　宫月晴　倪静娴　郭　剑
梅　凯　梁　丰　董　涛　程相宾　储　琪
廖麟玉
Li Pei-Hong

主要编撰者简介

李嘉珊 教授，北京第二外国语学院中国服务贸易研究院、国家文化发展国际战略研究院常务副院长，首都国际交往中心研究院执行院长，交叉学科国际文化贸易学科负责人，首都国际服务贸易与文化贸易研究基地首席专家，国家文化贸易学术研究平台专家兼秘书长，兼任中国国际贸易学会常务理事，中国国际贸易学会服务贸易专业委员会秘书长，英国纽卡斯尔大学、伦敦大学金史密斯学院客座研究员等。作为负责人主持并完成国家级、省部级和专项委托项目30余项，多项研究成果被采纳。出版学术专著多部，其中《国际文化贸易论》获商务部"商务发展研究成果奖（2017）"论著类二等奖。作为总主编策划、组织、编撰"'一带一路'沿线主要国家文化市场研究系列丛书""文化贸易蓝皮书"，发表学术论文《"一带一路"倡议背景下中国对外文化投资的机遇与挑战》等30余篇。

孙俊新 教授，北京第二外国语学院经济学院国际文化贸易系主任，硕士生导师，首都国际服务贸易与文化贸易研究基地研究员。主要研究领域为国际文化贸易与投资、国际服务贸易与投资。曾访学澳大利亚昆士兰科技大学、澳大利亚国立大学、美国北亚利桑那大学。入选2018年北京市属高校青年拔尖人才培育计划。主持国家社科基金课题1项、教育部人文社科课题2项、北京市社科课题1项。在《财贸经济》《南开经济研究》《人民论坛》《山西财经大学学报》《经济问题探索》《文化产业研究》等CSSCI所收录的期刊上发表论文十余篇，出版专著2部，出版教材2部，发表教学论文近十篇。

序 言

2020年是极其不平凡的一年，新冠肺炎疫情使全球政治经济格局发生了深刻改变，国际形势进一步复杂化。世界经济发展形势严峻，经济全球化严重受阻，发展前景更加扑朔迷离。中美贸易摩擦不断，美对华加征关税规模不断扩大；禁售、打压中国出海的高科技企业，遏制中国高科技领域发展。我们明确地认识到，中美贸易摩擦具有长期性和日益严峻性。这都给中国经济发展带来了前所未有的挑战，文化贸易受到的波及尤其严重，文化生产经营被迫暂停，文化类国际展会取消或延期，文化企业面临巨大的生存压力，文化旅游等重点行业面临巨大的挑战。

面对纷繁复杂的发展形势，以习近平同志为核心的党中央明确指出，"我国发展仍然处于重要战略机遇期，但机遇和挑战都有新的发展变化"，①并提出了推动更深层次的改革、实行更高水平的开放，构建以国内大循环为主体、国内国际双循环相互促进的新发展格局。2020年，国务院办公厅印发《关于推进对外贸易创新发展的实施意见》，从总体上提出了关于中国对外贸易创新发展的"五个优化"和"三项建设"，明确指出要"加快发展对外文化贸易，加大对国家文化出口重点企业和重点项目的支持，加强国家文化出口基地建设"。在积极应对疫情冲击的同时，中国坚定不移扩大对外开放，稳住外贸外资基本盘，稳定产业链供应链，支持文化企业复工复产，为文化贸易"负重前行"、平稳向前奠定了基础。总体来看，2020年，中国文

---

① 《人民日报社论：奋力夺取全面建设社会主义现代化国家新胜利》，新华社，2020年10月29日。

化产品对外贸易总额为1086.90亿美元，同比下降2.48%。其中，出口总额为972.01亿美元，同比下降2.69%，进口总额为114.89亿美元，同比下降0.70%，文化产品进出口额均出现了小幅下降，但总体维持了较为平稳的发展态势。北京文化建设与贸易发展为全国做出了表率，在继续开展和全面推进服务业扩大开放综合试点基础上，发力数字经济发展。2020年，北京市相继出台《北京市促进数字经济创新发展行动纲要（2020—2022年）》《北京市关于打造数字贸易试验区实施方案》《北京国际大数据交易所设立工作实施方案》，强化北京文化贸易同数字经济的结合，推动文化贸易走上数字化、国际化轨道。2020年，北京市规模以上文化产业收入合计达14209.3亿元，同比增长0.9%，文化核心领域收入合计达12986.2亿元，同比增长3.6%，占总收入比重达91.39%。在外向型市场主体方面，根据2019~2020年度国家文化出口重点企业和项目认定结果，北京共有39家企业获评重点企业，占全国总数的11.64%，获评18项重点项目，占全国总数的13.95%。虽然疫情给北京文化产业和贸易带来不小的冲击，但因互联网发挥积极作用，其中新闻信息服务和内容创作生产的收入占比大幅增加，在一定程度上缓解了疫情带来的压力。

在疫情影响下，上述成绩的取得让我们振奋。回看过往、展望未来，我对中国经济发展、对文化贸易的发展更有信心。首先，中国采取有效措施防止疫情进一步蔓延，为经济恢复创造了良好条件。当前疫情仍在全球蔓延，世界经济严重衰退，各国经济恢复不平衡、不充分。中国采取了坚决果断有力的措施，在疫情得到有效控制后采取了分区分级精准复工复产的策略，加速推进经济复苏和社会生活回归正常，展现了中国经济的韧性与潜力，中国成为引领世界经济复苏的"火车头"。其次，中国完整的产业链和企业强大的恢复能力为外贸回升提供了支撑。改革开放40多年来，世界对中国尤其是对中国产业链的完整性、重要性的认识已经越来越清晰和客观。尤其是疫情发生以来，更多国家认识到，中国作为一个成熟的市场，能够为全球的企业提供更好的便利条件，中国完整的产业链、供应链具有强大的优势。最后，文化贸易具有国际化、专业化、市场化的鲜明特征，在创新国际传播中

序　言

被寄予厚望。习近平总书记强调，讲好中国故事，传播好中国声音，展示真实、立体、全面的中国，是加强我国国际传播能力建设的重要任务。北京第二外国语学院李嘉珊教授多次阐释，文化贸易运用市场法则、遵守国际惯例，行大道、走正门进入"文化围城"，既是中国文化软实力的体现和印证，更是中华文化有效对外传播的现实路径。特别是疫情防控常态化以来，数字经济与文化贸易进一步紧密结合，文化企业主动发挥数字化与线上经营的独特优势，数字文化供给被激活，数字消费渠道被打通，成为中国与世界互动沟通的有效途径。

作为长期奋斗在国际贸易实践一线和学术研究领域的一员，我非常欣喜地看到，北京第二外国语学院有一支自2003年起就专注于"服务贸易与文化贸易"理论实践研究与人才培养的队伍，并取得了丰硕成果。2017年，研究团队开始编撰、出版"文化贸易蓝皮书"，形成《中国国际文化贸易发展报告》《首都文化贸易发展报告》两大系列，产生了广泛的积极影响。2019年，研究团队联合8家高校机构发起成立"中国国际贸易学会服务贸易专业委员会"，经中国国际贸易学会研究决定予以批准。为更好推进中国国际贸易学会服务贸易专业委员会的工作，北京第二外国语学院与中国国际贸易学会签署协议共建中国服务贸易研究院，为发展注入了新的活力。

在北京第二外国语学院服务贸易与文化贸易研究团队和他们的成果中，我看到了新时代学术研究的闪闪光芒。研究团队始终与国家、首都发展需求同频共振，以学者特有的热忱和激情，立足服务国家发展战略、服务北京"四个中心"功能建设，坚守初心、勇于担当；始终以"安于此、乐于此"的学术精神，深耕服务贸易与文化贸易领域，以交叉学科知识为基础，敢于做中国国际文化贸易新思想、新观点的"拓荒者"；始终秉承"以实践为师，为实践服务"的理念，讲事实、讲数据、讲作为。2020年3~4月，研究团队进行了"新冠肺炎疫情对我国文化贸易企业跨国经营的影响及应对措施"和"疫情防控常态化下文化贸易企业复工复产复业综合情况调查"2项专题线上调研。在疫情防控允许的条件下，研究团队赴全国十余个省市展开专题调研，为本年度中国国际文化贸易、首都文化贸易的研究获得了宝贵的第一手信息资料；研究团队始终关注团队青年骨干成长，通过方向领航、选题孵化、项目培育、合作创新等方式助力发展，团队梯队结构合理、发展态势喜人，为该领域研究的可持续发展与高质量人才培养做出了突出贡献。

为这样一支团队的研究成果题写序言，我感觉非常激动。作为中国国际贸易学会会长，期待有更多如此专注、坚守、务实的学术同人加入该领域的理论与实践研究，并肩携手前行！也期待研究团队不断产出更多优秀研究成果，为新时代国家服务贸易和文化贸易的高质量发展提供学术的力量！

金 旭

中国国际贸易学会会长

2021 年 7 月

摘　要

2021年是全面开启现代化建设新征程的第一年，也是实施"十四五"规划、开启全面建设社会主义现代化国家新征程的第一年。站在这样一个重要的历史起点上，回首2020年，"十三五"圆满收官，"十四五"全面擘画，新发展格局加快构建，高质量发展深入实施。2020年，北京市规模以上文化产业收入合计达14209.3亿元，同比增长0.9%，其中文化核心领域收入合计达12986.2亿元，同比增长3.6%，占总收入比重达91.39%。

《首都文化贸易发展报告（2021）》设置总报告、行业篇、专题篇、比较与借鉴篇，关注演艺、广播影视、电影、图书版权、动漫、游戏、文化旅游、艺术品、创意设计等首都文化贸易9个重点行业领域。本书综合运用实地考察与典型案例研究、文献数据分析与比较研究等方法，通过整体研究与重点行业研究，对首都对外文化贸易存在的问题进行了深入探讨，总结经验、提出对策。在国际形势处于百年未有之大变局和疫情防控常态化下，北京文化贸易需要在用足用好北京服务业扩大开放政策、建设对外文化贸易机制平台、加强知识产权交易与咨询服务、以"＋文化"激发多产业横向联动、抓住数字贸易发展机遇等方面有所作为，以提升首都文化创新的核心竞争力和国际影响力。

关键词： 文化贸易　对外开放　北京

目 录

Ⅰ 总报告

B.1 首都对外文化贸易发展研究（2021） …………… 李嘉珊 / 001

Ⅱ 行业篇

B.2 首都演艺对外贸易发展报告（2021） …………… 张　伟 / 017
B.3 首都广播影视对外贸易发展报告（2021） …… 梁　丰　李继东 / 038
B.4 首都电影对外贸易发展报告（2021）
　　……………………………… 罗立彬　刘洪宇　廖麟玉 / 053
B.5 首都图书版权对外贸易发展报告（2021）
　　……………………………………… 孙俊新　李婕臣希 / 063
B.6 首都动漫产业对外贸易发展报告（2021） …… 林建勇　倪静娴 / 076
B.7 首都游戏产业对外贸易发展报告（2021） …………… 孙　静 / 088
B.8 首都文化旅游服务贸易发展报告（2021） …… 王海文　方　朔 / 114
B.9 首都艺术品对外贸易发展报告（2021） …… 程相宾　储　琪 / 128
B.10 首都创意设计对外贸易发展报告（2021）
　　……………………………………… 刘　霞　伍格慧 / 148

Ⅲ 专题篇

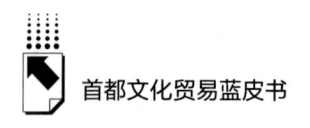

B.11 北京城市中轴线文化遗产活起来
——文化资源创造性转化创新性发展的新路径 …… 李洪波 / 161

B.12 三大品牌展会平台助力北京与全球文化服务贸易发展
……………………………………………… 刘 畅 梅 凯 / 175

B.13 双循环格局下北京文化产品出口的影响因素研究
——基于共建"一带一路"国家的分析
………………………………… 孙乾坤 刘冬雪 张宸妍 / 188

B.14 泛动画时代的动漫国际传播新途径
………………………… 李中秋 李洪新 Li Pei-Hong / 199

B.15 "一带一路"背景下首都演艺品牌国际化策略研究 …… 宫月晴 / 208

B.16 移动短视频助力对外贸易研究
——以新冠肺炎疫情背景下移动短视频在信息传播中的作用为例
………………………………………… 李嘉珊 荆 雯 / 220

B.17 北京市文化企业知识产权发展状况报告 …… 董 涛 郭 剑 / 237

Ⅳ 比较与借鉴篇

B.18 中国数字创意产业全球价值链的发展现状与趋势研究
………………………………………………………… 刘 霞 / 260

B.19 韩国电视节目出口对中国公民赴韩旅游的影响
………………………………………… 李嘉珊 刘嘉瑶 / 272

Abstract ……………………………………………………………… / 289
Contents …………………………………………………………… / 291

皮书数据库阅读使用指南

总报告
General Report

B.1
首都对外文化贸易发展研究（2021）

李嘉珊*

摘　要： 2020年，北京文化行业发展态势良好，内容供给质量明显提升。完善的政策法规促进了北京文化贸易的发展，平台的搭建如天竺综合保税区、数字经济平台等扩大了文化对外开放。北京文化贸易的发展还面临许多机遇和挑战，新冠肺炎疫情突袭而至重创国际文化贸易，新型技术优势持续创新驱动；传统文化交流活动遭遇瓶颈，城市外交全球布局优势凸显；国际关系变局带动贸易变革，海外投资深化开放成效显著。面对严峻的挑战，北京应当抓住机遇，建设对外文化贸易机制与平台，加强知识产权交易与咨询服务，培育开放融合的国际文化市场；孵化多元包容城市文化，树立国际化城市品牌形象，以"+文

---

* 李嘉珊，北京第二外国语学院教授，中国服务贸易研究院常务副院长，国家文化发展国际战略研究院常务副院长，首都国际交往中心研究院执行院长，首都国际服务贸易与文化贸易研究基地首席专家，国家文化贸易学术研究平台专家兼秘书长，研究方向为国际文化贸易、国际服务贸易等。

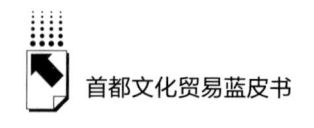

化"激发多产业横向联动；抓住数字贸易发展机遇，鼓励开拓新兴文化领域和文化市场，战略布局全球视角下国际文化贸易创新发展路径；用足用好北京服务业扩大开放政策，充分释放全国文化出口基地优势，提升首都文化创新的核心竞争力和国际影响力。

关键词： 文化贸易　文化产业　北京

近年来，中国文化贸易发展一直保持良好的态势，规模化和市场化程度不断提高，政策体系建设不断加强。大力发展文化贸易已经成为促进经济增长、改善贸易结构、带动相关产业发展、扩大国际影响力的强有力因素。北京作为全国文化中心，是向世界展示中华文化魅力和中国特色社会主义文化繁荣发展成就的重要窗口，其文化建设成就对全国文化发展与建设具有引领性作用。北京大力发展对外文化贸易，符合提高国家文化开放水平、增强文化软实力的时代任务要求，符合北京作为全国文化中心发挥示范带动作用的城市功能定位，符合北京迈向国际文化中心城市的建设目标，更符合北京解决当前城市转型发展问题和产业转型升级的内在需求。

一　北京文化贸易发展现状

（一）文化贸易持续升温，产业基础稳中求进

根据商务部文化贸易公共信息服务平台数据，2019年北京市主要文化产品进出口总额达264918.23万美元，同比增长69.5%，增长率在全国各省（市）领先，其中出口额为76659.36万美元，同比增长189.7%，进口额为188258.87万美元，同比增长45.0%，贸易逆差为111599.51万美元，

进出口结构有待优化。受到新冠肺炎疫情的冲击，2020年北京市文化产品进出口总额与2019年相比有所下滑，但在世界范围内，中国文化产业依靠政府强有力的支持措施和自身稳固的产业基础率先恢复，为文化贸易发展赢得先机，在变动中创新贸易方式、提升国际影响力。

2020年1~12月，北京市规模以上文化产业收入合计达14209.3亿元，同比增长0.9%，从业人员平均人数为59.3万人，同比下降3.0%，其中文化核心领域收入合计达12986.2亿元，同比增长3.6%，占总收入比重达91.39%，文化核心领域从业人员平均人数达50.0万人，同比下降1.9%，占总就业人数比重达84.32%。可见，2020年北京市文化产业总收入和文化核心领域收入较2019年有所增加，虽然疫情给北京文化产业带来不小的冲击，但因互联网发挥积极作用，其中新闻信息服务和内容创作生产的收入占比大幅增加，一定程度上缓解了疫情带来的压力。

在外向型市场主体方面，根据2019~2020年度国家文化出口重点企业和项目认定结果，北京共有39家企业获评2019~2020年度国家文化出口重点企业，占全国文化出口重点企业数的11.64%，共有18个重点项目获评2019~2020年度国家文化出口重点项目，占全国文化出口重点项目数的13.95%。

（二）文化行业发展态势良好，内容供给质量提升

作为全国文化中心，北京市各文化行业持续发力，文化市场热度不减。北京广播影视对外贸易持续升级，继续保持全国领先地位。2020年，在第十届北京国际电影节北京市场签约仪式上，共有21个重点项目、46家企业在现场签约，110个项目在北京市场签约发布，总金额达到330.89亿元，同比增长约7%[①]。

演出行业受疫情影响较大。2019年，北京演出市场共演出22823场，

---

① 《第十届北京国际电影节北京市场签约总金额超330亿》，"央广网"搜狐号，2020年8月30日，https://www.sohu.com/a/415585863_362042。

观众人数达1040万人次，票房达17.44亿元。2020年，北京演出市场共演出6984场，观众人数为185.1万人次，票房约为2.8亿元，与2019年相比演出市场规模明显缩水。但演艺经营模式日益多元，产业业态多元化发展趋势明显，科技与演艺融合应用更加广泛，演艺跨界融合发展也愈加明显，演艺对外贸易产业链得到进一步融合。

在图书版权方面，在中央及北京市多项政策的支持下，北京市积极开展图书版权对外贸易，优秀图书推荐译介成果丰硕，行业培训经验共享，图书展会成果丰富。2019年，第26届北京国际图书博览会达成了中外版权贸易协议5996项，同比增长5.6%，数字技术大显身手，丰富了图书出版合作模式，图书出版企业也主动参与和融入国际版权交易，并积极开展合作与交流，海外投资模式不断创新。2020年，第27届北京国际图书博览会举办了首次线上云书展，面对疫情防控常态化挑战，全面创新办展方式，探讨5G新技术与多业态融合发展问题，积极推动图书出版业转型升级。

2013年以来，北京市动漫游戏产业保持快速发展的态势，总产值年增长率始终保持在13%以上。2019年，动漫游戏产业总产值同比增长约14%，达到806亿元。快速发展的动漫产业已经成为首都文化经济发展的新亮点，与此同时北京重视动漫产业高质量发展，不断创作出优秀的动漫作品，极大推动了动漫产业对外贸易。2019年，北京市动漫游戏产业出口额约352.52亿元，同比增幅达93%，2014~2019年，其动漫游戏产业出口规模始终位居全国第一。2020年，北京动漫游戏产业总产值为1063亿元，同比增长32%，约占全国动漫游戏产业总产值的1/5。2020年，北京动漫游戏产业的出口额为419.29亿元，无论是在年度总产值中所占的比重，还是增长幅度，都有所下降，前者为40%（2019年为44%），后者为19%（2019年为93%），疫情导致多家首都游戏企业倒闭，影响了游戏出口。

（三）政策法规引领发展，平台搭建促进对外开放

北京作为全国文化中心，2006年就在全国率先提出发展文化产业，近年来颁布实施了多项开创引领性政策措施，极大推动了北京文化产业及对外

文化贸易的发展。《北京市文化创意产业提升规划（2014—2020年）》提出了构建"一核、一带、两轴、多中心"的空间格局和"两条主线带动、七大板块直支撑"的产业支撑体系，其中文化贸易是七大板块中的重要板块。2016年4月，北京市政府办公厅发布了《关于加快发展对外文化贸易的实施意见》，首次就对外文化贸易发展做出专项部署，也更加确定了加快发展对外文化贸易的战略目标。

2018年1月，北京银监局、北京市文资办联合印发的《关于促进首都文化金融发展的意见》是北京市自明确"四个中心"定位以来，首个明确指出实现文化与金融深度融合发展的政策性文件。2018年7月，中共北京市委、北京市人民政府印发了《关于推进文化创意产业创新发展的意见》，提及文化消费提升、文化贸易促进、文化金融创新、文化品牌继承、文创人才兴业等领域发展，对加快各大文化行业的功能性流转、创新型发展和创意化改造具有重要的指导意义。

2019年，服务业扩大开放试点，也推进了北京市文化产业更高水平的对外开放。2019年，国务院批复《全面推进北京市服务业扩大开放综合试点工作方案》（以下简称《工作方案》），同意在北京继续开展和全面推进服务业扩大开放综合试点，北京是全国首个服务业扩大开放综合试点城市，《工作方案》中提到"立足文化中心建设，提升文化软实力和国际影响力"，能够有效推进文化行业扩大对外开放、主推国际文化交流、发展文化贸易。

除此以外，对外文化贸易相关平台的搭建也极大助力了北京市文化产业对外开放。2011年10月以来，原文化部及其后的文化和旅游部相继确立上海、北京、深圳为国家对外文化贸易基地。作为中国文化"引进来、走出去"的前沿，国家对外文化贸易基地（北京）依托政策叠加的综合优势，通过一系列的国际活动，为文化企业搭建全方位战略合作平台，推动对外文化贸易发展。2018年，北京天竺综合保税区被纳入一般保税人资格试点的区域范围，跨境电商体验中心也启动运营。文化保税区及自由贸易试验区成为对外文化贸易发展的重要推动力量，文化保税区的诞生也被赋予国际文化

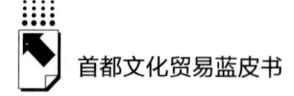

贸易领域的中国特色。2018年6月，北京天竺综合保税区入选了首批13家国家文化出口基地，其对文化企业的引领和辐射作用逐渐显现，行业集聚和产业规模效应逐步彰显，文化出口优惠政策逐步落地。

2020年9月，北京市经济和信息化局、北京市商务局、北京市地方金融监督管理局分别牵头制定的《北京市促进数字经济创新发展行动纲要（2020—2022年）》《北京市关于打造数字贸易试验区实施方案》《北京国际大数据交易所设立工作实施方案》正式发布，以数字贸易和科技创新为主要方向，推动数字贸易试验区、大数据交易所和数据跨境流动监管三项建设，促进数据建设有序流动，围绕科技创新推出一揽子政策，全面提升对国内外创新资源的吸引集聚能力，积极引领和赋能国内数字经济发展，努力将北京市建设成为国际数字化大都市、全球数字经济标杆城市，为北京文化贸易发展提供新型数字经济平台，行数字科技之便利，促进发展，扩大开放，推动文化贸易更加国际化。

二 北京文化贸易发展面临的机遇与挑战

（一）疫情重创国际文化贸易，新型技术优势持续创新驱动

2020年初，新冠肺炎疫情在全球蔓延，对世界经济、贸易投资造成巨大而深远的影响，文化贸易领域也受到波及，文化生产经营活动被迫取消，众多文化类国际展会被取消或被延期，许多文化企业无法正常运营，甚至被迫停止运营，面临巨大的经营压力，文化旅游等行业面临巨大的挑战。2020年3月，"新冠肺炎疫情对北京文化贸易企业跨国经营的影响及应对措施"调研结果显示，疫情防控常态化时期北京部分文化贸易企业面临企业无法正常复工、国际国内市场需求下降、国外出入境限制措施、现金流难题等挑战。同时，从2020年4月"疫情防控常态化下北京文化贸易企业复工复产复业综合情况调查"结果来看，在参与调查的北京文化贸易企业中，超过2/3的企业在2020年第一季度跨境交易（含交易额及交

易频次等综合评价）下降（占69%），其中跨境交易下降1%～50%的企业占27%，跨境交易下降51%及以上的企业占39%，可见疫情对北京文化贸易企业的跨境交易影响较大。

与此同时，众多文化贸易企业在突发公共卫生事件中主动应对，发挥数字化与线上经营的独特优势，文化产品数字化已经成为不可避免的趋势，尤其是在疫情防控常态化时期，数字文化供给被激活，数字消费渠道被打通，成为企业与消费者互动沟通的重要途径。当下数字文化产业已经成为数字文化产品创作、传播和交流的重要阵地，也是掌握全球文化市场话语权的重要工具。2019年1月，北京市经济和信息化局出台了《北京市5G产业发展行动方案（2019年—2022年）》。11月，"2019世界5G大会"在北京召开，以5G等新一代信息技术为代表的新一轮科技革命和产业变革正在快速孕育兴起。作为科技创新中心的北京，积极推动5G产业等新型技术的应用发展。数字文化产业的"辐射状"和"散点式"发展特征能够帮助文化企业抵御一定程度的风险。北京积极顺应新时期文化产业和文化贸易的发展趋势，加强数字贸易领域的基础研究和政策标准制定，为企业开展数字贸易提供资金、税收、技术辅助和知识产权保护等方面的服务与保障，促进北京文化产业内容数字化、贸易渠道数字化以及用户数字化等。

2020年，中国国际服务贸易交易会（以下简称"服贸会"）在北京举办，是在疫情背景下我国在线下举办的第一场重大国际经贸活动，向世界各国展现中国疫情防控和经济社会发展取得的显著成效。第十四届国际服务贸易论坛在服贸会期间举行，论坛以"数字创意产业赋予全球经济发展新动能"为主题，《中国国际文化贸易发展报告（2020）》《首都文化贸易发展报告（2020）》等标志性研究成果在论坛上发布。随着服务贸易占贸易的比重不断上升，服务贸易在未来必将成为各国贸易的一个新的、重要的关注方向。北京作为首个服务业扩大开放综合试点城市，积极推动服务贸易的发展，积极响应国家打造服务业扩大开放综合示范区的举措，带动形成更高层次的开放新格局。

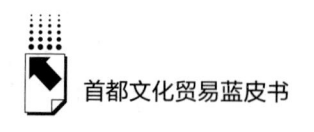

（二）文化交流活动受到冲击，城市外交全球布局优势凸显

一方面受疫情影响，另一方面受地缘政治因素影响，文化交流活动受到冲击，中国文化企业"走出去"也受到很多经济因素的影响。在城市外交发展的进程中，北京作为中国首都更应发挥引领性的关键作用。2016年，《北京市国民经济和社会发展第十三个五年规划纲要》提出，北京在"十三五"期间要强化国际交往功能，建设国际城市。2020年，北京市已与世界五大洲50个国家的55个城市建立了友城关系，基本形成布局合理的城市外交体系。同时，北京城市外交也在北京对外文化贸易发展中具有重要的意义。第一，服务北京传统城市与文化特色，2019年6月6~9日，纪念北京市与东京都缔结友好城市关系40周年"北京周"活动在东京秋叶原会展中心举行，多个文化活动也分别在华盛顿以及都柏林等城市举行，展示了北京历史文化名城形象，推动了经贸文化交流合作。第二，推动北京"政治中心"建设布局，稳定北京文化经济发展的宏观环境，不断拓展利用外资的方式和途径，利用外资持续增长，加强同世界各个国家和地区的双向合作，同时服务首都经济社会发展以政治外交联动经济外交、文化外交等多维度的全方位对外交流，为北京对外文化贸易提供了稳定的政策环境。第三，提升北京作为文化中心的国际影响力，创新发展文化产业新形式，推动城市包容发展，推动首都文化高地融合发展，以国际交往中心建设推动文化及文化产业对外开放，推动北京传统文化资源创造性转化和创新性发展。第四，以科技创新激发首都发展城市新活力，将北京建设成为具有国际影响力的科技创新中心，如在2019年9月举办的中国国际服务贸易交易会就设立了数字创意产业专题，第十四届北京文博会海淀展区也以创新数字文化产业作为其主题。

（三）国际关系变局带动贸易变革，海外投资深化开放成效显著

国际关系的变局是当下需要面对的挑战，就全球文化贸易而言，其贸易主要在发达国家之间，以及发达国家与新兴市场国家之间进行，长期以来呈

现少数发达国家垄断的特征，美国等西方国家就是国际文化贸易中的主要交易对象，而在国际关系变局之下，中美贸易受到极大冲击，相关产业链面临中断，加之疫情影响，各国防控措施持续升级，全球市场更是发生结构变革，人流物流的限制使得当前整体生产分工格局受到严重冲击，全球产业链面临巨大的断裂风险，文化产业也不例外。美国、日本等国在华企业的撤离倾向，欧盟区域一体化呈现脆弱性，这样的逆全球化特征可能对世界文化市场结构产生巨大冲击。西方国家由于疫情认识到其对中国等发展中国家制造业生产的强烈依赖，正处于试图增强独立性、建立新供应链的过程之中。虽然当前国际关系变局所产生的贸易限制没有针对文化产品及服务贸易，但在一定传导期后，可能波及双方的文化贸易，从而导致重要文化贸易交易方的流失。从近几年我国文化贸易情况分析中也可看出，我国与共建"一带一路"国家及地区文化产品贸易规模不断扩大，贸易顺差持续稳定发展、势头向好。2019 年，从国际文化贸易国别和地区看，中国对东盟、欧盟出口增长较快，分别增长 47.4% 和 18.9%；对共建"一带一路"国家出口增长 24.9%；对美出口则下降 6.3%。

在对外文化贸易受到限制的背景下，对外文化投资是更加有效的文化"走出去"方式，随着中国经济结构调整和转型升级，文化投资增长的趋势得到了延续，对外文化投资可以有效打开当地文化市场，拓展海外市场规模，同时能够深入挖掘当地文化市场，最大限度地为文化产品和服务"走出去"创造适宜的市场环境。中国整体经济转暖在一定程度上刺激外部文化需求，其他国家与中国合作的意愿普遍增强，文化产业发展也为对外文化投资奠定了坚实基础，"一带一路"倡议给中国对外文化投资发展带来了巨大的政策助力。通过更加有效的对外文化投资方式，使资源在国际范围内得到更加合理地配置，促进中国对外文化贸易的进一步发展。近年来，北京地区文化企业海外投资逐渐增多，规模逐步扩大，重点项目不断涌现。据北京市商务委统计，2017 年，北京市企业共对全球 73 个国家和地区的 618 家境外企业新增非金融类直接投资 61 亿美元，海外投资深化"走出去"成效显著。北京四达时代集团在非洲卢旺达、几内亚、尼日利亚等十多个国家取得

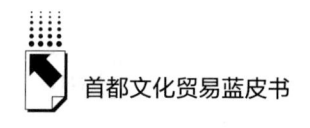

了有关数字电视的运营资质。北京四达时代通讯网络科技有限公司在非洲数字电视整转、运营业务方面发展迅速。

三 北京文化贸易发展对策

（一）建设对外文化贸易机制与平台，加强知识产权交易与咨询服务，培育开放融合的国际文化市场

北京要以国际交往中心建设为引导，以文化中心建设为底蕴，以科技创新中心建设为保障，推动政治中心建设，以服务型政府的背后推动作用激发企业单位、社会组织、高等院校等多元主体的国际交往活力，主动出击，形成经济外交、文化外交、民间外交、学术外交等多方联动机制，形成企事业单位、人民团体、社会组织、公民个人等各种主体共同参与的推动机制。建设外事访问、文化交流、商务交易、交通枢纽等综合一体化城市对外服务平台。利用服务业扩大开放综合试点契机以及服贸会等平台，搭建与国际规则相衔接的服务业扩大开放基本框架，推动北京文化贸易整体水平的提升。

文化贸易企业在商务活动，特别是境外经营性活动中仍旧存在对知识产权重视不足、对国际知识产权概念认识模糊的问题。特别是近些年数字经济的蓬勃发展推动数字贸易的兴起，而在数字虚拟环境中对知识产权的界定和保护的难度更大，导致出现更为隐蔽的侵权问题。例如，国内某古琴文化传播团队通过自媒体视频方式在视频网站中获得了大量关注，其最为知名的作品在海外 YouTube 网站中甚至获得了千万级的播放量和大量海外用户的好评，对于古琴这种小众乐器来讲，能够获得这样的关注是非常不易的。但是就在团队创作逐渐步入正轨，在数字环境中逐渐获得广泛的国际用户认可，开始能够收获数字经济红利时，却由于部分作品与原作者产生版权纠纷而不得不进行下架处理，给多年来积累的人气带来不小的负面影响。

在国际文化贸易中必须积极面对知识产权问题，我们建议打造由政府知

识产权管理部门、知识产权代理公司、相关法律咨询机构、学术研究机构等多部门共同参与、协作的北京文化贸易知识产权交易与咨询服务平台。平台一方面对文化贸易中涉及的知识产权申请、确权、交易、使用等提供标准化流程服务，另一方面对国际知识产权保护提供必要的建议和政策咨询服务，特别是保障文化贸易企业在面对不同国家时，能够及时了解各国对知识产权保护的不同规约，及早避免因知识产权纠纷给企业国际化经营带来的负面影响。

（二）孵化多元包容城市文化，树立国际化城市品牌形象，以"+文化"激发多产业横向联动

繁荣古都历史文化，展现现代文化魅力，构建北京城市文化，塑造北京城市形象，守正创新，完善政府文化扶持政策，健全法律保障体系，优化文化产业的投融资体系，提高北京文化企业自主创新能力，重视非公企业在文化"走出去"中的重要力量，积极开展公共文化设施建设，支持国际文化创意产业园区建设，发展国际高端文化产业，吸引国际一流文化产业项目，提升城市国际多元化和包容性的人文品质。同时，出台鼓励性优惠政策，吸引国际组织总部落户或国际组织区域总部落户，成立国际性社会组织，打造大型国际节庆会展品牌。目前在北京落户的国际组织总部仅有四个，分别是国际竹藤组织、上海合作组织、国际数字地球学会和亚洲基础设施投资银行，仍旧缺乏世界性的、官方的国际组织总部。以举办大型节庆会展为契机，重点规划建设国际组织机构集聚区，吸引国际组织落户北京。积极承办重大国际会议，筹办有国际影响力的科技、经济、文化等高端论坛，提升北京国际知名度。继续办好北京国际电影节等国际交往活动，吸引国际一流文化项目落户北京。在实现北京城市文化多元化发展的同时，展现首都兼容并包的城市自信。

同时，加快鼓励传统产业的创新转型，将原来从文化产业视角出发的"文化+"发展模式，转变为将多行业、多领域与文化产业融合发展的"+文化"发展模式。鼓励各行各业生产兼具功能性和创意性的产品，通过融入

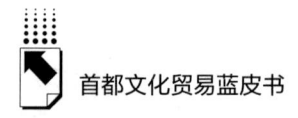

"文化基因"来生产打动消费者、提升行业水平、增强国际竞争力以及符合首都形象的高品质文化产品。具体可以从以下几点出发。一是"+文化"可以推动企业产品设计和商业理念的创新升级，可以更好地激发企业的创新发展动力，拓展企业的经营思路和市场的开拓路径。现阶段，已经有企业开始尝试在产品开发和推广中积极引入文化因素。二是"+文化"可以推动北京文化企业加强跨行业、跨区域合作，推动好创意和好IP衍生出更多的好产品。例如"+文化"推动传统制造业向新制造业转化，通过"制造+文化"的产业升级机制，实现以"文化"为核心，跨领域合作生产高品质文化产品，带动区域相关产业的高质量发展和地区文化事业的蓬勃兴盛。三是以"+文化"提升社会综合效益，增强北京城市的文化传播力和感染力。在北京全国文化中心建设中，政府应该有效利用北京的区位优势和文化资源优势，推动本土企业的"+文化"发展。"+文化"并非仅涉及文化产品与服务，而是应用在各类产品和服务当中。通过"+文化"将北京的传统文化及城市形象附加于商品与服务之上，提升其社会效益，从而将"+文化"理念与北京区域发展相结合，以文化助力区域经济的协同发展，增强北京作为大国首都的文化传播力。

（三）抓住数字贸易发展机遇，鼓励开拓新兴文化领域和文化市场，战略布局全球视角下国际文化贸易创新发展路径

中美贸易摩擦和新冠肺炎疫情将对国际贸易环境产生长期而深远的影响，文化贸易企业的经营将面临较大的压力。中国政府领导下的疫情防控工作取得重大成效，中国经济正在稳步恢复过程中。以国际贸易进出口为例，根据海关总署的报告数据，2020年，中国货物贸易进出口总额32.16万亿元，比2019年增长1.9%，创历史新高。其中，出口额17.93万亿元，增长4%；进口额14.23万亿元，下降0.7%；贸易顺差3.7万亿元，增长27.4%。从整体来看，面对严峻复杂的国际形势和新冠肺炎疫情的严重冲击，2020年外贸进出口明显好于预期。根据同期美国人口统计局关于美国在国际贸易方面的数据，2020年以来，美国产品贸易和服务贸易逆差较上

年同期增加 226 亿美元，增长 5.7%；2020 年以来，出口额减少 2961 亿美元，下降 17.6%；进口额减少 2735 亿美元，下降 13.1%。① 从中美进出口贸易数据对比来看，中国的国际贸易形式更好地消减了疫情带来的不利影响。从北京市文化产品进出口情况来看，根据商务部提供的数据，2019 年，北京市主要文化产品进出口总额为 264918.23 万美元，其中出口额 76659.36 万美元，进口额 188258.87 万美元；2020 年上半年进出口总额为 97428.7 万美元，其中出口额 19640.9 万美元，进口额 77787.8 万美元。2020 年全年的进出口额数据尚未公布，但是基本可以判定与 2019 年同期相比，北京文化产品贸易的进出口额都存在一定程度的下降。国与国之间防疫措施限制、国际贸易门槛提高以及各国经济萎缩导致的文化消费需求下降是造成这种情况的主要原因。

传统货物贸易受到严重制约的同时，数字贸易的兴起给文化贸易的发展带来了新的契机。课题组的"疫情防控常态化下北京文化贸易企业复工复产综合情况调查"数据显示，数字化程度越高的文化贸易企业，疫情发生后受到的负面冲击越小，同时企业对未来经营前景也更加乐观。以完美世界股份有限公司为例，疫情防控常态化时期企业收入不降反升，根据该企业 4 月 13 日发布的 2020 年第一季度业绩预告，期内公司业务发展良好，经初步测算实现净利润 5.85 亿~6.35 亿元，预计比上年同期增长 20.38%~30.66%。可以看出，企业的数字化转型和数字贸易普及对于缓解疫情冲击，开拓文化贸易领域新的增长点至关重要。数字技术与文化贸易的结合，可以从数字内容创意、数字文化传播、数字情景体验、数字版权交易等多个方面开展，特别是 5G 高速网络、区块链、物联网、虚拟现实/增强现实、超高清音视频编码、人工智能等关键技术应该作为优先发展的科技创新方向。同时，要注重传统文化产业与数字技术的融合创新，通过互联网云平台和数字金融服务的支持，战略布局具有全球视角的国际文化贸易创新发展路径，实现新兴文化领域和文化市场的双

---

① U. S. Department of Commerce, "U. S. International Trade in Goods and Services", Apr. 2021.

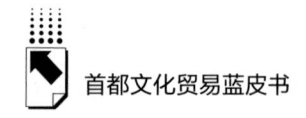

循环和高质量发展，以创新型数字文化贸易激发文化产业发展新的增长点和增长极。

（四）用足用好北京服务业扩大开放政策，充分释放全国文化出口基地优势，提升首都文化创新的核心竞争力和国际影响力

北京市文化产业资源具有种类多、质量高的特点，但文化布局尚不完善，重点开发的文化资源较为集中，文化产业地理区域分布略显分散，制度创新和政策规划有待加强。在此基础上，北京市应积极发挥相关政策的引导作用，加快国内外文化市场的资源整合，发挥文化中心建设的制度优势，建立以首都为中心的文化产品和服务出口的重要阵地。同时，通过完善北京城市的文化产业空间布局，核准城市发展功能定位，吸引国际组织及跨国文化企业及公司集聚，提升北京国际化要素聚集度，提升城市现代化硬件设施配置，明确城市发展功能定位，聚焦核心国际资源，推动成熟的国际性活动落地，提升北京城市品牌。

2018年，北京天竺综合保税区成功入选商务部、中宣部、文化和旅游部、国家广播电视总局共同认定的首批13家国家文化出口基地，这表明政府决策部门对北京建设全国文化中心十分重视。国家文化出口基地的建设宗旨是创新文化贸易发展的体制机制和政策措施，发挥基地的集聚、引领和辐射作用，培育一批具有较强国际竞争力的文化企业，形成一批具有较强辐射力的国际文化交易平台，摸索一批适应文化贸易创新发展的模式和经验，带动文化贸易高质量发展，为提升中华文化软实力提供支撑。因此，北京文化贸易产业的发展应积极和充分地利用国家文化出口基地的聚集性、引领性优势，积极利用出口基地提供的各类优惠政策和奖励措施，打造以国家文化出口基地为核心，包含知识产权服务、人才保障服务、企业金融服务、海关报关服务、政策辅导服务、商务信息对接服务等在内的综合性服务平台。同时，鼓励基地内企业间进行互补性、协同性合作，建立以出口基地为核心的文化贸易产业链，吸引优秀文化贸易人才和优质文化贸易企业，在人、财、物的通力配合下实现文化贸易的高效率、均衡性发展。

国际形势越是复杂，文化贸易越是面临更多挑战。因此，练好内功、夯实基础，重视北京文化贸易理论实践研究，加强人才培养和业务培训，文化贸易国有企业应充分发挥其支撑引领作用，踏实稳定搭建文化贸易平台，沉淀累积，为民营文化贸易企业的发展提供强有力的支撑。对现有文化资源进行创造性转化和创新性发展，做好内容，形成文化贸易企业自身的优势禀赋，主动适应和积极调整，实现文化产品和文化服务高质量发展，在突变中寻求最佳应变策略，将危机转化为革新的动力和拓展国际市场的契机，实现逆境增长，不断提升本土文化品牌质量，允分提高市场接受度、认可度以及核心竞争力，从而倒逼文化产业升级，实现高质量发展。同时，在确立好核心优势的基础上增强其风险防控与应对能力。坚持开放、包容，更广泛地参与全球文化竞争与合作，为弘扬北京文化、提高文化软实力和核心竞争力做足准备。

参考文献

北京市地方金融监督管理局、北京市经济和信息化局：《北京国际大数据交易所设立工作实施方案》，2020。

北京市经济和信息化局：《北京市5G产业发展行动方案（2019年—2022年）》，2019。

北京市经济和信息化局：《北京市促进数字经济创新发展行动纲要（2020—2022年）》，2020。

北京市人民政府：《北京市文化创意产业提升规划（2014—2020年）》，2014。

北京市人民政府办公厅：《中国（北京）跨境电子商务综合试验区实施方案》，2018。

北京市人民政府、文化部：《关于加快国家对外文化贸易基地（北京）建设发展的意见》，2014。

北京市商务局：《北京市关于打造数字贸易试验区实施方案》，2020。

北京市统计局：《2019年1~12月规模以上文化产业情况》，2020年2月14日。

北京市统计局：《2020年1~12月规模以上文化产业情况》，2021年2月1日。

北京市人民政府办公厅：《关于加快发展对外文化贸易的实施意见》，2016。

国家文化发展国际战略研究院：《中国国际服务贸易交易会第十四届国际服务贸易论坛邀请函》，2020。

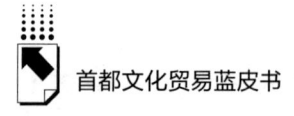

李嘉珊主编《首都文化贸易蓝皮书：首都文化贸易发展报告（2018）》，社会科学文献出版社，2018。

中国共产党北京市委员会、北京市人民政府：《关于推进文化创意产业创新发展的意见》，2018。

中国银行业监督管理委员会北京监管局、北京市国有文化资产监督管理办公室：《关于促进首都文化金融发展的意见》，2018。

中华人民共和国国务院：《全面推进北京市服务业扩大开放综合试点工作方案》，2019。

中华人民共和国商务部服务贸易和商贸服务业司：《关于公示2019—2020年度国家文化出口重点企业和重点项目名单的通知》，2019年8月9日。

行业篇
Industry Reports

B.2 首都演艺对外贸易发展报告（2021）

张 伟*

摘　要： 2020年初突袭而至的新冠肺炎疫情对北京文化产业的发展形成了巨大的冲击，演艺产业首当其冲。本报告总结了2020年北京演艺市场现状，从对外贸易路径、市场需求、政策、互联网平台等不同维度剖析了北京演艺对外贸易的特点，从演艺对外贸易发展战略、供给、演艺产品与服务、国际市场拓展、市场主体完善、演艺贸易人才培养等角度寻找优化演艺对外贸易的良策，为疫情防控常态化背景下中国演艺产业及其对外贸易克服冲击、找到新的增长点提供有效参照。

---

* 张伟，国家文化发展国际战略研究院专家、中国服务贸易研究院专家，先后就职于文旅部、中国文化传媒集团、华谊兄弟集团等文化主管部门、研究机构、文化企业，研究方向为演艺对外贸易、艺术品交易等。

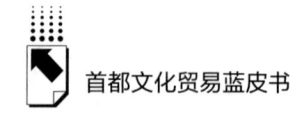

关键词： 演艺市场　对外贸易　国际发展战略　数字平台

北京演艺市场于 2020 年初遭遇新冠肺炎疫情，疫情的持续对北京文化产业的发展形成了巨大的冲击，演艺产业首当其冲，众多演艺企业、院团面临生死存亡的挑战。

一　2020年首都演艺市场发展概况

（一）疫情重挫演艺企业

受疫情影响，全国剧场于 2020 年 1 月底陆续开启停演退票模式，演艺产业处于停摆状态。据中国演出行业协会统计，截至 2020 年 5 月底，全国因疫情延迟或者取消场次超过 6 万场，票房损失约 80 亿元，演出市场总收入损失约 160 亿元。其中专业剧场、演唱会等传统演出取消 3 万余场，票房损失约 50 亿元；旅游演出取消近 3 万场，票房损失约 30 亿元。根据票牛网发布的《疫情对现场演出行业影响报告》，预估受疫情影响的演艺项目数量在 8000 个左右，根据票牛历年客单价、单场次座位数的数据计算得出，影响票房收入预估为 90 亿～110 亿元。很多演艺企业难以扛过此次产业寒冬，启信宝数据显示，2020 年 1～7 月全国超过 1.3 万家演艺公司关闭。

在作为全国政治中心、文化中心、国际交往中心、科技创新中心的首都北京，活跃的演艺市场同样受重创，而首都防控政策更加严格，这也意味着 2020 年北京演艺市场面临更大的挑战。演艺因为不是生活必需的行业，一直处于优先停工、最后复工的处境尴尬。北京演艺市场遭受的冲击也意味着演艺企业短期内将疲于自救，没有足够的精力、人力、财力顾及跨境演艺贸易。

（二）疫情加速演艺产业互联网化

1. 线上演出成为演艺自救主要路径

科技正为演艺的表达方式带来全新可能，但北京演艺行业在日新月异的技术面前却显得有些"后知后觉"，演艺企业明显难以跟上"新基建"发展的快车道，传统的创作、表演、运营模式鲜有技术创新，新技术也没能成为助力文艺精品"走出去"的利器。而突如其来的疫情迫使世界各国采取严格的出入境管理措施，各地演出场馆关停，疫情防控措施同样不允许大众进入剧院观演。没有场地、没有需求、无法出境，都让文艺精品无法以传统方式"走出去"，这也倒逼演艺企业更加积极地拥抱新技术，寻找自救的办法，跨越疫情藩篱与全球重新"连线"。

自疫情发生后线下演出受到影响以来，除在线上领域摸索多年的演唱会外，交响乐、民乐、话剧、传统戏曲等多种演出门类都展现出积极拥抱互联网的姿态，各种网络展示渠道便成为演出市场的主要平台，其中直播成为各演出行业先后尝试的领域。2月4~8日，由摩登天空发起的"宅草莓不是音乐节"，以"音乐人宅家分享+2019草莓音乐节演出现场"的形式，在哔哩哔哩网站平台上进行了为期五天的直播活动，每天直播时长在6小时左右，累计超100万人次观看，单日最高在线人数49万，单日最高弹幕数近10万条。国家大剧院联手央视网，将《阿依达》《费加罗的婚礼》《茶花女》等多部大剧院院藏歌剧放到网络上免费播放；除此之外，国家大剧院着力打造了一个24小时的古典音乐频道，汇集了1000多场高清演出实况、2700多张中外音乐唱片、4000多段幕后花絮及精彩瞬间、300多部音乐纪录片，涵盖歌剧、舞剧、室内乐、交响乐等多种艺术门类；另外，国家大剧院推出的"春天在线"系列音乐会，通过在国家大剧院古典音乐频道、北京日报客户端、快手等网络平台播出，也实现较高的点击量，单场演出的点击量接近5000万次。2020年8月，抖音通过与话剧&音乐剧核心IP合作的方式，联合孟京辉工作室等，通过"线上造节"的模式，打造"抖音戏剧月"；抖音还联合法国驻华大使馆文化教育合作处和猫头鹰法语机构在2020年8月17日通过抖音平

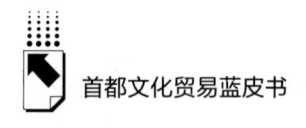

台的"一台好戏Focustage"IP直播法语音乐剧。

2. 网络助力传统演艺传播力跃进

即使最保守的戏曲行业，也向着线上融合做出了积极改变，在展示平台上进行表演形式创新、表演内容创新，与现代文化传播方式进行融合发展，让传统艺术能够贴合当下的文化和审美。2020年，中国联通与中国木偶艺术剧院签署了《5G智慧场馆共建合作协议》，双方将发挥各自优势，基于剧场优质内容，依托中国联通5G新直播技术，重点开展基于5G VR全景直播、多视角直播、自由视角+子弹时间等新直播领域整体解决方案的商业化探索。为打造全新的智慧场馆，中国联通将基于5G新场景和XR能力的沉浸式终端体验站——5G星球搬到了木偶剧院。VR影院、VR酷游、5G魔镜等VR/AR娱乐终端产品，结合了木偶剧院的个性化IP形象，融入专门针对青少年定制开发的游戏、视频以及多样的VR体验，在展示场馆科技感的同时给予观众全新的参观、游览体验。疫情之下传统演艺领域高频率触网线上演出，在北京演艺行业称得上里程碑式的事件。互联网和演艺行业的深度融合是当今时代的发展趋势，可以有效拉近传播方与受众方之间的沟通距离，对进一步挖掘演艺市场需求，促进传统演艺的传承保护有重要的现实意义。

3. 互联网带来表演与观演方式双向变革

2020年，演艺与互联网融合程度之深，已然超出"行业自救"的范畴，演艺与互联网融合成为演艺打破第四堵墙的"新生"。线上演出不再是一种替代线下的"临时"过渡或吸引人流的噱头，疫情给演艺行业带来的冲击与思考，已经使得线上演出作为独立演艺生态而存在。不可否认线上演出在很大程度上改变了演艺传统的表演和欣赏的方式：每个戏剧的时长大约为3.5个小时，而年轻人喜欢的短视频大多只有15秒，因此为了吸引年轻观众，很多演艺企业在尝试布局线上平台的同时，也围绕年轻观众的需求创造新的作品，相当于为他们提供一个入门的渠道。

在内容表现形式方面，线上演出的独特交互模式给演艺行业带来了全新的创作空间和更多需要做出适应性改变的挑战。如线上的演出，观众只能看到一块屏幕，这就要求在剧作设计上更加紧凑细致；在镜头切换上以特写+

完整场景拍摄，在能交代整体背景的同时，营造使受众具有临场感、真切感的视角；一些歌曲的形式为伴奏＋演唱，伴奏中可能有预录的对话，增强戏剧临场的效果。线上戏剧的开头有热场、打招呼、明确主题、介绍嘉宾等环节，引导观众持续关注和点赞，这些环节是线下戏剧表演所没有的。休息间隙的互动环节和探秘幕后的线上探索都能够增加观众黏性。

从技术角度看，音乐设备和视效呈现技术日新月异，灯光音响等都是线下场馆的顶级配置，在此基础上，多个机位的切换则可以捕捉更多线下观众难以发现的表演细节，底层网络技术更是能支持演出影像以高清分辨率实时传输到全球各地。直播平台、主流音乐平台包括购票平台等从各自擅长的领域切入行业，并分别完成了不同层面的探索，推动线上演出快速成熟，整个产业的新生态也就此渐渐成形。

互联网的发展在很大程度上改变了演艺创作、生产、营销的方式，观众不仅表现出更强烈、个性化的演艺消费偏好，而且更实时地影响演艺内容的创作甚至自身成为内容的创作者、传播者。虽然目前互联网无法完全达到现场观演带来的沉浸式观感，但互联网为演艺产业发展创造的"加速度"已经远远超越传统演出能够带来的影响力。

（三）演艺企业通过跨界发展尝试自救

综艺与演艺虽然在内容、呈现方式上不同，但内容生产的核心都基于艺人、演员完成，因而存在共通性。疫情挤压了演出空间，部分演艺企业、从业者转向综艺节目来吸引观众回归演艺市场。2020年制作完成、由爱奇艺出品的"无名"戏剧人生活生产真人秀《戏剧新生活》，邀请黄磊、赖声川、乔杉化身"戏剧委员会主任"，集结八位"无名"戏剧人齐聚乌镇戏剧公社，开启生活、创作、演出三位一体的"戏剧新生活"，以生活化的视角全面展示戏剧创意、剧本、排练、演出、售票等各个环节的全过程。《戏剧新生活》呈现了真实的戏剧创作过程，更通过综艺的形式推广戏剧，让更多人知道戏剧的存在，增进对它的了解，从而选择走进剧场。

传统演艺也在努力通过综艺培养网络新生代观众。京剧余派第四代传人

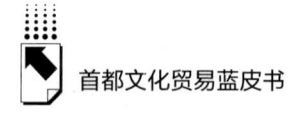

王佩瑜的京剧脱口秀《瑜你台上见》围绕热映的电视剧《鬓边不是海棠红》展开,王佩瑜通过寓教于乐的讲解,带领观众了解京剧典故、京剧知识以及梨园往事。不同于京剧表演的一板一眼,王佩瑜常在节目中用当下年轻人熟知的网络语言引入话题,如水牌子与躺赢、成角儿与躺赢、鼓师与 freestyle。这些京剧知识与互联网的破次元结合,大大增加了京剧的趣味性。每期节目结束时,王佩瑜还会为观众带来一段装扮完整的彩唱,加深观众对京剧的理解。脱口秀与京剧两种不同形态的文化在舞台上碰撞,收获了一票年轻观众的喜爱,首期节目上线后即占据爱奇艺站内"综艺飙升榜""脱口秀榜""曲艺榜"第一的位置。

同样,综艺也正积极寻求落地线下以开启巡演的方式将线上流量向线下演艺市场转化。综艺大多每年一季,而正好插在两季节目中的巡演,既让上一季节目的热度能够延长一段时间,也是为下一季节目进行铺垫,从不同链条挖掘 IP 的市场价值,维持节目热度和影响力,延续综艺 IP 的生命力,也为演艺市场挖掘了新的观演人群。2020 年 11 月,综艺《明日之子乐团季》开始携节目乐队进行八城巡演;而综艺《这!就是街舞》第三季则推出"2020 这就是街舞城市嘉年华",在广州、成都等多地巡演。更有成熟的综艺完成了线上综艺—线下演出—线上新综艺的反复跨界叠加,如综艺《乘风破浪的姐姐》为成团后明星们安排了全国路演,更将完成路演任务的过程做成一档新综艺《姐姐的爱乐之程》,记录该组合在不同地区巡演、排练的过程。

(四)政府出台一系列政策扶持演艺产业发展

1. 疫情防控政策指导演艺产业复苏

随着北京市及部分区县一系列防控政策(见表 1)的出台,对演出规模、观演人数、演出形式的限制逐步放宽,为演艺企业有序复工提供了执行准则。其中北京市文化和旅游局针对 2020 年 7 月 21 日至 9 月 30 日期间演出项目进行审核,为 128 个演艺项目提供了票价补贴,涵盖音乐会、歌剧、戏曲、戏剧等演艺门类。

表1 北京2020年发布的部分防疫相关政策文件

序号	文件名称	发布时间	发布部门	主要内容
1	《关于应对新型冠状病毒感染的肺炎疫情影响促进中小微企业持续健康发展的若干措施》	2月6日	北京市政府	从税费政策、金融政策、社保政策、稳定就业政策、政府采购和补贴政策等各个方面,多维度、多渠道为中小企业提供支持,减轻企业负担,加强对企业服务,保障企业生产运营
2	《关于应对新冠肺炎疫情影响促进文化企业健康发展的若干措施》	2月19日	北京市文化改革和发展领导小组办公室	缓解当前企业经营压力的措施11条;保障精品内容创作生产的措施3条;培育产业发展全新动能的措施4条;加大金融服务支持力度的措施6条;优化提升政务服务水平的措施4条。相关资金支持政策提前启动、提前拨付、扩大范围,财政、人力社保、金融、商务等部门通过延缴社会保险、返还失业保险、扩大信贷投放、降低融资费用、给予场租补贴等方式,多措并举帮助文化企业解决资金难题。特别强调着力深化文化科技融合,大力发展"文化+互联网",明确新兴业态、场景应用的主攻方向,为文化企业更好地抓住发展机遇提供指引
3	《海淀区支持文化企业应对新冠肺炎疫情影响的若干措施》	3月31日	海淀区推进全国文化中心建设领导小组办公室	对受疫情影响取消演出、展览等活动的演出场馆、美术馆等给予一次性补贴,补贴金额不超过场租损失金额的50%,最高补贴金额20万元。对受疫情影响取消演出活动的文艺院团给予一次性补贴,补贴金额不超过演出收入损失金额的50%,最高补贴金额20万元 对纳入2020年"海之声"新年演出季的A、B项目且在春节前已执行完毕的,按照原补贴方案足额支付项目补贴及惠民票补贴;对纳入2020年"海之春"新春文化季的项目,维持补贴标准不变,并根据筹备执行情况,分类给予补贴 加大政府采购基层公益性演出的力度。扩大惠民低价票政策补贴范围,做到能补尽补。保留"海之声""海之春"两大品牌活动中未执行的A、B类项目评审等级一年,一年内再次申报举办的,免评审直接入围

续表

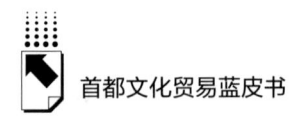

序号	文件名称	发布时间	发布部门	主要内容
4	《关于实施疫情防控期间演出票价补贴的通知》	9月21日	北京市文化和旅游局	对2020年7月21日后在北京市剧院开展的营业性演出进行补贴,重点扶持北京市属、民营(在京注册)的演出场所经营单位、文艺表演团体和演出经纪机构主办的营业性演出活动。补贴要求:演出须按照文旅部《剧院等演出场所恢复开放疫情防控措施指南》限控比率要求进行售票,且100元及以下低价票设置比例不低于全场可售票总数的30%。按照小剧场(500座以下)每售一张票补贴80元,中大剧场一般演出每售一张票补贴100元,大型歌剧、舞剧、交响音乐会每售一张票补贴200元,补贴总张数不超过全场座位的30%的标准进行补贴。演出组织方可向首都剧院联盟进行补贴申报,须在演出开票前进行预申报,并参照北京市惠民低价票演出补贴项目提交相关材料。2020年7月21日后已开展或已售票的演出项目,可向首都剧院联盟进行补贴申报,并按要求提供相关材料。已获得其他市级财政资金支持的演出场次不享受演出票价补贴

资料来源:笔者根据公开资料整理。

2. 大力发展数字演艺产业

2020年11月,文化和旅游部发布《关于推动数字文化产业高质量发展的意见》,要求推动5G+4K/8K超高清在演艺产业应用,建设在线剧院、数字剧场,引领全球演艺产业发展变革方向。建设"互联网+演艺"平台,加强演艺机构与互联网平台合作,支持演艺机构举办线上活动,促进线上线下融合,打造舞台艺术演播知名品牌。推动文艺院团、演出经纪机构、演出经营场所数字化转型,促进戏曲、曲艺、民乐等传统艺术线上发展,鼓励文艺院团、文艺工作者、非物质文化遗产传承人在网络直播平台开展网络展演,让更多青年领略传统艺术之美。培养观众线上付费习惯,探索线上售票、会员制等线上消费模式。提高线上制作生产能力,培育一批符合互联网特点规律,适合线上观演、传播、消费的原生云演艺产品,惠及更多观众,拉长丰富演艺产业链。同月,文旅部联合多部委发布《关于深化"互联网+旅游"推动旅游业高质量发展的意见》,引导云旅游、云演艺、云娱乐、云直播、云展览等新业态发展,培育"网络体验+消费"新模式。

3. 多方面深化演艺行业改革

2020年,中央及北京出台了一系列政策文件(见表2),从演艺人员职称、演艺审批与监督管理、演艺院团发展等多个维度推动演艺行业深化改革,为未来北京演艺产业发展提供更优质的发展环境、更平衡的人才供给、更有活力的市场主体。

表2 2020年发布的部分演艺改革与发展相关政策文件

序号	文件名称	发布时间	发布部门	主要内容
1	《北京市文化产业高质量发展三年行动计划(2020—2022年)》	1月8日	北京市文化改革和发展领导小组	畅通文化传播渠道,构建完善文化内容传播体系,推进演艺之都、影视之都建设,完善实体书店布局,培育发展网络视听、移动阅读、在线教育、网络文学、数字出版、知识服务、电子商务等新兴网络平台,加大影视译制基地建设,推进文化企业海外布局
2	《关于深化国有文艺院团改革的实施意见》	6月30日	中央深改委	国有文艺院团是繁荣发展社会主义文艺的中坚力量,要以社会主义核心价值观为引领,围绕举旗帜、聚民心、育新人、兴文化、展形象的使命任务,突出问题导向,坚持分类指导,以演出为中心环节,激发国有文艺院团生机活力,创作生产思想精深、艺术精湛、制作精良的舞台艺术佳作,满足人民向往美好生活的精神文化需求
3	《关于深化"放管服"改革促进演出市场繁荣发展的通知》	9月14日	文化和旅游部	全面应用全国文化市场技术监管与服务平台开展审批,实现演出市场主体设立以及营业性演出活动审批的一网通办,提高审批效率,优化市场准入服务。允许在全国范围内设立外商独资演出经纪机构、演出场所经营单位,申请材料报文化和旅游部。允许在自由贸易试验区设立中方控股的外资文艺表演团体,申请材料报自由贸易试验区所在地省级文化和旅游行政部门。文化和旅游行政部门依据《营业性演出管理条例》等有关规定审批。推进演出票务监管服务平台建设,进一步强化票务信息监管,改善演出市场消费环境。支持举办音乐、戏剧、杂技、舞蹈等演出节(季)、赛事活动,发展具有地方文化特色的旅游演艺项目,推动文化和旅游融合发展

续表

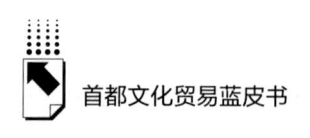

序号	文件名称	发布时间	发布部门	主要内容
4	《关于深化艺术专业人员职称制度改革的指导意见》	9月28日	人力资源和社会保障部、文化和旅游部	根据艺术领域特点,设置艺术表演、艺术创作、艺术管理和技术保障等4个专业类别。重点考察艺术专业人员的政治立场、职业道德、社会责任和从业操守。进一步突出不唯论文、不唯资历、不唯学历、不唯奖项要求。畅通民营机构、自由职业等新的文艺群体从业人员职称评审渠道,确保其与国有文化艺术企事业单位艺术专业人员在职称评审上享有同等待遇。对在践行社会主义核心价值观、推动中华优秀传统文化的创造性转化和创新性发展、促进文化艺术事业繁荣发展中做出重大贡献的艺术专业人员,放宽学历、年限要求,可直接申报评审高级职称

资料来源：笔者根据公开资料整理。

二 2020年首都演艺业对外贸易发展特点

(一)受疫情影响,演艺对外贸易传统路径受到冲击

包括中国在内的全球各国在疫情防控常态化时期采取严格的出入境管理措施,大部分都没有开放正常的跨境演艺通道,全球各地演出场馆也大都保持持续停演的状态,民众也被要求遵守社交限制措施,不鼓励大众前往人员密集场所。美国百老汇宣布演出取消至2020年底；英国国内近50%的音乐厅和70%的剧院或将面临永久性关闭；德国联邦政府宣布禁止大型集会的期限延期到8月底,多个大型音乐节被取消,柏林的所有俱乐部也无限期关闭；荷兰所有交响乐团、歌剧院提前结束演出,2020年演出季及夏季音乐节取消。没有场地、没有需求、无法出境,都让北京演艺跨境服务无法开展。如引进了《巴黎圣母院》《摇滚莫扎特》《悲惨世界》等优秀法语音乐剧的北京九维文化传媒有限公司,2019年票房收入达1.3亿元,但2020年截至3月底已取消演出60余场,包括话剧《平凡的世界》《白鹿原》、法语

音乐剧 Gala 等中外经典剧目。其中春节期间本来要在国家大剧院上演的 8 场《王者之舞》，取消之时演出方已抵达北京，舞台也搭建完毕，造成直接经济损失 300 多万元。

（二）北京演艺市场需求总体向好

令人欣慰的是，疫情的冲击并没有击退北京演艺市场对于演艺消费的旺盛需求，疫情得到有效控制后，北京演艺市场积压的消费力得到了充分释放。2020 年国庆期间，全国总计演出约 7500 场，约 480 万人次观演，票房收入约 8.6 亿元，其中剧场及户外演出场次 5500 余场，180 余万人次观演，平均票价 200 元，演出票房收入约 3.6 亿元；旅游演出场次约 2000 场，300 余万人次观演，平均票价 166 元，演出票房收入约 5 亿元。根据大麦网发布的《2020 演出国庆档观察》，2020 年国庆长假期间北京线下演出消费实力全国排名第一。

（三）自媒体有效实现了全球演艺消费群体的市场筛选

随着移动互联网和智能终端应用热潮的兴起，传统媒体的信息传播优势在自媒体平台爆炸式增长的过程中逐渐丧失，同时，基于网络数字技术的自媒体平台为演艺内容的对外传播提供了一种崭新的形式。与传统媒体相比，基于互联网的自媒体平台在演艺资源的内容组织、呈现形式、传播模式、效果分析等方面都有所不同。一方面，自媒体平台主要以音视频为演艺内容的承载主体，同时自媒体平台中介绍、评论、点赞等多种交互形式都会成为演艺内容不可或缺的重要组成部分；另一方面，自媒体平台便捷、迅速的传播过程使得演艺作品可以实现传统媒体难以企及的传播效果，如自媒体平台中一段"火爆"的视频可以以较低的成本在短时间内达到百万甚至千万级别的播放量，而这种情况在传统媒体环境中是难以想象的。另外，自媒体平台强大的交互性也是有别于传统媒体的重要特征，而交互行为的存在使得自媒体平台海外演艺市场开拓面临更大的机遇和挑战。从演艺内容在海外自媒体平台中的成功推广案例来看，基于互联网的演艺对外贸易是切实可行的，并且基于自媒体平台的对外传播往往可以更

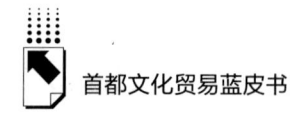

好地筛选和聚焦目标观众，形成虚拟空间中的粉丝群体，辐射的受众可以比肩甚至超过传统媒体平台，但是在演艺内容目标消费群体的变现能力方面还有提升的空间。

海外YouTube、中国抖音等社交媒体平台所积累的大量全球用户，更使得演艺产品与服务在全球的爆发式传播成为可能，理论上一个加载于网络的演艺剧目可以抵达世界任何一个互联网联通的角落。而在网络内容付费的大趋势下，人们也会愿意购买互联网平台上具有创意、新奇的表演内容，而这样的内容可以来自世界任何一个角落。单个演出的线下表演频次以年为单位，百余场量级已是足具国际竞演实力的精品；而线上演艺的点击量和播放量达到万级、百万级已是惯常现象。

（四）《视听表演北京条约》推动演艺版权国际保护系统化、制度化

中国近年来在知识产权保护领域取得了长足的发展，2020年更是在演艺版权保护领域有了重大突破。2020年《视听表演北京条约》正式生效，规定表演者对其以视听录制品录制的表演享有复制权、发行权、出租权、提供权及广播和向公众传播的权利等五项经济权利，对其未录制的（现场）表演享有现场直播权和首次录制权两项经济权利，弥补了其他知识产权相关的国际条约"只保护已录制在录音制品中的表演形式，而不保护已录制在音像制品中的可视化的表演形式（视听表演）"的保护不足。《视听表演北京条约》是新中国历史上第一个以中国城市命名的知识产权领域国际条约，彰显了中国版权保护的力度和决心，也体现了国际社会对中国近年来知识产权保护成效的高度认可，更意味着包括北京演艺企业在内的中国演艺主体将在国际市场拥有更多的保障。

三 2020年首都演艺业对外贸易亟待破解的问题

（一）北京演艺剧目鲜有得到海外热门演艺市场的认可

现有演艺跨境服务都由政府主导、资助或委派，北京演艺产品多以文化

交流为目的"走出去"，不以营利为目的"出口"，而以推广中华文化、对外宣传为宗旨。这种政府支持的演艺跨境服务，在一定程度上可以减少演艺企业对外贸易的成本，但演出面向的主体为政府和各种非营利机构，受邀观演人群的选择往往受国与国之间的政治因素制约，受众十分狭窄；加上普遍存在的赠票行为，不仅增加了财政成本，不具备可持续性，更扰乱了正常的价格机制，影响了海外市场对北京演艺产品与服务质量的判断。从效果看，北京演艺产品与服务在海外的传播影响十分有限。

在全球化的背景下，世界各国普遍重视展示本国文化，提升和扩大国家的影响力，利用文化交流推动演艺"跨境服务"无可非议，北京演艺产品与服务也没必要奉他国经验为圭臬，更不必唯市场论。但在北京演艺产品与服务还不具备足够的海外影响力的时候，海外市场的反应便有重要参考价值。综观国际演艺市场，真正由北京演艺企业自发推动演艺产品与服务进入海外市场的案例屈指可数。通过对国际演艺市场活力最大的地区之一的伦敦西区 2020 年 7 月至 2021 年 6 月各大剧院的日程进行梳理分析可知，90 个剧目 392 场演出的计划中没有包括任何一家中国艺术团体的表演以及任何中国主题内容的演出。其他世界知名剧院如百老汇、肯尼迪艺术中心等日常剧目演出计划中也罕见中国演艺作品的身影。通常国内产业发展到一定规模即会在对外贸易上产生外溢效应，但庞大的中国演艺行业却面临低市场化的困境。可见海外主流演艺市场并没形成对北京乃至中国演艺产品与服务的固定需求，甚至尚未形成全面的认知。

（二）境内海外消费者市场远未形成规模

2019 年北京入境旅游人数已经达到 376.9 万人次。近年来，来京工作、学习、旅游的外籍人员数量有了大幅增长，这些人群都是潜在的文化消费客群，如果可以充分剖析在华外国人的需求偏好，有针对性地推广北京演艺产品与服务，不仅能够将海外消费潜力转化为国内产业价值，这些外籍人员无形中也会变成传播者、推广者，在往返中外的过程中更可以把北京演艺产品与服务的口碑带去海外。高校与跨国企业聚集且本身为国际旅游城市的北

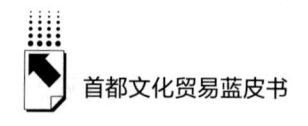

京，尤其是海外消费者聚集的区域市场，具有很大的演艺对外贸易市场空间。但事实是，这些在华潜在海外消费者的消费能力并没有在演艺领域得到有效释放，演艺"跨境消费"远未形成规模。

（三）演艺对外贸易不确定性增加，成本风险增高

1. 行业普遍缺少应对经验与预案

疫情之下复工困难，而演艺行业普遍缺乏应对疫情的预案。演出行业多年来都存在过于依赖单一收入来源的弊端，难以抵抗突发灾难。疫情突袭而至以来，很多演出企业开始探索"线上演出"活动，最近一段时间免费"云剧场""云演出""云艺术"等在线演艺成为很多演艺机构的应对之策，比如保利剧院的"云剧场"、摩登天空的"宅草莓"和开心麻花的"云点映"。但现有技术无法满足线上线下体验感一致的需求，线上演出的审批、收费等均未形成有效模式，演出单位触网暂时还不能保证长期稳定的收入来源，还是以增加用户黏性和恢复观众观演信心为主。也有小型演出公司尝试转型为MCN机构，将演员往直播、短视频平台输送，甚至有部分演出单位转行做微商，销售农副产品，偏离了公司主业。

2. 民营院团受冲击严重

民营院团一直是在国际演艺市场上格外活跃的市场主体，但是相比国有院团，民营院团本身运营完全依赖市场效益，没有政府资助，在疫情中得到的政策扶持力度又小，短期内很难从疫情冲击中恢复，甚至有的民营演艺企业直接倒闭。根据中国演出行业协会统计，截至2020年5月底，大部分国有演出单位、剧场已经恢复日常工作，未出现大量裁员情况，人员数量与疫情突袭而至前基本保持一致，接收应届毕业生数量也与2019年同期基本持平；在人员薪酬方面，与演出场次挂钩的薪酬部分受到影响，其他部分基本正常发放。而民营演出单位受疫情冲击较大，民营演出单位绝大多数是小微企业，平均人数不足50，企业自救止损能力有限。截至2020年5月底，近九成的民营演出单位尚未复工，其中以民营文艺表演团体和舞美企业受损最为严重，停业、裁员、转行等情况普遍。从从业人员方面看，多数演员和舞

美技术人员待岗在家且无任何演出收入来源,演出活动恢复之前只能暂时从事微商、主播等其他工作。

在民营演出单位中复工较早的是一级演出票务公司。多数一级票务代理已复工,主要是处理已售票的延期、退票等工作。一级演出票务公司由于大部分有资本方的支持,未出现大规模裁员情况,人员流动数量在正常范围之内,部分企业出现减薪情况,减薪比例为30%~50%。大量从事票务代理和销售的二级演出票务公司基本仍处于停业、歇业状态。

(四)演艺产业数字化缺乏统一的市场标准

国际一线剧院纷纷出台市场化的线上运营机制。百老汇开设了线上点播的流媒体服务平台,观众能在线点播观看百老汇、伦敦西区的剧目表演以及一些音乐家的个人音乐会;同时平台还具备剧目直播、举办大师课等功能,并开放一个具有互动功能的教育资源图书馆,供在线学习和讨论;观众可以在官网注册会员获取免费资源,也可按月付费,获得更多内容的访问权限。迪士尼更是斥资7500万美元购买百老汇音乐剧《汉密尔顿》录制版在迪士尼旗下流媒体平台"Disney+"的线上播放权,观众成为"Disney+"会员每月支付6.99美元的订阅费即可在线观看《汉密尔顿》。在"Disney+"发布《汉密尔顿》的三天之内,"Disney+"App的全球下载量激增,比上月平均周末三天下载量提高了47%。

反观北京线上演艺,在疫情防控常态化时期丰富大众精神生活的同时,也呈现出线上盈利模式不清晰、系统的定价标准缺失等市场发展的问题。例如,线上直播的传统收入方式是观众"打赏",这也就决定了直播重流量而非重内容。不同于明星直播,演艺产品转移线上直播如果依然依靠"打赏",则较难在短期内通过线上取得收入。

四 促进首都演艺业对外贸易发展的建议

北京演艺对外贸易还将在一个相当长的时期受疫情持续影响,因此综合

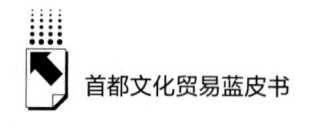

考虑短期恢复和长远发展，应从"发展什么战略""贸易什么产品与服务""去哪里贸易""如何贸易""谁来贸易"五个方面着手推动演艺对外贸易发展。

（一）构建演艺对外贸易发展体系

1. 制定国际发展顶层战略

正如文化交流，演艺对外贸易同样需要顶层战略性部署。近年来，西方发达国家纷纷出台新的文化政策，如英国的《文化白皮书》、荷兰的《国际文化政策纲要》、欧盟的《与欧盟议会、欧洲理事会的尖端交流——迈向欧盟国际文化关系新战略》等将本国、本地区的文化发展国际战略呈现于世，通过"文化交流""文化贸易""文化投资"等多种路径促进本国、本地区文化在全球发展。中德、中法、中英等丰富的人文交流机制使得中国与世界各国保持越来越密切的文化接触。中国成为西方国家文化发展战略的焦点，荷兰等国将中国作为文化发展国际战略中的重要合作对象，重视本国文化在中国的推广。近年来，西欧国家对中国的文化投资亦在不断增长，如德国地方政府出资支持中国文化活动的举办、中国文化主题艺术展览，英国财政拨款支持中英剧院合作开展演艺人才培训项目。西欧发达国家对中国文化市场的高度关注，以及对中国文化领域的投资大幅增加，都在推动我们将这种挑战转化为发展机遇。中国是世界第二大经济体，而北京作为全国文化中心、国际交往中心，理应成为中国构建中华文化发展国际战略的关键支点，细分国际文化市场，因应疫情防控常态化背景，制定合宜且富于智慧的方略。

2. 构建演艺对外贸易保障体系

建立更能与北京演艺对外贸易实际情况与需求相匹配，能够直观反映海外市场需求，更加具有国际竞争性、市场生命力和包容性的演艺精品评价体系；确立完善的演艺版权保护体系，引导企业建立完善的版权保护制度，理性开展版权贸易；加强文艺精品的确权保障工作，加强文艺精品版权确权流程的规范化和版权交易的制度化。

（二）产出具有国际交易价值的演艺产品与服务

1. 培育建成演艺精品资源库

演艺剧目的产生需要经历创作周期和市场打磨，需要时间积累，而过去演艺产业发展中涌现的优秀演艺剧目，至少已经完成创排环节，部分作品甚至已经经过北京演艺市场的筛选，可以迅速试水国际市场。因此，在创造演艺产品与服务"增量"的同时应当用活"存量"，系统梳理过往文化奖项中的、文化财政补贴的、重点文化出口项目与企业目录中的、文化基金资助项目中申报成功的演艺项目，筛选其中具有对外贸易竞争力、潜力、成功经历，且具备复排能力，尤其是仍在市场中演出的演艺精品，建立演艺精品库，扶持其定向进入有需求的海外市场。

2. 创作一批与时俱进的文化主题作品

在推动经典剧目走向国际市场的同时，同样应该聚焦更能引发全球共鸣的时下文化主题作品的创作。援非医疗队、新冠肺炎疫情下中国驰援多国等大爱主题，微信支付、中国高铁上发生的故事等时尚潮流主题，"得到——时间的朋友"中国给知识付费的创新创业主题，"新四大发明"等与时代发展相契合的主题，都是当下引领全球发展的包容性文化。融合中外，贯通东西，首先应该让外国人喜爱北京文化、中国文化。

3. 以"＋演艺"孵化一系列演艺精品多元载体

"＋演艺"的核心是为其他产业赋能，拓展开放性增量。"＋演艺"并不是"其他产业＋演艺"的简单叠加，而是产业升级的体现。"＋演艺"能够让演艺精品的附着空间更大，产业发展更灵活、高效，不要求已有的行业或技术做太多的转变来实现与演艺精品的融合，而是让制造业等主动增添演艺要素，以提升传统产业附加值。创作有关艺术家的纪录片、游戏、图书、音乐制品CD、影像制品DVD等多元产品，通过产品及服务的国际化交易，提升其国际辨识度。

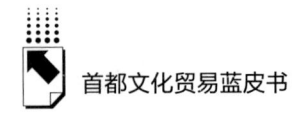

（三）深入研究并细分全球文化市场

1. 有效发掘潜在目标市场

利用已建立的国际平台为北京演艺产品与服务拓展国际市场渠道。2016年中、英、美、俄、法等21个国家和地区及两个国际组织的56家成员单位共同签署了《丝绸之路国际剧院联盟北京宣言》，当下应充分利用国际剧院联盟优势发掘"一带一路"沿线极具潜力的目标文化市场。2020年11月15日，第四次区域全面经济伙伴关系协定（Regional Comprehensive Economic Partnership，RCEP）领导人会议以视频方式举行，会后东盟10国和中国、日本、韩国、澳大利亚、新西兰共15个亚太国家正式签署了《区域全面经济伙伴关系协定》，基于该协定，应更多地创造北京演艺精品国际商业推广及市场推广的可能性。

2. 持续探索成熟文化市场多层次消费需求

当前欧美日韩等高度发达的文化市场，其文化产品及服务在全球范围内处于领先地位，其也一直保持较高的文化消费需求，而随着时代的发展，其消费需求日益呈现多元化特征。因此，应充分持续探索，深入其市场内部，在扩大演艺对外贸易规模的同时，借鉴其成功的产业化市场运作模式，做到与时俱进。同时，充分利用国家间合作交流或区域合作等相应的合作机制及机制下所形成的平台优势，使演艺精品成为未来中欧、中美等合作战略规划的重要内容。

3. 深研"一带一路"文化市场

做好共建"一带一路"主要国家文化市场研究，深入掌握其文化市场供求情况，了解其消费需求，实时更新其文化及对外贸易投资等政策，以现有的共建"一带一路"主要国家文化市场研究系列丛书、对外文化贸易和投资合作国别（地区）指南等研究成果为基础，进行持续更新并进一步拓展更多国别及地区的研究，同时利用"一带一路"下"中国—中东欧合作"等合作平台进一步寻求更具潜力的演艺市场。

4. 充分利用自媒体平台助力演艺精品海外传播

数字媒介技术和移动互联网络的飞速发展，深刻影响和改变了人们观察世界、记录生活和表达情感的方式。其中，在各种社交网络平台上发布的短视频，以其便捷拍摄、实时分享、互动交流等特点而深受网友喜爱，持续保持高增长态势，成为当代新媒体叙事的重要类型。因此，可充分利用YouTube等全球性的视频网络平台，以及Facebook、Twitter等社交媒体对演艺精品进行有效传播，定期以纪录片或高质量短视频的形式在各网络平台进行发布。

（四）建立演艺对外贸易数字平台

1. 制定北京演艺对外贸易的高清数字化战略

高清数字化是国际优秀剧院剧团的惯常发展模式，为演艺精品数字化提供全面的技术支持。将演艺精品剧目接入线上平台，运用合理的数字化技术，为传统演艺精品数字化制定样板或标准，避免"数字化就是数字格式"的粗放逻辑，鼓励数字技术在演艺创作中的应用。国内已有话剧《水中之书》、京剧《搜孤救孤》等演出尝试与专业的戏剧影像拍摄团队合作录制高清剧作，应当鼓励这样有专业的演出录制经验的团队为更多北京演艺精品提供技术支持。

2. 建立演艺对外贸易数字服务平台

打通线上播放国际渠道，整合全球主要线上流媒体播放平台，利用线上营销国际平台以及互联网平台的传播效率，引导演艺精品常驻互联网平台持续开展线上营销推广。构建一站式演艺对外贸易服务平台，增强服务保障力度，实现政府信息与资源的及时公布与共享，为演艺企业提供系统化的"走出去"服务。建立演艺版权跨境交易服务平台，利用线上演艺版权跨境交易服务平台为北京演艺企业和各国院团、经纪公司、采购方乃至观众提供一个全面了解国际演艺市场供求信息的平台，有效减少国际市场信息不对称。

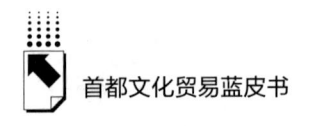

（五）丰富国际演艺市场参与者

1. 充分发挥海外华人、华社力量

在当前传统演出形式受到疫情影响，无法进行海外活动的背景之下，应充分将海外华人华侨资源转换为演艺产品与服务国际化发展的中坚力量。华人个体与华人社团组织在中华传统文化海外传播方面发挥着重要作用。因此，一方面，要充分利用由海外华人华侨组成，以某一门类文化艺术作为自身活动中心内容的文化社团，如戏剧社、舞蹈团、武术馆等文化组织及演出团体的优势，对已有北京演艺精品进行进一步的传播；另一方面，需要充分利用其优势建立起海外与北京的连接渠道，定期利用国内资源为其进行专业性的培训与知识普及。

2. 鼓励多元市场主体参与国际演艺市场

除了演艺院团，也应考虑鼓励演艺产业其他环节企业参与国际演艺贸易，培育和支持国际营运能力强、熟悉国际市场规则的院线运营、演艺经纪、演出票务企业，尤其是业务多元的演艺企业拓展国际市场，为北京演艺产品与服务争取更好的竞争优势和国际市场环境。充分发挥各级各类企事业单位、民间机构以及个人的力量，构建起多元立体的文化外交新格局。

（六）建立专业化人才储备与引进体系

首先，以应用型为目标，培养演艺对外贸易急需的既懂得语言文化和具备国际经济贸易、国际金融知识又通晓演艺对外贸易法律法规的全方位、复合型高级经营管理人才。其次，培养具有"北京情结"的演艺贸易海外人才，吸纳海外演艺市场当地运营管理、法律人才，在当地提供全面的经营管理培训，支持当地人才赴北京学习、实践。最后，邀约吸引国际顶级带流量的艺术家、演艺经纪人作为咨询专家参与北京演艺精品评定，进行审看作品、咨询服务等，以其国际影响力进一步提升北京演艺精品的国际关注度。

参考文献

《京剧掀开"互联网+戏曲"新篇章》,"道略演艺"微信公众号,2020年6月9日,https：//mp.weixin.qq.com/s/X9Yi-9S_TjJz__EplVfRxw。

《抖音+戏剧：不是为了"上线"而上线》,"道略演艺"微信公众号,2020年8月6日,https：//mp.weixin.qq.com/s/LzZOArYiP7nw7k_NYhuYkg。

《发力线上,演出剧院变局中的开新局》,"道略演艺"微信公众号,2020年9月11日,https：//mp.weixin.qq.com/s/oGDLti5ePxXZBZB3zN9Z0A。

《中国联通联手中国木偶剧院共建5G智慧场馆》,"道略演艺"微信公众号,2020年10月13日,https：//mp.weixin.qq.com/s/3eG8e26RJD8DS5q2wioXwA。

《后疫情时代,线上演出独立生态成型》,"道略演艺"微信公众号,2020年10月13日,https：//mp.weixin.qq.com/s/pMXJzUVjebm2GHdvk6ow8A。

《综艺下场巡演,会改变演出市场的格局吗?》,"道略演艺"微信公众号,2020年11月6日,https：//mp.weixin.qq.com/s/BnpmHsWlbQAf8rbvr735WA。

《盘点2020丨每一步,政策指路》,"中国演出行业协会"微信公众号,2020年12月28日,https：//mp.weixin.qq.com/s/-ENIKHdLX9zaAK1ihDWUIw。

《中央深改委：以演出为中心环节,深化国有文艺院团改革!》,"道略演艺"微信公众号,2020年7月1日,https：//mp.weixin.qq.com/s/uZNS0pQG77M5oCwN3DxKpw。

《每周看世界丨全球演艺争上线,线上票到底什么价?》,"中国演出行业协会"微信公众号,2020年11月20日,https：//mp.weixin.qq.com/s/6UFTlpeN4jYo_X-n3Xv4cQ。

《演员将受国际条约保护?〈视听表演北京条约〉来了!》,"北京演出行业协会"微信公众号,2020年4月27日,https：//mp.weixin.qq.com/s/R4L0ACT2LJT0xKQHdQWa3A。

《演出行业"零"复工,艰难中待启幕》,"北京演出行业协会"微信公众号,2020年3月30日,https：//mp.weixin.qq.com/s/CdyMN35RcKQUhlL2GHZjTQ。

《线上付费观演,何以计深远?》,"中国演出行业协会"微信公众号,2020年6月3日,https：//mp.weixin.qq.com/s/9mKoCNFa7UuHZ66rv3emLA。

《演艺新形态!美国推出"交互式VR戏剧表演"》,"北京演出行业协会"微信公众号,2020年7月10日,https：//mp.weixin.qq.com/s/KlscaScMuuc0Myi94dlAOw。

《国庆档收官,全国演出超7500场》,"中国演出行业协会"微信公众号,2020年10月9日,https：//mp.weixin.qq.com/s/uCasUmAP4GW9R-UrCMRgNA。

《一部戏剧凭什么吸引610万人同时在线观看?》,"道略演艺"微信公众号,2020年6月18日,https：//mp.weixin.qq.com/s/CNhxzlG-KIIKeb0nCowjag。

B.3
首都广播影视对外贸易发展报告（2021）

梁丰 李继东*

摘　要： 2020年北京广播影视业在抗击新冠肺炎疫情的同时依然保持着良好的发展态势。首先，一系列旨在应对新冠肺炎疫情影响促进影视等文化企业健康发展，推进北京影视制作向高质量、国际化发展的政策措施先后出台。其次，北京积极采用线上线下相结合的方式开展外贸活动，举办国际节展会、论坛和大会，保持影视业对外交流，促成交易合作，推动5G等高新视听技术走出国门。这一年里，"北京模式"和外贸成果再创佳绩，北京视听业技术实力进一步增强。最后，未来北京将大力推进广电视听业与高新科技融合，继续深化京津冀三地媒体融合和北京视听产业集群发展，促进北京影视制作、人才培养高质量发展。

关键词： 北京广播影视业　北京模式　新视听技术　媒体融合

自2014年8月18日中央深改小组通过《关于推动传统媒体和新兴媒体融合发展的指导意见》后，推进媒体融合、建设全媒体就成了"十三五"时期媒体发展的一个重要任务。2020年是"十三五"的收官之年，回看过

---

* 梁丰，中国传媒大学传播研究院硕士研究生；李继东，研究员，博士生导师，中国传媒大学传播研究院副院长。

去五年，中国媒体发展成绩斐然。技术上从分散到集中，组建了"中央厨房"等资源配置增效平台；业态上更加多元，拓展了"新闻+服务"等多元业态，同时在互联网化方面不断创新。各媒体在增强国内职能建设的同时也在不断探寻国际发展道路，其中，北京市坚持首善标准，积极地将自己打造为全国文化示范中心，为全国文化建设做出表率。这其中，加强国际传播能力建设、讲好中国故事、传递中国声音，提升北京对外传播能力是推进全国文化中心建设的重要方面。为此，北京市出台了一系列政策措施，以促进首都广播影视业对外贸易不断发展。

北京已连续多年举办国际影视节展，如"北京优秀影视剧海外展播季"、"北京国际电影节"和"北京纪实影像周"等，持续保持着与海外影视业的交流与贸易来往；同时也关注科技在广播影视业对外传播与贸易发展中的重要作用。2020年，面对新冠肺炎疫情的冲击，北京在已有的对外贸易机制上做出政策调整，助力北京广播影视业持续健康发展，打造北京的国际品牌形象，提高对外传播能力。

一 2020年北京广播影视对外贸易政策

（一）推进文化科技融合新兴业态发展，提升广播影视业抗风险能力

2020年，为应对新型冠状病毒肺炎疫情的冲击，深入贯彻落实党中央国务院和市委市政府关于新型冠状病毒肺炎疫情防控工作部署，北京市文领办按照北京市人民政府办公厅《关于进一步支持打好新型冠状病毒感染的肺炎疫情防控阻击战若干措施》和《关于应对新型冠状病毒感染的肺炎疫情影响促进中小微企业持续健康发展的若干措施》的要求，发布了《关于应对新冠肺炎疫情影响促进文化企业健康发展的若干措施》（以下简称"《若干措施》"），以减轻疫情对北京市文化产业的影响。北京市文领办发布的《若干措施》提出，受新冠肺炎疫情影响，北京市文化线上消费旺盛，可以将"文化+互联网"作为北京文化产业高质量发展的着重点。

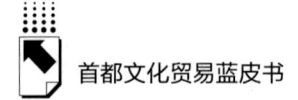

具体而言,政策主要从两个方面"增援"广播影视贸易。① 一是推进网络游戏、数字音乐、数字出版等新兴业态发展,培育新的经济增长点。如举办"电竞北京2020"系列活动、北京国际电竞创新发展大会、"电竞之光"展览交易会等;同时也积极推动建设北京市游戏研发基地等新型文化科技融合业态园区,通过政策扶持加强北京在新兴业态方面的实力,从而吸引人才、俱乐部与赛事进入北京,拉动文化消费,提升北京广播影视业的抗风险能力。二是加快国家级、市级文化科技融合示范基地建设,重点扶持开发5G、AI、8K超高清、智慧广电等应用场景建设项目,此举促进了科技在广播影视业的融合应用,有助于提升北京广播影视业的科技实力与竞争力,在前沿技术开发上领先全球。

北京用政策增援广播影视业发展来积极应对疫情带来的冲击,在保证北京文化产业稳定发展的基础上,持续提升北京广播影视业的对外传播能力。

(二)加大扶持力度,促进广播影视业高质量发展

2020年北京市继续加大扶持力度,完善对广播影视业的扶持服务,应对疫情及时调整政策,推动原有政策章程的修订与完善,加大对视听企业的金融支持,推动北京影视创作高质量发展。

首先,北京市继续落实2019年完善的《北京市提升广播电视网络视听业国际传播力奖励扶持专项资金管理办法(试行)》和《北京市提升广播电视网络视听业国际传播力奖励扶持专项资金评审办法(试行)》,扶持了88个项目。受到疫情影响,2020年申报工作采取"两类项目、一次申报"的方式,将2019年受到疫情影响延后生产上线的项目纳入申报范围,扩大扶持范围,此举提升了北京广播影视业抗击疫情冲击的能力。

其次,北京市广播电视局发起设立的北京广播电视网络视听发展基金修订并发布了《北京广播电视网络视听发展基金章程》及其配套制度,该基金

---

① 《北京市文化改革和发展领导小组办公室关于应对新冠肺炎疫情影响促进文化企业健康发展的若干措施》,北京市人民政府网站,2020年2月19日,http://www.beijing.gov.cn/zhengce/zhengcefagui/202002/t20200219_1662284.html。

是旨在推进北京市广播电视网络视听事业健康发展的公益性、政策性基金，其资助对象主要是以弘扬中华优秀传统文化与现代化建设为主题的视听作品，①并在2020年度扶持了152个项目。同时，北京文投集团、北京国际信托有限公司等还为精品创作提供融资支持。这体现了北京市2020年为推动影视创作高质量发展所做出的努力，确保了弘扬中国主旋律的影视题材的创作，且有助于生产出更优质的影视作品走出国门，提升中国的国际形象和影响力。

再次，北京市广播电视局发布《关于支持北京纪录片业高质量发展的若干政策》，其核心内容主要有五个方面，分别是：把纪录片高质量发展纳入北京新视听中长期规划、搭建平台、引导精品化创作、培育人才、促进国内国际交流合作。②此举推动首都纪实影像产业更好更快发展，有助于在北京打造国家级高质量纪实影像产业引领示范平台。

最后，北京市广播电视局还成立了精品创作领导小组，召开重点项目推进会，并发布了"中国榜样"系列网络电影片单，积极规划引导创作围绕脱贫攻坚、建党100周年、北京冬奥会冬残奥会等主题方向生产，③促进北京市影视内容生产精品化繁荣发展。

（三）科技赋能北京广播影视业，推进全球视听产业中心建设

2020年北京出台政策推进新视听工程建设，依托经济技术开发区，积极筹建中国（北京）高新视听产业园，力将北京建设成为全球视听产业中心。北京经济技术开发区管理委员会根据《北京市推进全国文化中心建设中长期规划（2019年—2035年）》《北京市智慧广电发展行动方案（2019年—2022年）》《北京市超高清视频产业发展行动计划（2019—2022年）》

---

① 北京广播电视网络视听发展基金管理办公室：《北京广播电视网络视听发展基金章程》，2020年2月20日，http://gdj.beijing.gov.cn/zwxx/tzgg2/202002/t20200213_1630176.html。
② 《第四届北京纪实影像周正式发布纪录片"京九条"》，北京市广播电视局网站，2020年9月25日，http://gdj.beijing.gov.cn/hyjj/pphd/bjjsyxzl/202009/t20200925_2098584.html。
③ 《市广播电视局新举措推动深化"北京模式"—一季度北京影视作品质量上行》，北京市人民政府网站，2020年4月17日，http://www.beijing.gov.cn/ywdt/gzdt/202004/t20200420_1855819.html。

《北京市人民政府关于加快推进北京经济技术开发区和亦庄新城高质量发展的实施意见》等文件精神，制定并发布了《北京经济技术开发区视听产业政策》。该政策通过提供资金补贴、人才发展奖励、创新奖励、金融服务等方式推动高新视听产业集群建设。① 这不仅有利于北京发展高新视听技术，还助于形成产业集群、完善视听产业链条，从而壮大北京视听产业实力与竞争力，推进北京建设成为全球视听产业中心。

二 2020年北京广播影视对外贸易成就

2020年北京广播影视业外贸发展继续取得良好成绩，首先更加重视作品高质量发展和技术提升；其次实施北京视听国际传播工程，提升北京声音的国际传播力和影响力。

（一）"北京模式"持续发力，产出成果领跑全国

2020年，北京广播影视业成果继续领跑全国。截至2020年11月底，北京市广播电视节目制作经营许可证持证机构13662家，占全国总数三分之一强。广播电视和网络视听收入方面依然保持快速增长，全年总收入预计3071.57亿元，同比增长30.24%，占全国行业总收入的35.06%。

除了在产业营收上保持着增长势头，"北京模式"的生产转化成效也表现显著。2020年北京市电视剧备案184部6722集，占全国备案数的1/3；制作发行34部1396集。电视动画片备案44部1971集15434分钟；制作发行25部441集5474分钟。网络电视剧备案276部6318集，网络电影备案1136部，网络动画片备案29部662集，网络微短剧备案17部366集。其中，《远方的山楂树》《三叉戟》等14部京产剧在央视及各大卫视上星播出，《我是余欢水》《隐秘的角落》等网络作品获得广泛好评。"北京模式"

---

① 《北京经济技术开发区管理委员会关于印发〈北京经济技术开发区视听产业政策〉和〈北京经济技术开发区游戏产业政策〉的通知》，北京市人民政府网站，2020年12月28日，http://www.beijing.gov.cn/zhengce/zhengcefagui/202102/t20210207_2278988.html。

的生产规模和质量居全国首位。

此外，北京市对广播影视业精品内容创作的扶持力度不断加强。修订后发布的《北京广播电视网络视听发展基金章程》2020年扶持了152个项目。北京市有2部电视剧被列入中宣部拟支持项目，20部京产剧入选国家广电总局重点选题，2部纪录片获国家广电总局重大理论文献片立项，2部作品获"飞天奖"，3部作品获"星光奖"，1部作品获金鹰奖。另外还有32部作品入选国家广电总局季度推优，30部公益广告入选全国优秀广播电视公益广告库，11个项目获国家广电总局扶持，数量上领先全国。[1]

（二）国际影视节展再发力，贸易成果创新高

2020年，北京市广播电视局继续积极举办多类型国际影视节展，促进国内外影视制作交流合作，推动中国广播影视业走出国门，提升国际影响力。

8月，第十届北京国际电影节在北京开幕，本届电影节以"梦圆·奋进"为主题，创造性地采用了线上线下相结合的方式。首次采用3D + VR技术展示系统在线上举行招商展会，为参会者带来智能且高效的交流方式。项目创投方面共征集829个项目，数量较去年增长13%，质量也有较大提升。[2] 最终共有110个项目在北京市场签约发布，总金额达到330.89亿元人民币，同比增长约7%，北京国际电影节签约金额再创新高。[3] 同时，值此十年之际，本次电影节还推出了北京国际电影节十周年特展，并发布了《北京国际电影节蓝皮书》，旨在全面展示北京国际电影节的发展变迁，提升电影节的品牌影响力。

9月，第四届北京纪实影像周在北京广播电视台大剧院开幕，本届影像

---

[1]《北京市广播电视局2020年工作总结》，北京市广播电视局网站，2021年1月18日，http://gdj.beijing.gov.cn/zwxx/zdgz/202101/t20210108_2209524.html。

[2]《北京国际电影节开启十年之约 梦圆奋进 源远流长》，北京市广播电视局网站，2020年8月24日，http://gdj.beijing.gov.cn/zwxx/gzbg1/202008/t20200824_1989660.html。

[3]《"十年如一，圆梦奋进"第十届北京国际电影节北京市场签约成果再创辉煌》，北京市广播电视局网站，2020年8月31日，http://gdj.beijing.gov.cn/zwxx/gzbg1/202008/t20200831_1993851.html。

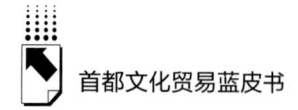

周共发布与签约了4个项目,总成交额达2.56亿,创历史新高。① 影像周期间主办方积极开展有关中国对外传播能力的交流会,举办"纪录片国际合作制作"主题培训,分享如何用国际化视听语言讲好中国故事,落地传播效果。② 其中,一部纪录片创新性地从国际化视角看待中国扶贫——《做客中国:遇见美好生活》(Homestay China)。该纪录片让外国主持人参与进来,从国际视角解读"精准扶贫"工作,创新中国故事纪录片制作方式,这有助于我们探索向世界讲好中国故事的新方式,推动中国纪录片"走出去"。③

2020年11月20日,北京广播电视局在北京展览馆主办全球云视听展播季高峰论坛暨启动仪式。大会汇集欧洲、非洲、中东展播季资源,邀请多国驻华使馆大使参与。本届展播季采用了线上线下相结合的方式,以肯尼亚、乌干达两个国家为主,在欧洲、非洲和中东地区同步启动云视听展播,重点推出跨文化融合题材的《小欢喜》《女医明妃传》《斗破苍穹》等7部电视剧和3部动画片,④ 在疫情防控时期延续国际视听交流。北京优秀影视剧海外展播季发展至今,已成功"走进"英国、俄罗斯、希腊等30多个国家和地区,并且展播、展映数百部影视精品,其中,推出的《北京青年》《从中国到中国》《我们结婚吧》等影视作品受到海外观众的欢迎,该活动成为北京与国际视听业业务合作与共赢的重要平台。⑤

---

① 《立足首都 引领纪实影像产业高质量发展 第四届北京纪实影像周总结会成功举办》,北京市广播电视局网站,2020年9月25日,http://gdj.beijing.gov.cn/hyjj/pphd/bjjsyxzl/202009/t20200925_2098604.html。
② 《全是干货!来!聊聊纪录片国际合作那些事儿!》,北京广播电视局网站,2020年9月23日,http://gdj.beijing.gov.cn/hyjj/pphd/bjjsyxzl/202009/t20200923_2088639.html。
③ 《有朋自远方来不亦乐乎——第四届北京纪实影像周影片〈做客中国:遇见美好生活〉以国际化视角聚焦中国精准扶贫》,北京市广播电视局网站,2020年9月25日,http://gdj.beijing.gov.cn/hyjj/pphd/bjjsyxzl/202009/t20200925_2098418.html。
④ 《2020北京优秀影视剧海外展播季·非洲 正式启动!》,搜狐网,2020年11月27日,https://www.sohu.com/a/434771342_660114。
⑤ 《北京优秀影视剧海外展播季向世界讲好"中国故事"》,"新京报"百家号,2020年1月21日,https://baijiahao.baidu.com/s?id=1683979683557061095&wfr=spider&for=pc。

（三）搭建国际公益广告交流平台，打造良好国际形象

2020年11月8日，第二届北京国际公益广告大会以"公益视界　向光前行"为主题正式开幕。为了更好地促进国际公益广告的交流合作，推动大会成为国际公益广告的权威交流平台，本届大会成立了"北京国际公益广告研究院"。[①] 同时，本届大会积极汇集优秀作品，促进国际公益广告创作交流合作，以"庆祝中国共产党成立100周年""脱贫攻坚""抗击疫情""环境保护""冬奥会"等为主题举办创意大赛，共收到来自中国、英国、新加坡、日本、巴基斯坦等国的参赛作品共2912件。还举办"大师盛宴"，邀请到3位国际公益事业著名专家线上参与，聚焦国际公益广告发展趋势展开交流。[②] 本届大会有力推动了北京国际公益广告平台的搭建，提升了中国在国际公益广告界的影响力，同时有利于中国打造良好国际形象。

（四）深化视听业科技发展，北京影视技术实力日益提高

受到新冠肺炎疫情影响，2020年北京广播电视对外贸易交流线下活动受到限制，许多活动被迫取消，如戛纳电视片交易会等国际贸易展会无法开展。然而，北京广播影视业在面临线下举办困境时转战线上方式，借此机会大力发展视听业的技术实力。在2020年举办了大量科技交流展会，组织科技交流论坛和学术会议，拓展视听业与高新科技的融合机制，设立产业集群、实验室和示范区等，推动北京视听业科技向高质量发展。

---

① 《公益视界　向光前行——2020第二届北京国际公益广告大会在京开幕》，北京广播电视局网站，2020年11月10日，http://gdj.beijing.gov.cn/hyjj/pphd/bjgjgyggh/gfxx/202011/t20201110_2131665.html。
② 《公益有爱　同心筑梦——2020第二届北京国际公益广告大会举行"大师盛宴"》，北京市广播电视局网站，2020年11月10日，http://gdj.beijing.gov.cn/hyjj/pphd/bjgjgyggh/gfxx/202011/t20201110_2131798.html。

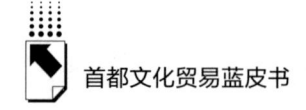

1. 积极组织科技展会，促进视听技术交流与发展

2020年11月，首届中国（北京）国际视听大会在北京开幕，[①] 集中展示了中国视听领域在内容、技术、业态创新方面的最新成果。采用"云端"和"线下"融合形式，在"云端"通过云展览平台展示了数千种产品；在"线下"通过全景模式展示了国内外视听产业链上下游发展与创新现状。大会还举办了30余场国际化专业论坛，聚集300多名专家学者共同就视听业高质量发展讨论提议。同时，大会展览促成意向成交额超过2亿元，现场签约达2.8亿元。[②] 该大会提升了北京视听科技的影响力，也促进了视听业的发展。

第六届"世界电视日"中国电视大会[③]与中国（北京）国际视听大会同期举办，设置了多场主题峰会，聚焦视听业与人工智能、5G和高新视频等技术融合发展前沿趋势。其中，在"一带一路"广播电视科技发展论坛上，集中展现了广电技术与各国发展战略和行业发展的交汇点，为促进"一带一路"沿线国家、地区经济社会发展和文化交流做出了重要贡献，有力提升了北京广播影视技术的国际影响力。

此外，北京广播电视局负责布展的2020年中国国际服贸会文化服务专题展北京新视听展顺利召开。中国（北京）星光视听产业基地深度参与了本展会，发布全球首台5G+4K/8K+IP+双屏超高清转播车。展会上设置了5G+8K高新视频、视听冬奥智能沉浸体验、新视听+脱贫攻坚、新视听场景应用、智慧广电、音频深度融合发展、影视精品七大主题展区。展览期间，北京广播电视局还发布了《北京5G+视听创新应用场景》和《北京

[①] 《视听改变生活，文化引领未来——首届中国（北京）国际视听大会在北京盛大开幕》，北京市广播电视局网站，2020年11月19日，http://gdj.beijing.gov.cn/zwxx/gzbgl/202011/t20201119_2140426.html。

[②] 《首届中国（北京）国际视听大会闭幕 意向成交超2亿 现场签约2.8亿》，北京市人民政府网站，2020年11月23日，http://www.beijing.gov.cn/fuwu/lqfw/gggs/202011/t20201123_2142049.html。

[③] 《相约美好未来 视界触手可及第六届"世界电视日"中国电视大会圆满收官》，北京市广播电视局网站，2020年11月23日，http://gdj.beijing.gov.cn/zwxx/gzbgl/202011/t20201123_2142964.html。

5G+8K新视听产业地图·2020》,[1] 体现了北京市推动视听业科技创新应用发展的扶持力度,进一步推进北京视听科技的国际发展和竞争力提升。

2020年6月到8月还举办了第二十九届北京国际广播电影电视展览会(BIRTV2020)线上展,首次完全以线上方式全景呈现。[2] 展览会有146家国际参展商,"大型体育赛事国际传播论坛"直播在线浏览量最高。该直播作为北京2022年冬奥会科技冬奥展的配套活动获得广大观众关注,也为北京2022年冬奥会提前进行了线上直播模拟。展览会向世界展现了中国广播影视实力,有利于北京广播影视业与世界对话,提升北京广播影视的国际影响力。

2. 设立高新视听技术实验室、示范区,推动北京视听科技发展

2020年,为落实陈吉宁市长召开专题会议研究5G+8K超高清显示产业工作要求,结合《北京市超高清视频产业发展行动计划(2019—2022年)》,北京市广播电视局启动北京新视听示范应用试点项目,延庆区成为首批试点区。[3] 同时,北京拟制《5G+8K高新视频/超高清视频产业创新应用战略合作协议》,推动部市合作。2020年11月19日,北京国际云转播科技有限公司成立,并在中国(北京)国际视听大会开幕式上举行了揭牌仪式,该公司"将聚焦拓展融媒体、大传播的视频产业市场,基于5G、云计算等新兴技术,采用'双中台+微服务'架构,实现转播设备云端化和人员服务远程化"。[4] 此外,北京还积极建设实验室,在中国(北京)国际视听大会开幕式上举行了超高清电视技术研究和应用实验室揭牌仪式。[5] 2020

---

[1] 《服贸会"新视听"有惊喜》,搜狐网,2020年9月14日,https://www.sohu.com/a/418291383_120738167。
[2] 《BIRTV2020线上展,让时间变慢的展览会》,BIRTV网站,2020年9月1日,https://www.birtv.com/content/?5414.html。
[3] 《延庆区成为首批北京新视听示范应用项目试点区》,北京市延庆区人民政府网站,2020年11月25日,http://www.bjyq.gov.cn/yanqing/zbm/gdzx/gzdt31/2831137/index.shtml。
[4] 《中国联通牵头成立"云转播公司"聚焦大视频产业市场》,搜狐网,2020年11月20日,https://www.sohu.com/a/433274344_120051417。
[5] 《视听改变生活,文化引领未来——首届中国(北京)国际视听大会在北京盛大开幕》,北京市广播电视局网站,2020年11月19日,http://gdj.beijing.gov.cn/zwxx/gzbgl/202011/t20201119_2140426.html。

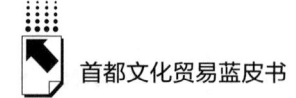

年北京持续推进发展智慧广电与新视听技术,通过设立高新技术发展实验室、示范区和企业推动北京视听科技发展。

3. 政企联合发展视听技术

2020年北京与互联网科技公司积极合作,共同发展视听技术。北京广播电视台作为特殊管理股股东入股北京快手科技有限公司达成合作意向。① 此举有力推动了政府与企业的技术合作,使政府能够借助快速发展的互联网企业的力量促进视听科技发展。

(五)外交活动促进北京视听业国际交流合作

2020年1月17日,以"数字时代的中非媒体合作"为主题的中非媒体合作论坛在肯尼亚首都内罗毕举行。② 中国和11个非洲国家的政府官员、新闻从业者、专家学者通过线上线下相结合的方式参与论坛。参会者围绕"技术对媒体实践的影响""数字时代的新闻生产与传播"等主题进行了深入的交流,扩大了中非媒体的交流合作,有利于推动中华文化"走出去",提高中华文化国际影响力。

三 北京广播影视对外贸易发展趋势

《中共中央关于制定国民经济和社会发展第十四个五年规划和二〇三五年远景目标的建议》明确提出:"推进媒体深度融合,实施全媒体传播工程,做强新型主流媒体,建强用好县级融媒体中心。"推进媒体深度融合成为新的重点任务。中共北京市委在《关于制定北京市国民经济和社会发展第十四个五年规划和二〇三五年远景目标的建议》(以下简称"'十四五'规划")中提

---

① 《北京市广播电视局2020年工作总结》,北京市广播电视局网站,2021年1月8日,http://gdj.beijing.gov.cn/zwxx/zdgz/202101/t20210108_2209524.html。
② 《中非媒体合作论坛在肯尼亚举行 聚焦数字时代的中非媒体合作》,"环球网"百家号,2020年11月18日,https://baijiahao.baidu.com/s?id=16837022028182624473&wfr=spider&for=pc。

出要将北京建设成为全国文化中心，打造全国标杆性区级融媒体中心；实施文化产业数字化战略，打造文化科技产业集群；推进国家优秀文化产品进入国际市场，提升北京国际传播能力；同时，加强北京国际交往中心能力建设，持续办好国际节展等品牌文化活动，争取国际机构落户北京等。在政策指导与实践成果的结合下，北京广播影视外贸发展呈现以下几点趋势。

（一）京津冀媒体融合与传媒产业集群建设将进一步深化

中共北京市委在"十四五"规划中提出，为将北京建设成为全国文化中心，要搭建新型网络传播平台，打造全国标杆性区级融媒体中心。同时，为将北京打造为国际影视之都，中共北京市委加强了与周边地区的产业协同合作，这是增强实力的必要举措。近年来，北京不断推进京津冀影视传媒产业集群建设和媒体融合，不断完善三地资源互补与产业合作机制。2020年在北京举办的中国广电媒体融合发展大会上，京津冀三地共同签署了《京津冀新视听战略合作协议》，设立中国（京津冀）广播电视媒体融合发展创新中心，京津冀媒体融合与传媒产业集群化将进一步加深。同时，三地签署人才政策，完善配套政策。影视方面，在京津冀协同发展大战略推动下建立的大厂影视小镇已建成影视创意孵化产业园一期、影视制作产业园一期、电视传媒产业园一期项目，其中不乏高质量的国内影视成果产出，京津冀影视产业联动将持续升级。

此外，加强北京广电视听业的集群建设也是近几年为提升北京影视外贸发展的一个重要趋势。北京广播电视局整合各类音视频内容行业创新服务资源、平台资源，将中国（北京）星光视听产业基地打造为北京文化产业示范园区，聚焦视听内容制作和相关行业的全产业链建设与服务。2020年10月，该基地已打造"星光新视听产业创新孵化平台"，从创作空间、创作场景、创作服务、运营服务、资本平台等多方位服务新视听产业创作者，旨在培育新视听头部内容生产企业和服务平台。示范园区将不断完善基础设施建设与配套政策，吸引更多优质项目资源，不断壮大自身实力，逐步成长为具有国际影响力的产业园区。

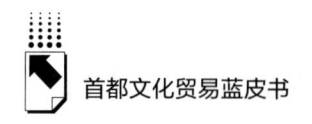

（二）"文化+科技"产业融合发展，深化视听技术赋能

随着 2019 年 5G 商用元年开启，北京影视业与高新科技融合成为未来发展的重要趋势。中共北京市委在"十四五"规划中也提出，要实施文化产业数字化战略，推动文化与科技融合发展，要建设国家级文化和科技融合示范基地，打造文化科技产业集群。为加强北京影视业与前沿技术的深度融合，北京陆续建设了一批影视科技融合的重点实验室，在发展新兴影视业态、完善产业结构方面不断推进。2020 年受新冠肺炎疫情影响，网络视听业得到大力发展，文化科技融合新业态不断兴起，例如网络游戏行业在疫情防控时期不断发展，有潜力成为新的视听业经济增长点。同时，短视频、直播、沉浸式游戏产业等新业态在"文化+科技"政策战略的推动下也将不断蓬勃发展。此外，将新技术与影视制作结合也是一个重要方面。开展 4K/8K、VR/AR、5G 技术在广电影视制作中的应用研究是未来深化"影视业+科技"发展的重要举措，这也将在北京影视业外贸发展中成为有力的竞争点。

（三）办多办好国际品牌文化活动，深耕"北京模式"，推进优秀文化产品进入国际市场

北京广播影视业产出成果全国领先，在国际视听文化交流活动承办数量与质量上也表现优异，但仍有提升空间。中共北京市委在"十四五"规划中提出，要积极承办和培育一批具有国际影响力的国际会议、会展，做强国际品牌文化活动，"积极组织参与国际重大文化交流，提升国际传播能力，讲好中国故事、北京故事"，同时"推进国家文化出口基地等建设，促进优秀文化产品进入国际市场"。因此，继续办多办好国际视听业交流活动，深耕"北京模式"，推进北京影视业向高质量发展是未来发展的重要趋势。为进一步提升作品质量，北京紧抓"北京模式"，推进精品创作，在政策帮扶力度上持续加大，广度上持续拓宽。但在注重京产剧国内受众的同时，也要兼顾海外受众。在制作外贸输出的影视剧时注重对海外受众心理的把握，采

用适合海外受众的叙事模式，发挥北京前沿影视技术实力，将中华文化艺术与对外传播效益结合，制作有利于国际传播的高质量影视作品。例如，京产剧《什刹海》①既展现了北京传统饮食文化，又契合了海外受众的信息接收模式，使海外观众产生了强烈的情感共鸣。

在展会活动举办上，未来几年，除了继续办好做强北京设计周、北京国际电影节、音乐节等品牌活动以外，北京还可以举办重大国际交流活动或展会，例如2020年举办的中国（北京）国际视听大会，加强了视听技术国际交流，有助于提升北京广电视听业的国际竞争力，推进中国高新视听技术产品进入国际市场。

（四）持续培养和引进国际影视人才

北京为打造具备竞争力与影响力的全球视听产业基地，在配套措施中不断完善人才引进政策。中共北京市委在"十四五"规划中提出"争取一批国际组织、跨国公司总部和国际专业机构落户"，这无疑是对未来北京广播影视业人才引进的一项重要支持。要打造有国际影响力的影视园区品牌，需要完善人才培育孵化体系，用新环境培养出的新型人才反哺园区的成长与发展。在影视业与科技产业融合方面，引进影视专业人才和技术人才，支持国际知名影视人才落户北京，在北京设立工作室。引进兼具海内外视角的创作人才加入影视制作，有利于创作出更符合海外受众口味的京产剧，也使得制作以海外受众视角为基点来看中国社会实践与发展的影视剧成为可能。例如，《做客中国：遇见美好生活》这一纪录片从外国主持人的视角出发解读"精准扶贫"工作，有利于海外受众通过"看得懂的语言"了解中国。未来几年，为推动京产剧更多更好地走出国门，进入国际市场，北京还将持续培养与引进影视人才，加强国际化影视人才队伍建设。

---

① 《电视剧〈什刹海〉海外热播　广受好评》，北京市广播电视局网站，2021年1月18日，http://gdj.beijing.gov.cn/hyjj/ztcz1/202101/t20210118_2222250.html。

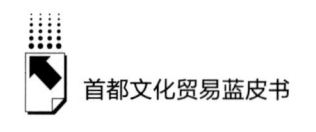

四 总结

2020年北京广播影视业在新冠肺炎疫情影响下依然保持着良好的发展。在政策制定方面，北京市政府及时出台相关政策，发布了《关于应对新冠肺炎疫情影响促进文化企业健康发展的若干措施》，引导文化产业向互联网化发展，提升了文化产业抗击疫情冲击的能力。同时，还发布了《北京广播电视网络视听发展基金章程》及其配套制度，以及《关于支持北京纪录片业高质量发展的若干政策》，并成立了精品创作领导小组，加大力度推进北京影视制作高质量发展。在科技融合上制定发布了《北京经济技术开发区视听产业政策》，大力推进建设北京新视听工程，筹建高新视听产业园，力将北京建设成为全球视听产业中心。

在外贸活动内容方面，北京积极采用线上线下相结合的方式举办国际节展会、论坛和大会，保持影视业对外交流，通过线上展会促成交易与合作；召开首届中国（北京）国际视听大会，重点展示通信新技术，推动5G等高新视听技术走出国门，提升中国影视科技的国际影响力。广电视听业与高新科技融合发展也成为未来几年的重要发展趋势。此外，深化京津冀三地媒体融合和北京视听产业集群发展、北京影视制作高质量化发展和人才引进与培养也成为北京广播影视业对外贸易持续良好发展的重要趋势。

参考文献

《胡正荣专栏｜"十三五"即将收官，新型主流媒体咋样了？》，澎湃网站，2020年9月17日，https：//www.thepaper.cn/newsDetail_ forward_ 9235362。

B.4
首都电影对外贸易发展报告（2021）

罗立彬　刘洪宇　廖麟玉*

摘　要： 2020年，新冠肺炎疫情给全球电影产业和市场带来巨大冲击，中国电影产业依靠稳固的行业基础和独特的制度优势，在世界范围内率先恢复，全年总票房跃居全球榜首。北京电影业继续在全国保持领先地位，影片产量在全国占比高，影院发展态势良好，通过举办线上电影节和"云观影"等活动，积极参与电影对外交流。京产电影在"走出去"方面呈现新特征，在全球电影票房排行榜上表现出色，多部电影海外获奖，北京电影公司积极参与国际电影制作，深度融入国际电影市场。今后北京应继续发挥自身作为全国文化中心的多方面优势，利用"两区"建设机遇，夯实产业基础、加强国际合作；同时努力化疫情之危为发展机遇，扩大京产电影在全球影院以及网络空间的影响力。

关键词： 电影产业　对外贸易　北京

---

* 罗立彬，经济学博士，教授，北京第二外国语学院首都国际服务贸易与文化贸易研究基地资深研究员，北京第二外国语学院经济学院副院长，研究方向为影视服务贸易、文化贸易与国际贸易；刘洪宇，北京第二外国语学院经济学院国际商务专业硕士研究生；廖麟玉，北京第二外国语学院经济学院国际商务专业硕士研究生。

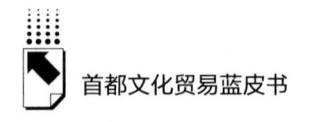

一 2020年北京电影业继续保持全国领先地位

1. 新冠肺炎疫情冲击下,中国电影市场总规模大幅下降,但占全球比重上升至第一位

2020年,在新冠肺炎疫情的巨大冲击之下,全球电影票房严重萎缩,仅120亿美元,同比锐减72%;其中,北美电影市场票房规模从2019年的113.2亿美元直线下降到22亿美元,同比下降了81.6%[①]。在全球电影行业受到疫情冲击的严峻形势下,中国电影产业依靠自身稳固的行业基础和独特的制度优势,在世界范围内率先开始恢复。电影业整体发展状况主要包括以下五个方面。第一,全年电影票房跃居全球榜首,国产电影成绩亮眼。在新冠肺炎疫情的冲击下,2020年中国电影总票房达204.17亿元,首次超越北美市场,跃居全球榜首。虽然票房同比下降了68.23%,但与北美电影票房同比下降81.6%相比,体现了中国稳固的电影产业基础。国产电影总票房达170.93亿元,市场占比83.72%,是近十年来最高的市场占比。其中,中国电影票房排名前10的影片全部是国产电影,有4部电影位居全球票房排行榜前10,《八佰》更是以4.61亿美元的票房获得全球票房冠军。第二,全年影片产量大幅下降,内容更加丰富。受疫情冲击,2020年中国影片总产量共计650部,同比下降37.5%,其中有531部故事片。一些主旋律影片如《八佰》《我和我的家乡》《夺冠》等,既表达了强烈的爱国情怀,又反映了当代人顽强拼搏的精神。第三,2020年全国新增银幕5794块,银幕数共计75581块,其中新增银幕数多来自三、四、五线城市,但单个影院盈利水平有所下降。在影院控制上座率的前提下,全年观影人次整体下滑,院线场均观影人次也呈下降趋势,突出了目前影院基础设施建设与电影需求不匹配的矛盾。第四,由于我国疫情防控取得重大进展,在其他国家的电影节大

---

① Box Office Mojo by IMDbPro, "Domestic Yearly Box Office," https://www.boxofficemojo.com/year/? ref_ = bo_ nb_ di_ secondarytab,最后访问日期:2021年2月26日。

多取消的背景下,我国创新了电影节的举办方式,"线上"和"线下"相结合,新设云展映、云论坛等方式,成功举办了第 23 届上海国际电影节、第 10 届北京国际电影节、第 27 届北京大学生电影节、第 33 届中国金鸡电影奖等,推动我国文化"走出去"。第五,网络电影从数量型向质量型转型升级。与先前提到的影片总产量大幅下降的趋势不同,2020 年上线备案的网络大电影共 745 部,同比仅下降约 5.58%,其中共有 77 部网络电影的分账超过 1000 万元,与 2019 年的 32 部相比,影片数量大幅提升,表明了网络电影开始专注于内容的生产。①

2. 2020 年北京电影产业和市场继续保持全国领先地位

2020 年,北京电影业在全国范围内仍处于领先地位,实现 9.56 亿元的票房收入,占全国票房比重为 4.68%。

第一,政策助力,缓解疫情冲击。2020 年,由于北京电影市场体量庞大,产业规模和作品产量居全国首位,影视企业、影院数量众多,从业人员高度集聚,新冠肺炎疫情带来的冲击和影响也相对明显。春节之后全市共有 260 家影院关闭,影视剧组项目全部停工,影视业面临前所未有的冲击和挑战。在这种情况下,北京市委宣传部、市电影局联同市发改委、人力社保局、医保局及文资中心等相关部门召开"应对疫情 纾困发展"首都影视工作会,集中宣介解读帮扶电影行业的一揽子政策,力争切实为影视企业解决实际困难、缓解生存压力、积蓄发展动能。2 月,北京市电影局发布《致首都电影行业的公开信》,指出在疫情防控期间,有关电影行政审批业务正常开展,总体按照减少流动、在线优先原则办理;拟对今明两年重点影片、重点项目和受疫情影响严重的创作项目开设绿色通道;提前启动北京宣传文化引导基金(电影类)、电影专项资金资助申报工作,出台相关政策加大对影视文化企业扶持力度,有效降低影院、制片方运营成本,帮助企业共渡难关。4 月底,北京市委宣传部相关负责人解读了保障首都电影业发展的相关措施,包括提前启动北京宣传文化引导基金(电影类)和 2020 年市级电影专项资金两项扶持资金,

---

① 陆佳佳、刘汉文:《2020 年中国电影产业发展分析报告》,《当代电影》2021 年第 3 期。

明确增加疫情特殊补贴,对春节未能上映的京产影片给予一次性宣发补贴,对受疫情影响暂停的重点项目给予创作制作补贴。这些政策措施对于缓解疫情给北京电影产业和市场带来的冲击都发挥了重要作用。

第二,保持影片产量在全国的高比重。在猫眼统计的2020年有票房数据的256部国产电影中,有178部电影的出品公司中包含北京的公司,有191部电影的联合出品公司中包含北京的公司。① 2020年因受疫情的影响,北京各大影院票房收入有所下降,但影片产量同比有所上升。

第三,北京影院发展态势良好。在2020年中国电影票房收入排名前10的电影院中,位于北京的影院有6个,分别是北京首都电影院(西单店)、北京金逸影城(朝阳大悦城IMAX店)、北京寰映影城(合生汇店)、北京英嘉国际影城(金源NEW CINITY店)、北京UME影城(双井CGS激光巨幕店)、北京卢米埃影城(长楹天街IMAX店)。其中北京首都电影院(西单店)以1858.7万元位列第1,前4名中有3家都在北京(见表1)。

表1 2020年中国电影票房收入排名前10的电影院

单位:元,人

排名	影院名称	分账票房	人次	场均人次	平均票价
1	北京首都电影院(西单店)	1858.7万	32.6万	26	57.0
2	南京新街口国际影城(德基广场IMAX店)	1669.4万	45.4万	27	36.8
3	北京金逸影城(朝阳大悦城IMAX店)	1655.2万	25.9万	30	63.9
4	北京寰映影城(合生汇店)	1625.2万	26.1万	30	62.3
5	深圳深圳百老汇电影中心(IMAX万象天地店)	1595.8万	25.1万	31	63.6
6	上海万达影城(五角场万达广场IMAX店)	1523.6万	30.6万	29	49.8
7	广州飞扬影城(正佳IMAX店)	1513.8万	31.0万	33	48.8
8	北京英嘉国际影城(金源NEW CINITY店)	1505.6万	23.9万	26	63.0
9	北京UME影城(双井CGS激光巨幕店)	1472.8万	26.9万	25	54.8
10	北京卢米埃影城(长楹天街IMAX店)	1428.5万	25.0万	32	57.1

资料来源:猫眼专业版App。

① 作者根据猫眼专业版App上的电影数据查询统计获得。

第三，成功举办多个国际电影节和影展，采用"云展会"等新技术，提升我国电影的国际影响力。2020年8月28日，第10届北京国际电影节共促成了21个重点项目、46家企业在现场签约，110个项目在北京市场签约发布，总金额达到330.89亿元人民币，同比增长约7%，再次创造新纪录。受到新冠肺炎疫情影响，第10届北京国际电影节采用了"云观影""大咖远程授课""线上展位"等云端服务，这一方面是疫情防控的需要，另一方面也是主动拥抱互联网等新技术的一次尝试，同时也提升了北京国际电影节的影响范围。比如"电影大师班"邀请李安、关锦鹏等大导演远程授课，全网都可收看播放；"云观影"活动设置线上展映和电视展映环节，爱奇艺作为独家网络展映平台搭建北京国际电影节专区展映平台，上线约250部影片，首次一次性上线约50部境内外新片；电视展映方面，在北京卫视、BTV影视和BTV青年三个频道循环播放20部中外优秀影片；"云观影"活动还配有导赏解说、主创与影迷的隔空交流等形式的互动。"线上展位"的应用也使得参展商数量大大增加，往年的实体展会能容纳120到130家展商，但是2020年的线上展会吸引了超过430家展商，海外展商来自德国、法国、伊朗、以色列、菲律宾等20多个国家和地区，共计展出影视项目616个。除云端线上活动之外，还举办了露天展映活动，让影迷可以在室外空间免费观赏电影。[①]

二 京产电影"走出去"呈现新特征

1. 在全球电影票房排行榜上表现出色，但是影院放映地区数仍然有限

2020年，中国提前成为全球电影最大的票仓，也带动中国电影位次在全球电影票房排行榜上继续提升。全球电影票房排行榜前20名中华语电影有8部；其中有4部排在前10，国产电影票房冠军《八佰》更是以4.61亿美元的全球票房成绩成为冠军（见表2）。在排名前20的8部华语电影中，

---

① 《第十届北京国际电影节圆满落幕》，北京市电影局网站，http://www.bjdyj.gov.cn/zwxx/hyzx/fcdf7242e45340fe831e9ae30c708a59.html，最后访问时间：2021年4月7日。

在京电影公司参与出品的电影就有6部，分别是《八佰》《我和我的家乡》《姜子牙》《金刚川》《温暖的抱抱》《除暴》。

虽然京产华语电影票房成绩所反映的位次在全球票房排行榜上有所上升，但是从放映地区数看，京产华语电影在全球影院中的影响力仍然比较有限。位于全球票房排行榜前10名的3部京产电影中，没有1部的影院放映地区数超过10个；放映地区数最多的《八佰》也只有9个，而其他2部则都在5个或5个以下，这种情况与2019年相比没有什么大的变化。放映地区数少一方面可能是因为疫情导致全球多地影院关闭，但另一方面也说明中国电影在传统影院领域的影响力仍然有限。与之形成鲜明对比的是美国电影，虽然总票房成绩不如中国电影，但是放映地区数则多得多，比如《绝地战警：疾速追击》放映地区数高达81个，放映地区数最少的《疯狂原始人2》也达到11个。即使是在全球多地影院遭遇疫情冲击而关闭的情况下，也是如此（见表2）。

表2 2020年全球电影票房排名前20的电影

单位：美元，个

排名	片名	制片地区	全球票房	放映地区数
1	《八佰》	中国内地	461339528	9
2	《绝地战警:疾速追击》	美国	426505244	81
3	《我和我的家乡》	中国内地	422390820	4
4	《鬼灭之刃（剧场版）无限列车篇》	日本	352796561	4
5	《信条》	美国	363129000	37
6	《刺猬索尼克》	加拿大	319715683	57
7	《多力特的奇幻冒险》	美国	245295766	68
8	《姜子牙》	中国内地	240655522	5
9	《猛禽小队和哈莉·奎茵》	美国	201858461	44
10	《送你一朵小红花》	中国内地	182800000	1
11	《拆弹专家2》	中国内地	163575776	5
12	《金刚川》	中国内地	161047608	2
13	《神奇女侠1984》	美国	148000000	27
14	《隐形人》	加拿大	143151000	70
15	《1/2的魔法》	美国	141951092	53

续表

排名	片名	制片地区	全球票房	放映地区数
16	《疯狂原始人2》	美国	139797455	11
17	《野性的呼唤》	美国	110954519	53
18	《温暖的抱抱》	中国内地	103799872	3
19	《除暴》	中国香港/中国内地	80542950	3
20	《心灵奇旅》	美国	71200000	17

资料来源：www.boxofficemojo.com。

2. 京产华语电影海外获奖，扩大国际影响力

在国际电影节获奖一直是中国电影引起国际关注的最重要渠道之一，2020年又有若干北京公司制作出品的华语电影入围或获得国际知名电影节奖项。北京阿里巴巴影业出品的《野马分鬃》入围第73届戛纳电影节"戛纳2020"片单，还获得第64届伦敦电影节最佳影片提名，也入围第25届韩国釜山国际电影节"亚洲电影之窗单元"。由陌陌影业参与出品的由王晶导演、贾樟柯监制的《不止不休》则获得第77届威尼斯电影节地平线单元最佳影片奖提名，这部电影同时还获得第45届多伦多国际电影节发现单元最佳影片奖提名。北京领石文化传播有限公司出品的《歌声缘何慢半拍》的导演董性以获得第68届圣塞巴斯蒂安国际电影节最佳新导演提名。北京聚本文化传媒有限公司、北京老兽影业有限公司和北京捕影传奇文化传媒有限公司等联合出品的、周子阳导演的《乌海》获得第68届圣塞巴斯蒂安国际电影节费比西国际影评人奖。黑鳍（北京）文化传媒有限公司出品的电影《她房间里的云》获得第49届鹿特丹国际电影节最佳影片金虎奖、第44届香港国际电影节新秀电影竞赛火鸟大奖。北京嘉映春天影业有限公司等出品的电影《花这样红》获得第49届鹿特丹国际电影节费比西国际影评人奖。

3. 北京电影公司参与国际电影制作，深度融入国际电影市场

2020年北京电影企业"走出去"拍摄英语电影的现象继续出现，很多人们印象中的好莱坞"大片"或者外国电影中都出现了北京电影企业的身影，这样的电影至少有8部。表3列举了2020年北京电影企业参与英语电影拍摄的相关情况。

表3 2020年北京企业参与拍摄英语电影情况

英文名	中文名	中国公司	合拍国	放映地区数
Dolittle	《多力特的奇幻冒险》	完美世界影视	美国、英国	68
Police	《警察》	博纳影业	法国、比利时	9
Brahms: The Boy II	《灵偶契约2》	华谊兄弟传媒	美国、加拿大、澳大利亚	39
All My Life	《我的一生》	完美世界影视	美国	8
News of the World	《世界新闻》	完美世界影视	美国	28
Monster Hunter	《怪物猎人》	腾讯影业	美国、德国、日本	29
The Secret Garden	《秘密花园》	博纳影业	英国、法国、美国	26
The Photograph	《爱之情照》	完美世界影视	美国	15

资料来源：根据imdb.com上的数据整理。

三 发挥北京优势，促进中国电影"走出去"

1.利用"两区"建设机遇，继续夯实产业基础、加强国际合作，提升京产电影国际影响力

依托北京电影产业现有的基础和优势，在供给侧层面继续优化营商环境，促进电影内容创作、拍摄制作、后期效果、宣传发行、资本运营、版权交易等领域的各种资源在北京集聚，同时继续培育北京电影市场，继续强化北京在全国电影产业的领先地位，保证京产电影在不断提高质量的基础上提升其国际影响力。利用北京市"两区"建设的战略机遇，以及北京作为全国文化中心、国际交往中心和"影视之都"的基础地位，乃至中国作为全球最大电影市场以及全球电影市场主要增长点的地位，"以我为主"，吸收全国乃至全球优势资源为北京以及其他中国市场制作并发行电影，促进北京成为区域性乃至全球性的电影产业中心之一。继续打造品牌，搭建平台，吸引全球各地电影人来北京与中国电影业相关企业开展合作。创新知识产权保护，鼓励相关企业探索通过引进版权的方式来讲中国故事。

2. 转危为机,带动京产电影在全球更多影院更广泛发行

虽然新冠肺炎疫情使得中国电影市场总体规模下降,但是由于国内疫情防控工作做得比较好,中国电影总票房的全球比重提高了近3个百分点,达到25%,成为全球第一大票仓。这会带来一系列重要影响,可以说也为京产电影在全球各地影院更广泛的发行提供了一些机会,抓住这些机会甚至有可能转危为机。

一是国产电影位次在全球票房年度排行榜上迅速提升,有利于提升头部影片的全球知名度和影响力。由于中国已成为全球第一大票仓,一部国产电影如果在国内获得了非常高的票房成绩,就更加容易引起国外市场的关注,对于电影的海外分销也将产生有利影响。二是国产电影位次在全球票房排行榜上提升,更有利于国产电影充分发挥其经济属性优势特征和"本地市场效应"。电影重要的经济特征是"规模经济效应明显""边际成本极低"。如果一部电影可以在国内收回成本,就很有利于其在国外发行。在当前疫情冲击下的全球电影市场环境中,最有可能在国内收回成本的电影就是中国电影,因为疫情防控状况使得中国影院已经基本开放,电影票房销售也基本恢复。三是疫情影响下全球票房规模下降,使得一些超大预算的全球性电影无法在影院上映,有利于改善中国电影在全球影院的竞争状况。全球票房下降使其可以支撑的电影预算规模也下降,一些超大预算电影此时在影院上映,成本回收的风险加大。尤其是以视觉效果为主要"卖点"的国产"大片"以及一些国产动画片,由于一些投资额更大的原本以全球市场为目标市场的国际"大片"退出竞争,有可能获得进入全球影院市场的更好机会,成为全球影院市场的重要供给来源。

在这种情况下,京产电影应该抓住机会,转危为机,扩大京产电影在全球影院发行的力度,将一些京产电影在中国这个世界最大票仓的影响力传递到国外影院,为全球影院提供京产电影供给,并努力发挥影院这个渠道的作用。

3. 重视网络与数字空间成为电影市场新增量及主要渠道的新趋势,努力扩大京产电影在网络与数字空间增量市场的影响力

当前,全球电影市场重心逐渐向网络与数字流媒体平台转移,特别是在

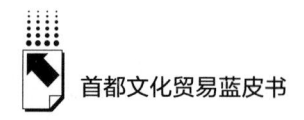

2020年新冠肺炎疫情冲击之下，这一进程正在加快。数字影视娱乐市场早在2019年就已经成为三种主要渠道（影院、实体影碟和数字媒体）中收入占比最高的渠道，比重达到48%。2020年数字媒体收入同比增长31%，不仅部分抵消了全球影院票房收入的损失，还使其自身收入占比一下子提高了28.5个百分点，达到76.5%，正式成为三种渠道中最主要的渠道。①

数字流媒体驱动之下的全球电影市场"增量"，对于中文电影的全球影响力的提升有着至关重要的作用。传统的影院"存量市场"增长已经非常缓慢，而电影的规模经济效应和网络外部性都很强，希望在影院的这个传统存量市场上容纳更多的"多样性"，可以说是难上加难；只有流媒体这个"增量市场"才会为电影的多样性提供更多的空间，对于中文电影提升国际影响力非常重要②。网络与数字空间对于电影多样性的重要影响，一个典型的案例就是"诺莱坞"电影。"诺莱坞"电影是指尼日利亚电影。这些电影一般制作成本较低，原本只能在非洲地区传播，但是随着网络流媒体的发展，这些电影得以在网飞平台上出现，有机会被全世界观众看到。这是因为平台本身的"范围经济"效应，使其具备不断增加多样化产品的能力；包括京产电影在内的中国电影都应该好好利用流媒体平台大发展的机会，形成国际影响力，甚至实现"弯道超车"。

北京作为全国电影产业的龙头地区，应当积极推进京产电影与国际流媒体平台的合作。一方面推动京产电影更多的在国际流媒体平台上呈现，以此覆盖更大范围的全球观众。另一方面也帮助京产电影在全球性流媒体平台上进行宣传，以提升其影响力。同时鼓励在京主要国内视频平台以更大步伐推进国际化，吸纳更多国际用户，从而用平台的国际化推动京产电影内容的国际化。

---

① MTA, "Theme Report 2020," https://www.motionpictures.org/wp-content/uploads/2021/03/MPA-2020-THEME-Report.pdf, 最后访问时间：2021年4月4日。
② 关于网络与数字空间的增量市场对电影多样性的重要影响，更多详细的论述请参见罗立彬《网络与数字空间驱动下文化市场增量与中国文化影响力提升》，《学术论坛》2021年第1期。

B.5
首都图书版权对外贸易发展报告（2021）*

孙俊新　李婕臣希**

摘　要： 面对疫情冲击，首都图书版权业坚持创新发展，继续保持良好发展态势，突出表现在：紧随数字化时代潮流，着力发展数字版权业；中国（北京）自贸试验区的揭牌为版权对外贸易带来新的契机；新的《著作权法》的通过将进一步强化版权保护氛围等。通过梳理首都图书版权对外贸易活动，本报告发现数字出版的发展仍有很大潜力，首都图书出版业的国际影响力有待提升，对出版人才的需求非常迫切。本报告最后从丰富图书内容、加强复合型人才培养、支持数字出版、打造国际书展品牌、抓住自贸试验区机遇几个方面提出建议，以期继续推动首都出版业发展，实现建成文化强国和"四个中心"建设的目标。

关键词： 版权贸易　图书贸易　北京

一　2020年首都图书版权对外贸易发展现状

2020年首都图书版权对外贸易在往年的基础上取得了更大的进步，本节对其发展现状概括如下。

---

* 本报告得到国家社科基金青年项目（项目编号：20CJL013）的资助。
** 孙俊新，博士，北京第二外国语学院经济学院教授，首都国际服务贸易与文化贸易研究基地研究员，研究方向为国际文化贸易与投资、国际服务贸易与投资；李婕臣希，北京第二外国语学院2020级硕士研究生，研究方向为国际文化贸易。

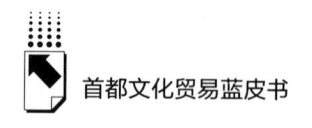

（一）数字出版为出版业带来新机遇

疫情的传播催生了"无接触经济"的发展，加快了数字化变革与数字化发展，从中催生出新的发展动能，成为当前全世界面临的新话题。数字出版是数字化变革中的一个重要领域。疫情下的"物理隔离"使得图书的印刷、运输和线下销售都受到了影响，纸质书稿无法印刷，图书销售量减少，库存增加，出版社也面临应收账款增加和资金回流不足等问题。在这样的情况下，出版社纷纷尝试数字出版，这不仅推进了中国的数字出版趋势，还促进了数字出版对外贸易的发展。在第十届中国数字出版博览会上，中国外文局副局长陆彩荣以"振兴数字出版，建设文化强国"为主题发表讲话，表示我国出版业应充分把握时代机遇，迎合广大读者的阅读习惯和偏好，以国内市场为基础，促进国内国际双循环，让数字出版在我国出版业中焕发新面貌，推动我国出版业加速进入新阶段。

（二）自贸试验区建设促进版权贸易创新

为了推进贸易自由化、便利化，助力国际交往中心建设，中国（北京）自贸试验区于2020年9月24日上午正式揭牌，其中高端产业片区于9月28日正式挂牌，重点发展数字贸易、文化贸易、商务会展、跨境金融等产业。

中国（北京）自贸试验区的建立使贸易和投资更加便利、营商环境更加优化，同时作为活跃的高质量国际交往平台，将为图书贸易和版权贸易提供宝贵机会。一方面，自贸试验区的国际商务服务片区重点发展数字贸易，因此数字出版在为出版业带来新面貌的同时，也可以在更全面、一致的贸易规则下实现国际贸易，进一步提高北京出版业出版水平和图书版权贸易水平。另一方面，自贸试验区加强知识产权运用保护，探索建立公允的知识产权评估机制，完善知识产权质押登记制度、知识产权质押融资风险分担机制以及质物处置机制。在这样的机制下，图书版权更加清晰明了，版权受到侵犯后也会得到更加有力的保护。

（三）版权保护特别是数字版权保护氛围浓厚

2020 年 11 月 30 日，习近平总书记主持中央政治局第二十五次集体学习，并就知识产权保护工作发表重要讲话，表达了对知识产权保护工作的高度重视和殷切期望。除了 2020 年 4 月 28 日已经正式生效的《视听表演北京条约》，修改后的《著作权法》也在 2021 年 6 月 1 日正式实施，为此一系列宣传工作启动，以此提高群众的版权保护意识，让最新的版权知识和保护理念传递到每一个角落。

2020 年 7 月，北京版权保护中心和北京互联网法院签订了"版权链 – 天平链"战略合作协议，9 月版权链和天平链的数据共享机制正式发布，北京版权保护中心"版权链"接入北京互联网法院"天平链"电子证据平台，实现了版权链和天平链"双链协同"。版权链包括证书链、维权链和交易链，三者组成版权产业的可信数字基础设施。与传统版权证书不同，数字版权登记证书摒弃了容易被篡改和伪造、难以溯源和传递这些缺点，利用哈希技术和非对称加密技术，提高版权证书的可靠性，更便于溯源和传递，同时提高管理效率。

北京版权保护中心于 2020 年 9 月结束了数字版权证书系统和数字版权证书链系统的技术验证和实验系统的搭建工作，百万级数字版权登记证书开始生成并发放，同时成功上链。本次数字版权登记证书上链对提高版权登记工作的效率具有推动作用，也将在维权工作中发挥比传统版权证书更有效的作用。

（四）国际传播能力持续提升

得益于优越的地理位置，北京作为政治、文化中心，出版社数量位居全国前列。除了数量巨大，北京出版社的国际传播效果也非常明显。《2020 年中国图书海外馆藏影响力研究报告》显示，2019 年共有 475 家出版社的 18208 种图书进入海外图书馆系统被永久收藏，其中位于北京的出版社数量在全国所有出版社中占据优势，包括中国社会科学出版社（683 种）、社会科学文献出版社（661种）、中华书局（602种）、科学出版社（526种）、人民出版社（429种）、商务印书馆（380种）、北京大学出版社（272种）、中国文史出版社（228种）等。

放眼未来，北京坚持在讲好中国故事方面发挥带头作用，加强国际传播能力建设，肩负起"展形象"的使命任务。2020年8月，根据《北京市提升出版业国际传播能力奖励扶持项目管理办法（试行）》，北京市新闻出版局（北京市版权局）对能够提升首都出版业国际传播能力的项目予以资助扶持和奖励扶持，包括面向国外的版权输出、实物出口、翻译、交流推介、渠道建设等。项目以讲好北京故事和中国故事、服务人类社会为重点，突出习近平新时代中国特色社会主义思想，宣扬"人类命运共同体"价值观和"一带一路"倡议，展现北京在历史长河中积累下的风土人情和足以面向国际社会的大国底气。

（五）线上展会，成果喜人

办展参展始终是图书版权引进、输出的重要方式，线上办展和线上线下融合的方式则是2020年的创新形式。北京国际图书博览会（BIBF）是推动我国出版"走出去"的抓手之一，第23届到第26届的规模不断扩大，参展国家和地区、参展商和达成的版权贸易协议（含意向）数量稳步增加，收获了海内外的一致好评。为了配合疫情防控工作，2020年第27届北京国际图书博览会在线上举办，但这丝毫没有减弱各国的参展热情，博览会吸引了97个参展国家和地区（含31个共建"一带一路"国家）的1400个线上注册的参展商，达成了6788个版权贸易协议（含意向），比2019年增长了13.21%。

在办展参展过程中，出版企业加速形成出版联盟，着力打造展会品牌。2018年8月，外研社联合国内外多家出版机构，成立了中国—中东欧国家出版联盟，两年间，联盟内出版机构扩大到100多家，主要负责出版合作和版权贸易。中国—中东欧国家出版联盟每年举办一次论坛。2018年，联盟在北京国际图书博览会期间举办了第一届中国—中东欧出版合作论坛；2019年8月22日，联盟举办了中国—中东欧国家"教育发展与出版创新"论坛，得到了国内多家主流媒体的报道；2020年8月25日，为了配合疫情防控工作，联盟采用"线上视频+线下研讨"的方式，在北京举办了"人文经典互译与文明互鉴"论坛，参会者含300余位国内外出版界、翻译界、学术界的专家。除了一年一度的论坛，联盟成员出版社还在法兰克福图书展览会、匈牙利布达佩斯国际图书节、北京国际图书博览会和保加利亚索非亚图书博览会等国际书展上举办了各种活动。2019年10月，北京外国语大学和中国—中东欧国家出版联盟共同举办了中阿建交70周年出版成果展暨"中阿关系：历史、现状与未来"学术研讨会。

（六）交流平台数量引领全国

北京作为首都，要在新发展阶段的奋斗征程中走在全国前列，引领其他省、自治区、直辖市共同向高质量发展迈进，实现首都功能、首都治理体系和治理能力现代化水平明显提升。北京正在率先探索构建新发展格局的有效路径：建设国际科技创新中心，充分发挥出版企业主体的创新作用，促进数字版权贸易技术创新和成果转化；1986~2020年举办的北京国际图书博览会、2005~2020年举办的中国数字出版博览会和2012~2020年举办的中国国际服务贸易交易会为图书贸易、版权交易提供了机会，为中国出版企业与国外图书出版商提供了合作平台；中关村论坛是以"创新与发展"为永久主题的国际化科技创新交流合作平台，为国内外数字版权创新成果的展示、发布和交易提供平台。

（七）出版企业发挥社会效益

北京"文化中心"的地位吸引了众多大型图书贸易企业在这里安家落户，在这片水土上用实际行动履行社会责任，尤其是在疫情防控时期，我国图书出版企业针对疫情防控工作充分发挥社会效益，为我国图书贸易发展贡献力量。

在疫情发生初期，人民卫生出版社有限公司计划了大量关于疫情防控的图书，图书版权"走出去"实现了较好的效果，目前人民卫生出版社已推出覆盖14种语言的与疫情防控相关的图书，与国际上10家出版机构携手合作了超30个疫情防控图书版权输出项目。2020年7月，中国国际图书贸易集团有限公司承办的"中国国际云书馆"正式开通，为各国出版发行机构提供图书展示和交流合作的新平台，为全球读者加强知识文化交流提供新渠道。疫情防控时期，在中国少年儿童新闻出版总社编辑部门和国际合作部共同努力下，《新型冠状病毒走啦！》成功"走出去"，被翻译成25种语言，与世界各国的小朋友见面。商务印书馆在疫情发生初期推出了125集"汉译名著名家视频导读"，供线上免费观看，为读者"宅家抗疫"提供精神补给，同时和中图公司联手推出了汉学家谈中国抗疫的图书和抗疫的科普图书以供"走出去"。中国出版集团公司精选了9种抗疫图书，制作了英文版权目录，在展会上进行重点推介。

二 2020年首都图书版权对外贸易发展问题

（一）国际影响力有待提升

由于文化背景、语言习惯和社会制度的差异，我国图书版权的国际认可度还较低，如版权输出数量和输出区域都存在一定的局限，造成这一问题的原因是多方面的。以展会为例，我国大多数图书出版企业在参展前没有对国外市场偏好做调研，对输出的图书品类没有十分清晰的计划，多数企业是从国内市场和企业自身的角度出发，挑选送去参展的图书，由此造成了参展图书门类多、品种少的零散状态。

疫情给图书"走出去"带来了挑战，排版、发行不畅，阻碍了出版业正常发展的进程。近几年我国展会的发展联通了中国和世界，众多展会成为国际采购、投资促进、人文交流和国际合作的平台，成为全球共享的国际公共产品。但疫情让线下展会暂停举办，以线下展会的方式来与其他国家新的出版企业建立合作面临挑战，更多的出口是通过原先已建立的国际合作方的渠道来实现。

（二）复合型、国际化人才缺乏

出版领域，专业的国际贸易人才、营销人才以及翻译人才还比较欠缺。北京教育资源丰富，高校所培养的经管类专业和语言类专业的人才数量充足，且有非常高比例的毕业生会选择留京工作。但目前各高校缺少具体到图书版权的专门人才培养，出版企业常招聘的编辑等其他专业人才同样缺乏经管类和语言类的复合知识，因此在出版业中从事贸易和营销的员工大多数需要通过"干中学"来扩大自己的知识领域，提升工作的熟练度。翻译人才的培养同样面临相似的状况，且因为翻译招生规模的限制，人才特别是小语种人才更为匮乏，常常遇到某一语种合适的翻译人才是个位数的情况。

出版企业版权贸易部门的团队建设方面，我国只有少数大型出版企业设有专业的版权贸易团队，大多数中小型出版企业是将国际合作部和外语编辑室合二为一，一批员工做两种工作。另外，版权贸易要求从业者不仅需要熟练掌握出版业的专业知识和法规，熟悉主要版权输出国家的图书出版和发行流程，还需要具备较强的社交能力、沟通技巧以及国际贸易谈判知识，但大多从业者的专业复合知识还不足够，容易降低工作效率。

数字出版的发展进一步增加了对出版业人才的需求。数字出版是数字化与出版业的结合，企业既需要掌握传统出版业所需的专业知识和法规的人才，也需要掌握数字化技术的人才，或两项技能皆具备的人才，而如果对从业者没有在数字化技术方面的要求，那将对数字出版的发展产生阻碍。

（三）数字出版的发展不尽如人意

北京在数字版权中积极发挥"领头羊"作用，在保留已有的传统出版业优势的情况下继续向数字出版迈进。尽管如此，从整体上看，目前中国的数字出版由于起步晚，仍处于缓慢的发展阶段，想要跃升更高水平，还需要各方共同努力，克服来自多方面的挑战。以数字版权归属为例，数字化使消费者更易于实现多场景阅读，但数字资源的出现加剧了"版权该属于谁"

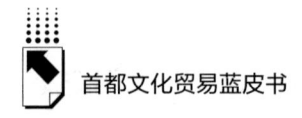

的困扰，在追溯版权源头方面存在更大挑战，损害了出版单位与作者本身的共同利益。

出版企业普遍重视数字贸易，但因为准备不足，在2020年转入数字出版的时候，单纯从国内市场看，真正获利的企业很少。出版企业在发展数字出版过程中的一个问题是常忽视内容管理，很多传统出版企业没有设置数字出版专业部门，纸质出版思路和数字产品运营的思路之间存在不小差异，所以这种管理体制并不能适应数字产品的生产和推广。如疫情下，消费者线上阅读意愿增强，而许多出版单位一时无法拿出足够的数字出版内容产品，应对能力明显不足。

（四）版权贸易创新不足

版权贸易属于文化服务贸易的一种，不同于文化产品贸易，它在进行贸易时不涉及实体的进出口，因此十分复杂。这就意味着图书版权贸易从业人员需要掌握丰富的专业知识，包括对外贸易知识和图书版权的专业知识，以提升熟练度和专业水平。

正是因为版权贸易不同于产品贸易，这也就要求必须根据其自身特点来设计适合的监管体系以促进更好的发展。然而，我国现有的版权监管照搬了产品监管的方式，服务创新不足，特别是在数字时代，这种制约作用尤为明显。能否利用中国（北京）自贸试验区的政策试验的特殊地位，以及国家对外文化贸易基地（北京）和国家文化出口基地的设立和运行，进一步改革版权出口的监管制度，减少直接干预，提升监管效率仍然是一个值得思考的问题。

三 2020年首都图书版权对外贸易发展建议

（一）拓展国际渠道，丰富图书内容

习近平总书记指出："文化自信是一个国家、一个民族发展中更基本、更深沉、更持久的力量。"① 随着全球化趋势加速发展，文化交流不断加快，在丰富图书内容的同时，我们更要坚定文化自信，充分发挥引领和推动作用，才能真正承担起中华优秀传统文化的传承者和创新者的重要使命。另外，国际合作出版是当代出版业的一项重要业务，实现了世界各国家和地区间的文化交流。我国在参与国际合作出版的过程中，要注重遵循市场规律和文化规律，加强文明间的互学互鉴，并通过国际文化合作联盟的建立，提高资源分配效率，实现资源共享。

中国是构建"人类命运共同体"的积极推动者，同时也是加强共建"一带一路"国家安定团结的维护者。"人类命运共同体"价值观和"一带一路"倡议将长期贯穿于中国的对外交往中。作为中国的政治中心、文化中心、国际交往中心、科技创新中心，北京在参与"一带一路"建设中有必要发挥自身优势，构筑北京与共建"一带一路"国家开放、融合的进出口贸易机制，挖掘贸易合作潜能。为此，应鼓励、支持、引导图书作者丰富图书内容，讲好北京故事和中国故事，助力提升我国文化在国际上的影响力。

（二）加强复合型人才培养，增加国际化人才储备

随着社会经济的快速发展，具有多学科知识的复合型创新人才在推动传统产业转型升级和新兴产业研发方面发挥着越来越重要的作用。从人才培养方式来说，有从业前的高校校内课程培养和从业后的单位内部培养。在从业前，高校应注重对专业人才的培养，但就目前来说，北京高校乃至全国高校大多数限于培养国际贸易人才，极少数开设文化贸易专业，几乎不存在高校开设具体的图书贸易专业。因此政府可考虑加大政策支持和资金投入来鼓励国际图书版权贸易人才的培养，可以在国际贸易和国际文化贸易人才培养中增设专门的方向或者以专家进课堂等方式强化课程中的实践内容。在从业后，单位应对图书版权贸易从业人员制订关于专业知识的定期培训计划，同

---

① 《习近平：决胜全面建成小康社会 夺取新时代中国特色社会主义伟大胜利——在中国共产党第十九次全国代表大会上的报告》，新华网，2017年10月27日，http：//www.xinhuanet.com//politics/19cpcnc/2017－10/27/c_1121867529.htm。

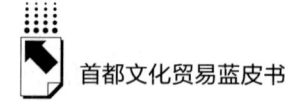

时紧跟时代步伐，了解国内外图书版权市场行情和图书版权业发展现状。此外，企业内部应为图书版权贸易从业人员建立有效的人才激励机制，调动从业人员的积极性和创造性。

在"一带一路"倡议的背景下，为了适应时代发展要求，各领域人才培养的重点逐渐走向国际化，了解人才培养现状、合理规划人才储备和创新人才培养模式已成为当务之急。在培养复合型人才的过程中，要保证语言的国际化水平、专业知识的丰富性和教师的素质，保证人才培养方法的创新性和时代性，跟上新时代的潮流。

（三）支持数字出版，主动迎接数字时代的挑战

数字出版为版权业带来的新面貌是对传统出版的一种升级，数字出版摒弃了传统出版的一些缺陷，降低了物流、管理、支付的复杂性，简化了交易的过程，具有成本低、效率高、收益高的三重优势。数字出版不仅为生产者带来益处，同时也可以造福消费者。随着时代的发展，消费者对阅读场景的需求越来越多样，他们不再局限于固定地点翻阅传统书籍，同时由于传统书籍不便于随身携带，数字出版可以使消费者的阅读变得更加便利。

北京市政府和各级单位应充分鼓励、支持、引导数字出版，北京市出版企业应在维护传统出版业地位的同时紧跟时代潮流，创新应用数字出版，吸引掌握数字化技术的人才。对于数字版权贸易来说，由于我国数字出版起步比较晚，还有很大的发展空间，因此出版企业可以向数字出版技术相对发达的国家学习，进行技术方面的交流，这样的交流是让我国的数字出版技术变得更加成熟的方式之一，有助于今后我国进行数字版权贸易。

（四）打造国际书展品牌，提升出版单位参展质量

进入新时代，我国同世界各国的交往日益密切，在各领域都已展开了充分的交流。北京作为国际交往中心，应充分发挥自身优势，在图书版权贸易中贡献力量，并成为全国"领头羊"。

全球图书展会主要在国外举办,我国国内当前举办的世界级展会还比较少。但主办国际展会不仅仅可以促进国际交流与合作以助力我国企业盈利,更可以展示大国担当和增强在国际社会的影响力。现在北京国际图书博览会成果喜人,未来继续打造图书展会这一品牌是必然趋势,因此有必要鼓励、支持和引导各出版企业参加国际书展活动,让国外读者在了解北京故事、中国故事的同时,使国内出版企业充分了解当下国际社会的思想,取其精华实现图书版权进口,完善进出口互动机制。

从出版企业的层面看,各大、中、小型出版企业都应积极参加北京国际书展,在展会中不仅仅要加强与国内同行的交流,更要加强与国外同行的沟通与合作,展现可取之点,弥补不足之处,在合作中开阔国际视野,储备出版资源。当然因为国际参展成本高,名额有限,所以初期参加国际展应立足国内举办的国际展,从中积累经验。出版企业在参加展会之前和参加展会期间应对国外市场的偏好做充分调研,充分准备参展出版物,详细准备参展材料,吸引国际图书出版商和海外读者的目光。在参加展会期间,出版单位应与国际图书出版商展开充分的交流,了解国外市场动态。

(五)抓住自贸试验区机遇,创新服务贸易监管

中国(北京)自贸试验区不仅对于北京来说是发展服务贸易的机会,也是引领天津和河北共同发展、打造京津冀三地统一开放市场的重要平台。该自贸试验区的典型特征是科技创新、服务业开放和数字经济,这些特征是北京的优势,同时契合当今时代潮流、契合出版业继续扩大版权贸易的目标、契合出版企业发展数字出版的尝试。自贸试验区进一步优化了贸易投资环境,对于出版业的版权贸易和版权投资都是有益的,出版企业将获得更加优越和宽松的外部环境和营商环境。为此,出版业有必要持续深化改革,加快推动公共数据开放,建立数字版权贸易相关制度,打造具有国际竞争力的出版集团。从产业链角度看,上游的设计以及下游的服务附加值是最高的,发展版权贸易对自贸试验区实力的提升不言而喻。与此同时,要完善针对版

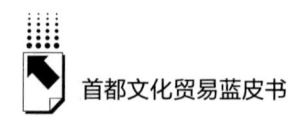

权贸易的监管体系，文化产品贸易的监管体系并不能直接照搬到版权贸易中来，要施行适合版权贸易的监管体系。

参考文献

丁瑶瑶：《从文化折扣到文化融合——新世界主义视野下华莱坞电影国际传播策略》，《东南传播》2021年第1期。

范军、邹开元：《"十三五"时期我国出版走出去发展报告》，《中国出版》2020年第24期。

郭照日格图：《大数据时代图书出版数字化发展分析》，《信息记录材料》2020年第11期。

井禹潮：《区块链技术在数字图书版权保护与数字图书交易中的应用》，《数字传媒研究》2020年第9期。

赫美萍、单广勇、黄明子：《"一带一路"背景下小语种国际人才培养重点思考》，《中国多媒体与网络教学学报》（上旬刊）2020年第11期。

李清、温可仪、刘海云：《利用自贸试验区联动促进京津冀协同发展》，《商业经济》2021年第1期。

连晓霞：《人民文学出版社引进版文学图书出版困境及其优化路径研究》，硕士学位论文，河北大学，2020。

梁红艳：《图书版权输出优化策略探究》，《编辑之友》2020年第3期。

刘馨蔚：《版权助推经济高质发展》，《中国对外贸易》2020年第6期。

汪雪君：《图书版权引进存在的问题及解决对策》，《中国管理信息化》2020年第19期。

饶斯玄：《我国数字版权贸易中的问题及对策——以版权法制建设为主要视角》，《传播与版权》2019年第5期。

王玉凝：《新时代我国图书版权贸易中存在的问题和应对策略》，《传播与版权》2019年第10期。

吴迪：《中国文化"走出去"战略下图书版贸工作探析》，《传媒论坛》2020年第7期。

吴磊：《浅析我国图书版权贸易发展——以"一带一路"战略为基础的文化输出》，《传播与版权》2017年第7期。

徐建中：《响应"17+1"合作机制 构架文明互鉴之桥》，《国际出版周报》2020年11月16日。

闫立刚：《相约上海　与世界共享北京机遇》，《国际商报》2020年11月5日。

杨晋柏：《全力推动北京自贸试验区建设》，《经济日报》2020年11月7日。

张竞艳：《书展停摆之年，国际版贸未来何去何从？》，《出版人》2020年第10期。

张鹏禹：《修改著作权法　促进文化繁荣》，《人民日报》（海外版）2020年12月4日。

张平平：《我国图书版权输出存在的问题、成因及对策研究》，硕士学位论文，北京印刷学院，2020。

周广澜、费玉莲、潘思蔚、丁玲玲：《高校复合创新人才知识模型和培养模式设计》，《高教学刊》2021年第4期。

朱巍：《〈著作权法〉修法的亮点及意义》，《青年记者》2020年第34期。

B.6 首都动漫产业对外贸易发展报告（2021）*

林建勇　倪静娴**

摘　要： 2020年，北京市动漫产业稳定发展，产业贸易基础得到进一步夯实；同时北京市政府多方面出台相关政策扶持动漫产业发展，北京市动漫产业对外贸易持续快速发展。但与此同时北京市动漫产业对外贸易发展仍面临动漫作品缺乏核心世界观、缺乏科学的人才培养机制、产业链不健全等困境。为推动北京市动漫产业对外贸易进一步发展，本报告提出通过发掘文化共通性、打造优秀动漫剧本、坚持引进与培养人才并举，缓解动漫人才短缺的境况，同时构建动漫衍生品营销综合系统，促进线上线下联动发展等相关建议。

关键词： 动漫产业链　"走出去"　动漫人才

近年来，受益于互联网的普及和信息技术的进步，文化娱乐产业蓬勃发展，其中动漫产业作为文化产业中的"朝阳产业"，受到国家的扶持和市场的青睐。但相较于前几年的"疯狂生长"，2020年动漫产业投资情况表现得

---

* 本报告为北京市教委社科计划一般项目"外资进入对我国目标企业进出口行为以及海外市场选择的影响研究：基于并购的视角"（项目编号：SM202010031002）的部分成果。
** 林建勇，博士，北京第二外国语学院经济学院讲师，首都国际服务贸易与文化贸易研究基地研究员，研究方向为国际文化贸易、跨国公司与对外直接投资等；倪静娴，北京第二外国语学院国际商务硕士研究生，研究方向为文化贸易。

十分"冷清"。据统计，2020年全国仅12家动画制作公司获得投资，与2019年的32起投资事件相比，减少近三分之二。随着资本退潮以及受到新冠肺炎疫情的影响，2020年我国动漫产业总产值为2212亿元，较上一年增长13.96%，说明我国动漫产业开始由数量爆发式增长阶段过渡到以质量取胜的精品化阶段。在这一阶段，企业需要依靠优秀的作品质量和稳定的产量取胜。首都北京作为全国文化中心，拥有丰富的高校人才资源、大量优秀的动漫企业和动画工作室以及相继出台的政府扶持政策，这些资源培养了其独特、浓厚的动漫文化创造氛围，使北京成为我国动漫产业发展的重要基地。

一　首都动漫产业对外贸易的发展概况

（一）产业基础得到进一步夯实

北京市文化和旅游局公布的统计数据显示，2020年1~11月，北京市文化产业收入合计为12334.5亿元，同比增长2.3%。[①] 动漫游戏产业总产值约为1063亿元，约占全国动漫游戏产业产值的19.3%，相比2019年的806亿元增长32%。其中，北京市动漫产业产值为168.71亿元。从历年数据可看出，北京市动漫游戏产业自2015年以来保持稳定的增长势态，总体增长率维持在19%左右（见图1）。2020年，虽然受新冠肺炎疫情影响，影院观影以及漫展活动等线下实体消费减少，但也激发了线上数字娱乐消费新需求，动漫游戏产业用户数量猛增、使用时长增加、消费活跃，"十三五"期间动漫游戏产业实现了产值翻倍。

动漫游戏产业在总产值有突破式提高的同时，在质量上也紧跟发展步伐，佳作频出。国家广电总局于2020年发布的前三个季度优秀国产动画片推荐名单显示，截至2020年9月共推荐35部优秀国产动画片播出，其中为北京市文化企业（包含中直企业）出品的有7部，以20%的占比位居全国

---

① 《"十三五"期间，北京市文化产业高质量发展取得这些新成效！》，北京市文化和旅游局网，2021年1月13日，http://whlyj.beijing.gov.cn/zwgk/wygq/202101/t20210113_2218891.html。

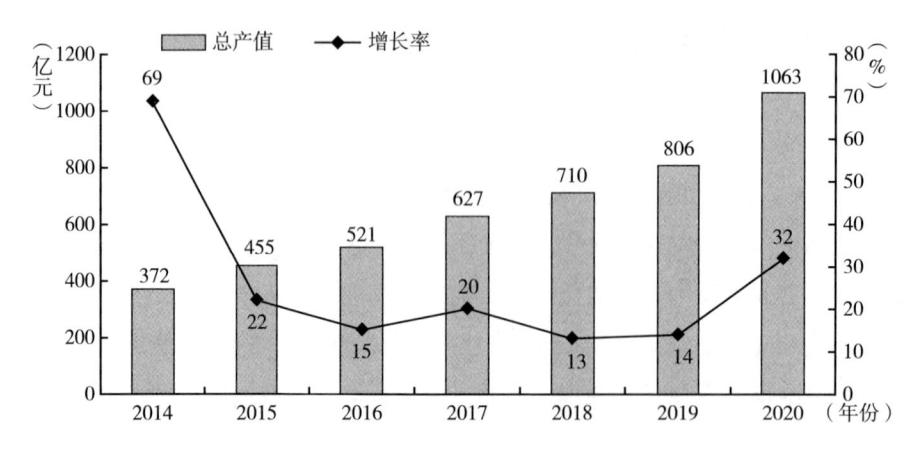

图 1　2014～2020 年北京市动漫游戏产业总产值

资料来源：笔者根据北京市文化和旅游局、北京动漫游戏产业协会历年公布数据整理得到。

第一。在优秀国产动画片推荐名单中，央视动漫集团有限公司以《熊猫和卢塔》、《动物合唱团》第一季、《新大头儿子和小头爸爸》、《棉花糖和云朵妈妈》系列作品遥遥领先；北京爱奇艺科技有限公司的《无敌鹿战队第一季》、完美鲲鹏（北京）动漫科技有限公司的《宇宙护卫队3》也分别入选。2014～2020 年全国合计有 333 部国产动画片被推荐全国播出，其中北京市合计有 54 部国产动画片获得推荐，占全国总数的 16.2%。由图 2 可知，不论是推荐播出的优秀国产动画片数目抑或是全国占比，北京市从 2015 年至今都表现出明显的增长趋势。可见北京市的动漫产业正处于快速发展阶段，并已跻身全国动漫产业发展前列。

在国产动画电影方面，2020 年上映的《姜子牙》受之前《哪吒之魔童降世》的口碑效应影响，收获 16 亿元的票房，成为当年动漫电影的最大赢家；《妙先生》作为《大护法》的世界观延续，得到影迷的肯定，颇受好评。追光人动画设计（北京）有限公司出品的《新神榜：哪吒重生》在 2021 年的春节档上映，凭借其精美的画面和新颖的故事情节也取得不俗的成绩。由此可见，在动画电影的制作方面，北京市企业在全国范围内位于第一梯队，有丰富的国产动漫 IP 资源，在国产动漫领域占有重要地位，率领国产动漫电影发展。

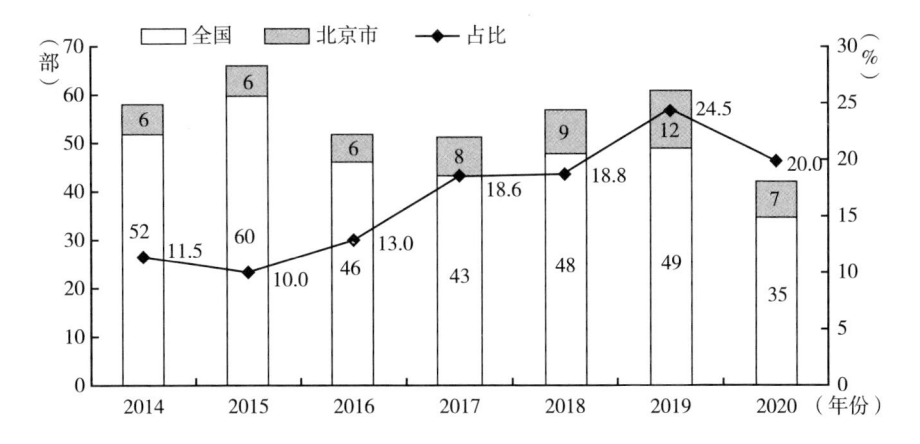

图 2　全国推荐播出的优秀国产动画片数目和北京市动漫
企业出品的作品数目及占比

资料来源：笔者根据国家广播电视总局历年公布的全国优秀电视动画片推荐名单整理得到。

除此之外，北京市动漫企业不断涌现，文化和旅游部公布的结果显示，2017 年全国共有 79 家动漫企业通过文化和旅游部、财政部、税务总局的认定，达到近几年认定数目最高，其中北京市的动漫企业共有 16 家，占总数的 20%，位于第一。① 2019 年，共 42 家企业通过认定，北京市有 5 家动漫企业通过认定，占总数的 12%，位列全国第二。同时，为了促进动漫精品的创作，北京市也加大对原创剧本与核心技术的支持力度。在 2018 年 7 月由文化和旅游部颁布的动漫领域最高奖——中国文化艺术政府奖第三届动漫奖上，彼岸天（北京）文化有限公司选送的《大鱼海棠》、北京燕城十月文化传播有限公司选送的《西游记之大圣归来》等 5 部作品斩获最佳动漫作品奖等奖项，占所有奖项的四分之一。②

另外，作为全国文化中心，北京市举办了多场如"动漫北京""北京国

---

① 《文化和旅游部　财政部　国家税务总局关于公布 2017 年通过认定动漫企业名单的通知》，2018 年 5 月 15 日，http://zwgk.mct.gov.cn/zfxxgkml/cyfz/202012/t20201206_916968.html。
② 《北京喜获中国文化艺术政府奖第三届动漫奖 5 项大奖》，北京市文化和旅游局网，2018 年 7 月 6 日，http://whlyj.beijing.gov.cn/zwgk/xwzx/gzdt/201807/t20180706_1791434.html。

际动漫展""国际影漫游版权交易峰会"等国内外知名的动漫文化活动。邀请了国内外动漫游戏产业领域的专家学者及企业家前来参会讨论,同时也吸引了动漫、电竞及二次元文化爱好者的参与。由于2020年的疫情影响,线下活动受阻,北京将数字技术与动漫展出相结合,改变了传统的动漫文化活动呈现形式,为线上的观众带来全新的体验。虽然线下活动减少,但激发了更有参与度的线上活动。北京市举办了"动漫北京"线上二次元艺术节活动,利用数字技术推出如"云游古北水镇"直播活动、观看人数达到159万。[①] 在中俄文化产业交流中举办"感知北京"系列云上活动,业内近千人在线上观看并参与互动。[②] 这说明,新技术结合下的活动形式,不仅能扩大二次元文化影响,增强对年轻群体的吸引力,也促进了国内外业界人士的交流与合作,为我国动漫产业国际化发展营造了良好的氛围。

(二)出口总值保持持续快速增长

北京市动漫游戏产业不仅注重国内市场的发展,同时积极"出海",寻求开拓海外新市场。近年来北京市动漫游戏产业出口总值保持迅猛增长趋势,2017年同比2016年增长93%,达到116.09亿元;2018年增长率虽有所下降但仍达到57%,全年出口额达到182.47亿元;2019年北京市动漫游戏产业出口总值为352.52亿元,同比增长约93%,达到空前的增长速度;2020年北京市动漫游戏产业出口总值为419.29亿元,比2019年增长19%。2014～2020年,北京市动漫游戏产业出口总值始终位居全国第一,从2014年的42.30亿元到2020年的419.29亿元,七年间出口总值增长了891%(见图3)。

为提升我国文化出口企业的国际竞争力,自2007年起,商务部等四部委设立了国家文化出口重点企业和重点项目,旨在鼓励和支持文化企业积极

[①] 《"动漫北京"线上二次元艺术节活动之"云游古北水镇"火爆网络》,北京市文化和旅游局网,2020年4月23日,http://whlyj.beijing.gov.cn/zwgk/xwzx/gzdt/202004/t20200423_1880161.html。

[②] 《"感知北京"·北京圣彼得堡"文化+"产业交流合作云推介活动成功举办》,北京市人民政府网,2020年12月3日,http://www.beijing.gov.cn/renwen/sy/whkb/202012/t20201203_2156033.html。

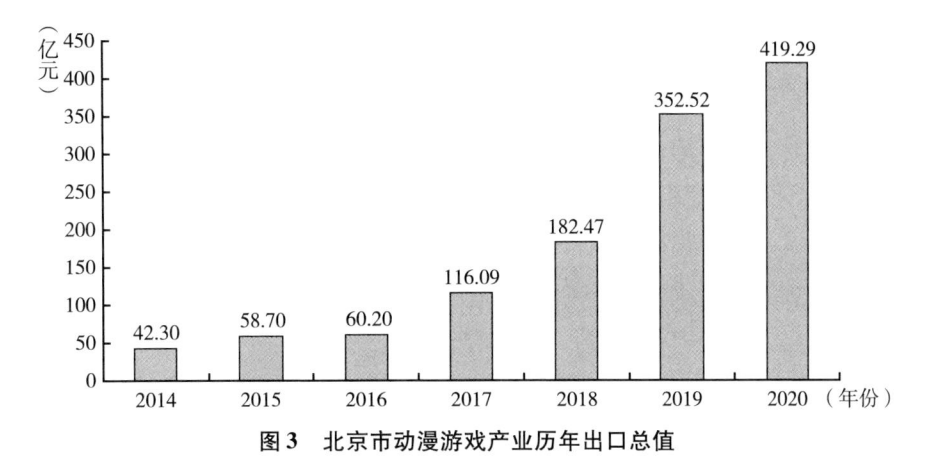

图 3　北京市动漫游戏产业历年出口总值

资料来源：笔者根据北京市文化和旅游局、北京动漫游戏产业协会历年公布数据整理得到。

开拓国际文化市场，培育一批中国文化出口品牌企业和品牌项目，增强中华文化的国际影响力。2019年9月，商务部服务贸易和商贸服务业司发布了《2019—2020年度国家文化出口重点企业目录》，共有335个文化出口重点企业入选，其中北京市企业共35个；129个项目入选《2019—2020年度国家文化出口重点项目目录》，包括上海特神文化传播有限公司的《蒸汽世界》漫画、浙江中南卡通股份有限公司的动画片《天眼归来》等15个动漫项目。其中，北京市有梦东方电影有限公司的《鹿精灵》系列作品成功入围，成为北京市唯一的动漫类重点出口项目。此外，北京市稳步推进国家对外文化贸易基地（北京）建设，以打造 IP、内容运营、全球传播的形式促进动漫等文化产品的出口。北京环球度假区等主题乐园，在"功夫熊猫""小黄人"等国外 IP 的基础上，结合腾讯游戏 IP 等中国特色 IP，打造娱乐游玩景区，利用动漫经典 IP 与场景，带动旅游经济发展。以上述多番措施联合推广，吸引国外游客，提升中国文化产品的海外知名度和竞争力。

（三）多方面出台相关政策扶持动漫企业发展

为鼓励民族动漫精品的创作、生产，促进动漫产品进一步品牌化、市场化和产业化，加快首都动漫产业发展，北京市积极响应国家号召，多项措施

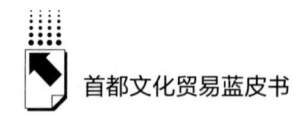

并重，推动产业发展和贸易发展。

针对文化企业融资困难的问题，北京市相继出台《北京市文化创意产业贷款贴息管理办法（试行）》《北京市文化创意产业担保资金管理办法（试行）》，以对文化创意企业进行贷款利息补贴和对担保机构的担保业务进行补贴等方式鼓励担保机构为动漫企业等文化创意企业的贷款进行担保。市文化和旅游局与商业银行签署战略合作协议，双方合作，先后为北京文化旅游企业量身设计了"创意贷""文创普惠贷""文旅贷"等金融专属产品，针对动漫游戏、文化旅游、艺术品交易等领域提供贷款便利，开展合作，培养了一批优秀的文化企业和文化项目如开心麻花、保利文化、昆仑万维。①

2020年，受疫情影响，电影院、动画主题公园暂停营业，很多动漫企业因疫情影响陷入经营困境。同时北京市政府迅速响应，积极出台政策，助力文化企业在疫情下健康发展。对文化企业的相关资金支持政策提前启动、提前拨付、扩大范围；对于企业的社会责任压力，财政、人力社保、金融、商务等部门通过延缴社会保险、返还失业保险、扩大信贷投放、降低融资费用、给予场租补贴等方式，多措并举帮助文化企业解决资金难题；同时，鼓励动漫企业积极发展"文化+互联网"的模式，创新发展。鼓励企业利用网络游戏、线上展出、网络视频、无纸化漫画等新兴业态，吸引线上消费者，抓住新机遇。

二 首都动漫产业对外贸易发展面临的困境

（一）动漫作品缺乏核心世界观

动漫影视作品不仅作为商品出口海外，它也是推广宣传中国文化的重要工具，要让观众在消费商品的同时，感受到中国文化的独特魅力。现如今，随着我国动漫制作工艺和技术日益精良，国产动漫作品在制作上基本能够达

---

① 北京市文化和旅游局：《金融助力文旅 推进融合发展》，2019年7月23日，http://whlyj.beijing.gov.cn/zwgk/xwzx/gzdt/201907/t20190723_1744385.html。

到国际水平；然而在作品叙事能力和故事内容环节上依然薄弱，不少作品缺乏世界性的精神与情感，无法让海外观众产生共情。究其主要原因，国产动漫作品往往面向国内市场，因此大部分作品包含大量的中国价值观和情感元素。在国内，这类作品确实能够让中国观众产生共情，从而收获良好的口碑，但是这些含有中国文化符号的作品对于海外消费者不够具有吸引力，所以在海外市场反响平平。如北京霍尔果斯彩条屋影业有限公司、可可豆动画影视有限公司、十月文化传媒有限公司出品的《哪吒之魔童降世》在国内收获50.7亿元的票房，成为国漫里程碑，但在北美上映一个月却仅仅收获累计票房355万美元左右。在国内广受好评的动画作品，却面临在国外遇冷甚至无法引起注意的尴尬。如何在动漫创作过程中既运用中国文化符号又包含世界性价值理念成为北京动漫企业发展瓶颈的重要突破口。

（二）行业中缺乏科学的人才培养机制

动漫产业是以动漫人才的创造力、技能和天分作为发展动力的创意产业。要想创作好的作品，打造属于中国的动漫IP形象，需要的是人才的创作与团队的合作。总体来看，北京动漫行业仍缺乏创新人才、经营人才和管理人才，当前的动漫人才结构无法满足北京动漫产业的快速发展。中国文化数据库统计显示，在从事动漫行业的人数的城市排名中，北京位于第二，仅次于广州市。虽然北京市动漫行业从业人数多，但仍缺乏具有创意的导演、编剧等动漫人才，因而无法做好内容创作，也无法很好地走向国际。同时，动漫作品的成功不仅要求有较高水平的创作者，还需要能够管理运营好动漫企业、创造消费文化的营销人才，依靠后者做好宣传包装环节，引领动漫市场流行趋势。北京霍尔果斯彩条屋影业有限公司旗下的《大鱼海棠》在画面、配乐等方面受到观众肯定的同时，其故事情节和动画中的价值观却被认为略显苍白；《大世界》则有观众反映存在配音生硬、动作不流畅等瑕疵。这些问题出现的主要原因还是缺少优秀的动漫团队和技术人才。同时，虽然针对低幼年龄市场推出过《果宝特攻之水果大逃亡》《精灵王座》等儿童动画电影，但这些作品都不能像《小猪佩奇》那般在低幼市场甚至全体观众群体中引起潮流。在激烈竞争的市场中，观众对原创内容要求非常高，对于市场需求把握不准确、技术不过关的动漫企业，它们距离国外市场依然遥远。目前，要想真正打开动漫产品的国际市场，还需要针对国内动漫市场上人才结构性缺口状况进行弥补。

（三）产业链不健全使得海外盈利困难

从动漫产业链来看，通过上游生产制作产生优秀作品和IP，再通过播出环节、衍生品环节以及综合开发环节实现经济效益，是动漫产业获取营业收入的主要方式。其中，衍生品环节是指通过动漫衍生产品来盈利，主要包括书籍、玩具、服饰、手办还有最近火爆的盲盒等，综合开发环节则为对现有动漫资源的全面整合与综合利用，例如开发与目前我国"文旅融合"政策相匹配的动漫主题公园、酒店、度假村等。

在这一方面，日本的动漫产业做得十分出色，在打造出大热的动漫IP后，持续对其开发，形成完善的产业链。日本的动漫产业不仅对外出口本土的动画播出权，带动利润更高的衍生品出口，在此模式下，甚至可以免费授权海外电视台播出其动画作品，为动漫产品打广告、做宣传，形成良性的盈利循环。就北京市动漫产业而言，其盈利能力较弱，实现盈利主要是通过播出环节，而在衍生品环节和综合开发环节并无明确的规划。以《哪吒之魔童降世》为例，电影上映仅仅一周票房就已经破10亿元，但其背后的动漫企业却未提前计划接下来的衍生品环节，导致与电影配套的手办及周边产品未能及时供应市场，错过了观众购买动漫衍生品热情最高涨的时期。手握优质IP却往往无法实现有价值的商业变现，即使出口到海外，我国动漫产品的海外贸易仍旧没有形成完整的运作管理模式和盈利模式，这也是北京市动漫产业和贸易发展亟须解决的一大问题。

三 促进首都动漫产业对外贸易发展的相关建议

（一）发掘文化共通性，打造优秀作品

由于受到生活地域环境、语言符号等因素的差异性影响，不同民族文化

存在较大的差异。因此，动漫企业在打造动漫剧本时仅仅依靠挖掘本民族文化故事是不够的，还需要考虑到不同民族文化的差异性，需通过挖掘世界性的观念，如"爱""善良""和平"等代表美好的观念，引发国外观众情感共鸣，从而获得认同感。例如美国作为动漫大国，美国动漫将自身定位在全球市场之中，而并不仅仅局限于吸引美国观众的层面。因而美国动漫并不太在意保持本民族文化的特质，而是对世界上各个民族、国家的文化进行包容和吸纳。具体来看，在题材来源方面，美国动漫的题材来自世界各国，如《埃及王子》《美人鱼》《功夫熊猫》等；在题材选取方面，美国动漫热衷于拍摄全球性的主题或题材，如关注未来的《星球大战》、倡导人与自然的和谐相处的《冰河世纪》等。北京动漫企业乃至中国动漫企业可借鉴美国动漫的做法，包容、吸收世界性文化，发掘民族文化价值，并结合多样化的题材进行剧本创作，提升故事叙事能力，在向世界传递共通的情感的同时，传播中国文化，打动海外观众。

（二）引进与培养并举，缓解动漫人才短缺

对于动漫企业而言，创新型人才是至关重要的，它是一个公司的核心竞争力，其核心地位不可撼动；随着泛娱乐时代的到来，行业内优秀的动漫公司都已经着手泛娱乐化布局，它们对人才的需求已经不仅仅局限于传统的动漫人才，比如有些动漫公司的 IP 授权职位开始要求求职者具有影视、游戏方向的从业经验。而北京高校云集，北京电影学院、中国传媒大学的动漫专业更是全国顶尖，北京市可依托这些高校，建立企业、高校产学合作的培养模式，从而使得培养的人才更加契合现实行业发展的需要。在培养过程中应贯彻因材施教原则，实行不同特色的人才培养计划，为北京市动漫产业培养创意、制作设计、营销推广和管理培训等方面的人才。同时，为缓解动漫人才结构性短缺问题，北京市可通过税收优惠、奖励补贴、住房补贴、解决子女教育等优惠政策引进国内外动漫产业领域优秀的复合型、创新型人才。

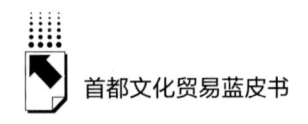

（三）优化动漫衍生品营销，促进线上线下联动发展

虽然近些年来国产动漫也出现了《西游记之大圣归来》《熊出没》《哪吒之魔童降世》等优秀作品，但我国大部分动漫作品仍无法打造完整的衍生品开发、生产和推广产业链，动漫作品影响力有限。为此，北京动漫企业应进一步进行游戏、服饰、书籍、玩具、家具等相关动漫 IP 衍生品的开发。在衍生品的营销推广方面，利用线上线下平台，拓宽营销渠道。特别是，在线上通过微博、网页、视频等渠道，依托各大社交平台数量庞大的用户基数和内部算法，针对性地推送相关信息，刺激动漫爱好者的购买欲望，培养新的消费热点；同时，在线下，结合动漫与旅游，关注开发动漫主题店铺、公园、酒店等动漫与旅游相融合的产品，从而实现对现有动漫资源的全面整合与综合利用。可以参考《冰雪奇缘》系列动画为迪士尼创造了大量的经济效益的案例，从前期以主题曲、预告宣传造势，到后期相关衍生品开发，上到奢侈品联名下到儿童玩具，所涉及衍生品内容广泛，甚至迪士尼专门开发出新的"冰雪奇缘"主题单元，以保持长效新鲜度、维持热度，丰富消费者的体验。北京市动漫企业可以利用本地年轻消费群体规模大、消费观念新颖等优点，开设动漫主题的书店、餐厅、游戏厅、密室逃脱等综合性的店铺，丰富店铺种类，提高消费者的满意度。

参考文献

许惟一：《高质量 规模化 中国动漫产业持续升级》，《国际出版周报》2020 年 11 月 30 日。

黄晓雨：《新媒体时代动漫衍生品营销方式的分析与优化》，《中国商论》2020 年第 22 期。

孙维潇、张亭亭：《日本文化创意产品出口的振兴及对我国的启示》，《福建广播电视大学学报》2019 年第 5 期。

张燕、刘峰、胡甜甜：《我国影视产品走向国际市场的现状与障碍因素分析》，《对外经贸实务》2015年第9期。

刘华、张颖露：《价值共创视角下中国动漫产业政策优化研究》，《北京社会科学》2015年第3期。

石德生：《中国动漫产业发展模式与路径创新探析》，《现代经济探讨》2014年第9期。

刘华、黄金池：《中国动漫产业受众定位低龄化的危机与应对》，《北京社会科学》2014年第8期。

何建平：《新媒体与中国动漫产业互动机制研究》，《当代电影》2007年第5期。

B.7 首都游戏产业对外贸易发展报告（2021）

孙 静*

摘　要： 2020年，作为中国游戏出口的重镇，北京游戏对外贸易的总收入保持着增长态势，但增速变缓。本报告从全球语境出发，对2020年首都游戏产业对外贸易进行了深度解析，指出当前首都游戏出口存在游戏品类单一、游戏精品短缺、欠缺对海外游戏文化的深度理解等主要问题，首都地区需要加大科研投入，鼓励并支持游戏研究，建设高水平游戏教育体系，推动游戏产品升级，为海外游戏玩家提供多样化的精品游戏。

关键词： 对外贸易　游戏产业　游戏教育　北京

一　2020年首都游戏产业对外贸易现状

根据Newzoo最新发布的全球游戏市场年度报告，2020年，全球游戏市场总收入为1593亿美元（见图1），虽有增长，但涨幅不大，仅为4.7%。与此同时，根据中国游戏工委2020年公布的相关数据，中国自主研发的网络游戏海外市场实际销售收入呈大幅度增长，从2019年的115.95亿美元增长至2020年的154.50亿美元，增长率为33.25%（见图2）。

---

* 孙静，文学博士，游戏学者，现任完美世界游戏研究中心主任，研究方向为游戏文化、新媒体与社会、批判理论。

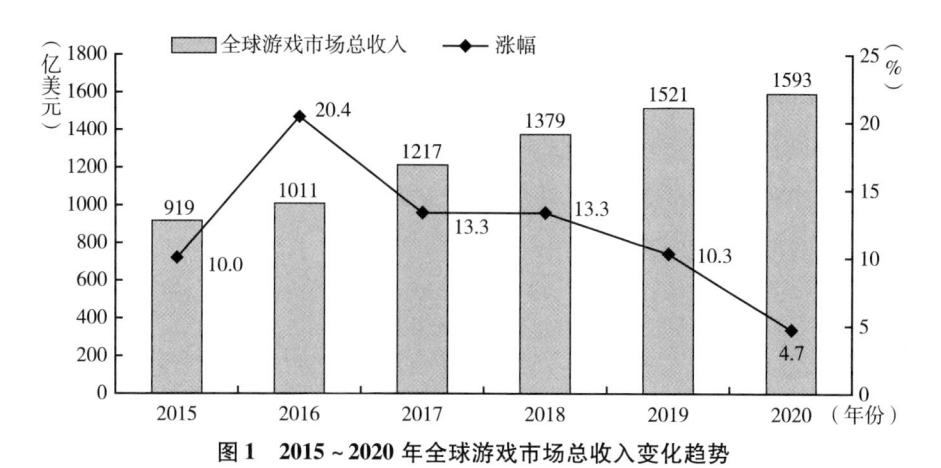

图1 2015～2020年全球游戏市场总收入变化趋势

资料来源：Newzoo，*2020 Global Games Market Report*（*Free Version*），2020，p17；Newzoo，*2019 Global Games Market Report*（*Free Version*），2019，p13；Newzoo，*2018 Global Games Market Report*（*Free Version*），2018，p14；Newzoo，*2017 Global Games Market Report*（*Free Version*），2017，p8。

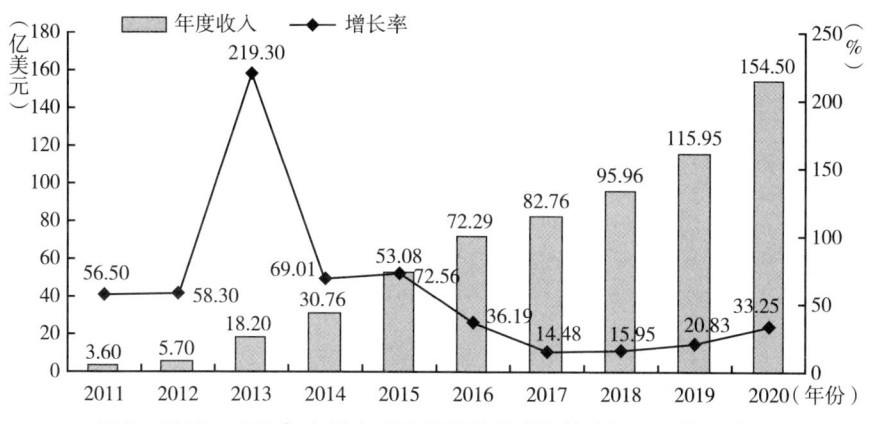

图2 2011～2020年中国自主研发网络游戏海外市场实际销售收入

资料来源：中国音数协游戏工委（GPC）、CNG中新游戏研究（伽马数据）《2018年中国游戏产业报告（摘要版）》，中国书籍出版社，2018；中国音数协游戏工委（GPC）《2020年中国游戏产业报告（摘要版）》，游戏产业网，2020年12月18日，http://www.cgigc.com.cn/gamedata/22132.html。

（一）全球游戏市场概览

北京动漫游戏产业2020年总产值为1063亿元，较2019年增长32%，约占全国动漫游戏产业总产值的五分之一。值得注意的是，首都动漫游戏产业在2020年的出口额为419.3亿元，无论是在年度总产值中所占的比例还是增长幅度，都有所下降，前者为39.4%（2019年为43.7%），后者为18.9%（2019年为93.2%）（见图3）。令人遗憾的是，2020年依然没有针对首都游戏市场的收入数据。

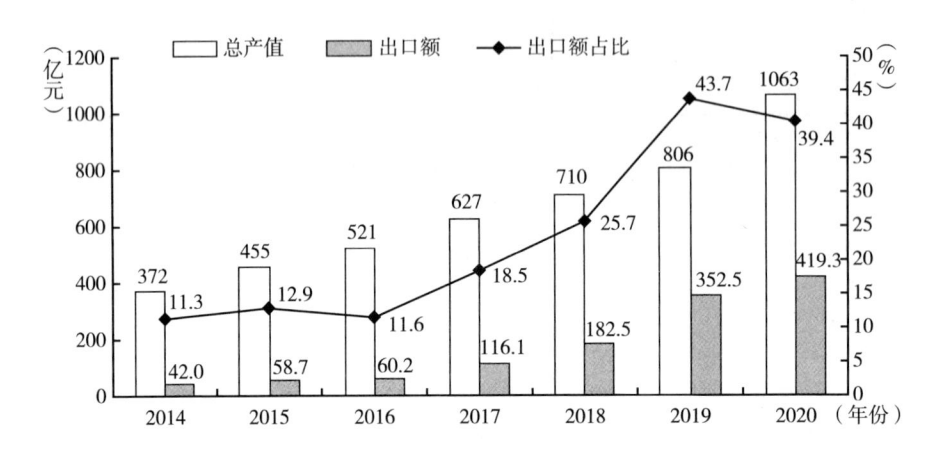

图3 2014～2020年北京动漫游戏产业发展态势

资料来源：2020年数据来自《北京动漫游戏产业2020年总产值达1063亿元比2019年增长32%实现"十三五"期间动漫游戏产业产值翻倍》，《北京日报》2021年1月17日，http://www.beijing.gov.cn/gongkai/shuju/sjjd/202101/t20210117_2221270.html。往年数据及图表，引自李小牧主编《首都文化贸易发展报告（2020）》，社会科学文献出版社，2019。

（二）出海游戏企业概览

受到新冠肺炎疫情等因素的影响，2020年国内游戏企业倒闭数量为历年最高，从2013年的24家飙升至761家（见图4）。从历年的统计数据看，多数倒闭游戏企业的存活时间在1~10年（见图5）。大部分倒闭企业集中在广东地区，与之相比，北京地区共有15家游戏企业倒闭，2020年仅有两家企业倒闭（见图6），这在某种程度上说明了首都游戏企业整体竞争力在全国处于领先地位。

根据伽马数据发布的《2019—2020年中国游戏产业上市企业竞争力报

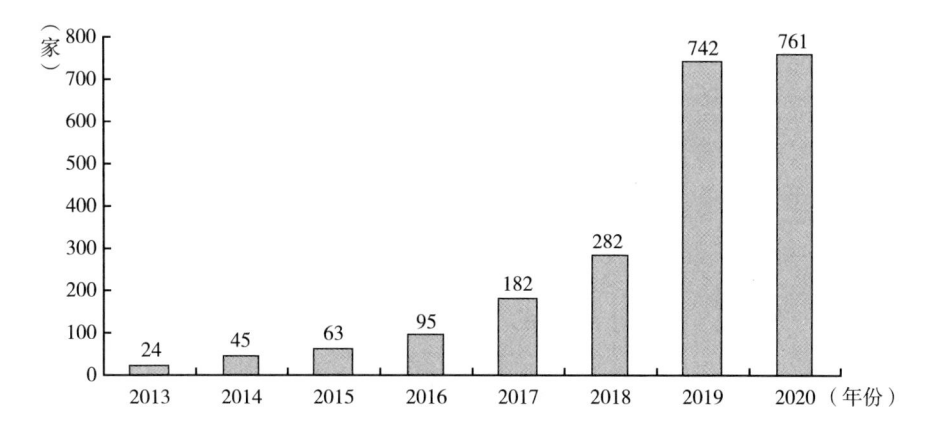

图4 2013~2020年国内游戏企业倒闭数量

年份	数量（家）
2013	24
2014	45
2015	63
2016	95
2017	182
2018	282
2019	742
2020	761

资料来源：《2020年倒闭的761家游戏公司，七成挺不过4年》，腾讯网，2021年1月13日，https://new.qq.com/rain/a/20210113a03zbq00。

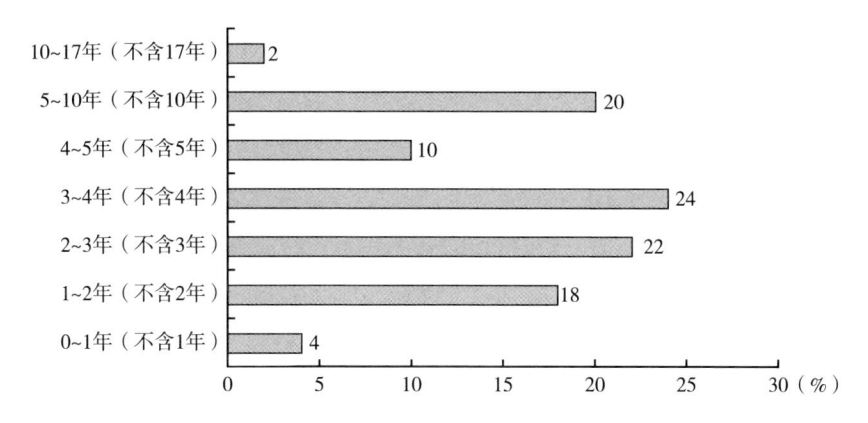

图5 2013~2020年国内倒闭游戏企业存活时间

存活时间	占比（%）
0~1年（不含1年）	4
1~2年（不含2年）	18
2~3年（不含3年）	22
3~4年（不含4年）	24
4~5年（不含5年）	10
5~10年（不含10年）	20
10~17年（不含17年）	2

资料来源：《2020年倒闭的761家游戏公司，七成挺不过4年》，腾讯网，2021年1月13日，https://new.qq.com/rain/a/20210113a03zbq00。

告》和《2019—2020年中国游戏产业准上市及潜力企业竞争力报告》，自2008年以来，国内已有130多家上市游戏企业，仅2010年就有30家，但该数量之后便呈现下降趋势（见图7）。

在竞争力排名前15名的国内上市游戏企业名单中，首都地区仅有两家企业榜上有名，分别为完美世界和金山软件。与之相比，广东企业最多，包

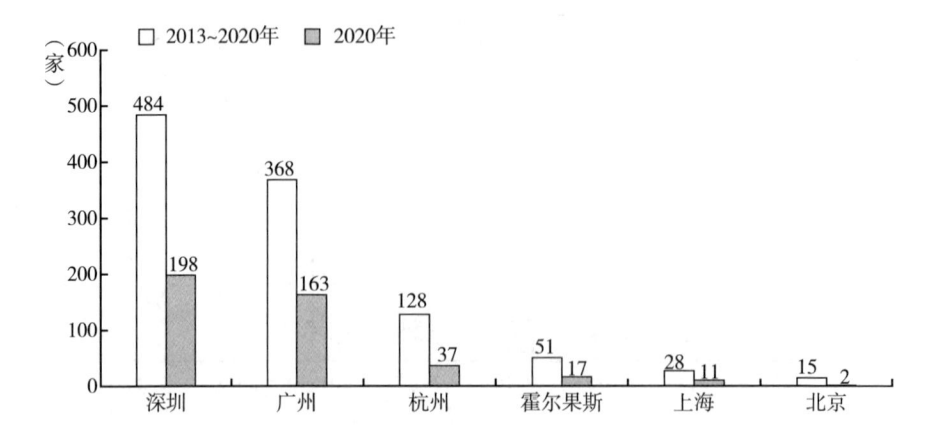

图6　2013～2020年国内倒闭游戏企业所在地区分布

资料来源：《2020年倒闭的761家游戏公司，七成挺不过4年》，腾讯网，2021年1月13日，https://new.qq.com/rain/a/20210113a03zbq00。

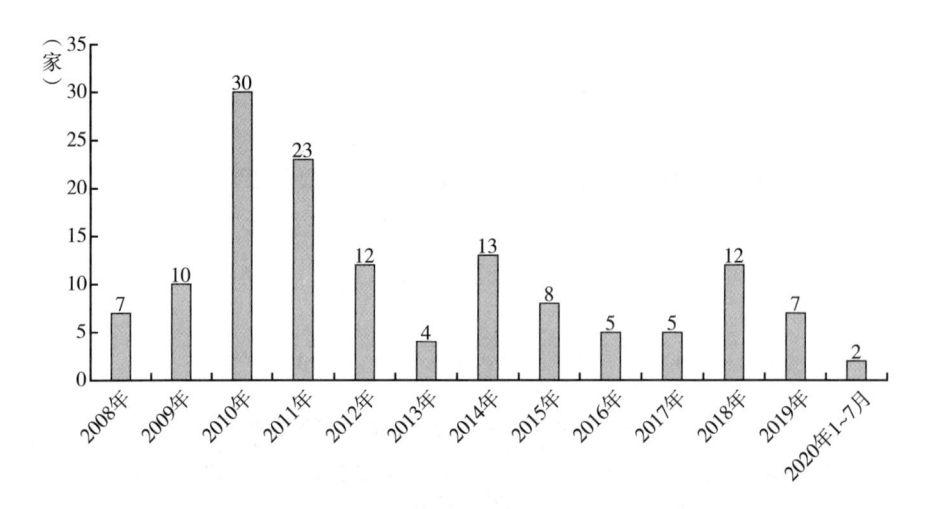

图7　2008年后新上市游戏企业上市日期分布

资料来源：《最新报告！中国游戏上市/准上市公司竞争力报告发布》，腾讯网，2020年8月2日，https://new.qq.com/omn/20200802/20200802A00A3500.html。

括腾讯、网易、三七互娱、中手游和创梦天地5家企业。其余8家企业分布在浙江、上海、福建和江苏（见表1）。

表1 2019~2020年上市游戏企业竞争力15强

序号	公司	总部所在地
1	完美世界	北京
2	腾讯	广东
3	网易	广东
4	世纪华通	浙江
5	三七互娱	广东
6	金山软件	北京
7	中手游	广东
8	心动公司	上海
9	吉比特	福建
10	宝通科技（易幻网络）	江苏
11	网龙	福建
12	友谊时光	江苏
13	创梦天地	广东
14	巨人网络	上海
15	游族网络	上海

资料来源：《最新报告！中国游戏上市/准上市公司竞争力报告发布》，腾讯网，2020年8月2日，https://new.qq.com/omn/20200802/20200802A0OA3500.html。

根据中国游戏工委在2020年末公布的"中国'走出去'优秀游戏企业"评比，有两家北京地区游戏企业获得提名，分别为完美世界和龙创悦动，但令人遗憾的是，最终获奖的3家游戏企业都并非首都企业（见表2）。

表2 2020年度中国"走出去"优秀游戏企业

企业名称	获奖情况	总部所在地
芜湖三七互娱网络科技集团股份有限公司	获奖	安徽
上海莉莉丝科技股份有限公司	获奖	上海
上海蛮啾网络科技有限公司	提名	上海
广州网易计算机系统有限公司	提名	广东
游族网络股份有限公司	提名	上海
完美世界股份有限公司	提名	北京
祖龙（天津）科技股份有限公司	提名	天津
米哈游（上海）网络科技股份有限公司	提名	上海
北京龙创悦动网络科技有限公司	提名	北京
深圳市腾讯计算机系统有限公司	获奖	广东

资料来源：《2020年度中国"游戏十强"评选获奖名单》，游戏产业网，2020年12月23日，http://www.cgigc.com.cn/info/22162.html。

根据凯度和谷歌联合发布的中国全球化品牌报告，在2020年排名前50位的中国企业中，共有12家游戏企业（见表3）。其中，近半数游戏企业位于首都地区，分别是趣加游戏（品牌力得分438）、创智优品（品牌力得分396）、智明星通（品牌力得分250）、龙创悦动（品牌力得分247）和壳木游戏（品牌力得分186）。

表3 2020 BrandZ™中国全球化品牌50强

排名	品牌	品牌力得分	总部所在地
16	腾讯	454	中国广东
18	趣加游戏	438	中国北京
19	创智优品	396	中国北京
23	莉莉丝	310	中国上海
24	沐瞳科技	298	中国上海
25	网易	295	中国广东
28	IGG	254	新加坡
29	智明星通	250	中国北京
30	龙创悦动	247	中国北京
43	Tap4fun	194	中国四川
49	壳木游戏	186	中国北京
50	龙腾简合	185	中国福建

资料来源：《跨境通旗下ZAFUL、GEARBEST再登BRANDZ™"中国全球化品牌50强"榜》，新浪财经网，2020年7月17日，http://finance.sina.com.cn/stock/relnews/cn/2020-07-17/doc-iivhvpwx5961905.shtml。

根据App Annie公布的2020年全球游戏发行商统计数据，从下载量看，共有5家中国游戏发行商跻身全球前30名，其中1家为首都地区游戏企业，即涂鸦移动，其余分别为位于浙江的金科文化-Outfit7、位于福建的宝宝巴士、位于广东的腾讯以及位于安徽的常春藤移动（见表4）。

表4 2020年全球下载量前30名游戏发行商列表

排名	公司	总部所在地
4	金科文化-Outfit7	浙江
9	宝宝巴士	福建
13	涂鸦移动	北京

续表

排名	公司	总部所在地
17	腾讯	广东
27	常春藤移动	安徽

注：App Annie 根据全球 iOS 应用商店及谷歌游戏数据统计。
资料来源：App Annie, "Top 30 Game Publishers Worldwide | Downloads, in Top Publisher Awards 2021," https：//www.appannie.com/cn/apps/ios/top/level – up – rankings/all/all/top – 30 – game – publishers/? rankType = annual。

从收入上看，在全球收入最高的前 52 名游戏发行商中，中国游戏发行商占据 15 个席位，首都游戏发行商有 5 家，分别是趣加游戏（第 15 名）、字节跳动（第 24 名）、百度（第 29 名）、龙创悦动（第 46 名）和博乐科技（第 50 名）（见表 5）。

表 5　2020 年全球收入前 52 名游戏发行商中国部分

排名	企业	总部所在地
1	腾讯	中国广东
2	网易	中国广东
12	莉莉丝	中国上海
15	趣加游戏	中国北京
24	字节跳动	中国北京
26	阿里巴巴	中国浙江
29	百度	中国北京
35	米哈游	中国上海
37	IGG	新加坡
41	欢聚集团	中国广东
44	友塔网络	中国上海
46	龙创悦动	中国北京
47	三七互娱	中国广东
48	游族网络	中国上海
50	博乐科技	中国北京

注：App Annie 根据全球 iOS 应用商店及谷歌游戏数据统计。
资料来源：App Annie, "Top 52 Overall Publishers Worldwide | Revenue, in Top Publisher Awards 2021," https：//www.appannie.com/cn/apps/ios/top/level – up – rankings/all/all/top – 52 – overall – publishers/。

根据App Annie发布的《中国厂商出海30强收入榜》，首都地区游戏企业共有11家（见表6、图8）。第一梯队为趣加游戏（第1名）、龙创悦动（第8名）、博乐科技（第10名）；第二梯队为壳木游戏（第13名）、时空幻境（第17名）、字节跳动（第18名）、有爱互娱（第19名）和智明星通（第20名）；第三梯队为乐元素（第21名）、爱奇艺（第22名）和掌趣科技（第25名）。

表6 2020年中国（游戏）厂商出海30强收入榜

排名	公司名称	总部所在地	排名	企业	总部所在地
1	趣加游戏	中国北京	16	沐瞳科技	中国上海
2	莉莉丝	中国上海	17	时空幻境	中国北京
3	腾讯	中国广东	18	字节跳动	中国北京
4	网易	中国广东	19	有爱互娱	中国北京
5	IGG	新加坡	20	智明星通	中国北京
6	友塔网络	中国上海	21	乐元素	中国北京
7	欢聚集团	中国广东	22	爱奇艺	中国北京
8	龙创悦动	中国北京	23	创酷互动	中国广东
9	米哈游	中国上海	24	龙腾简合	中国福建
10	博乐科技	中国北京	25	掌趣科技	中国北京
11	4399	中国福建	26	梦加网络	中国福建
12	悠星网络	中国上海	27	心动网络	中国上海
13	壳木游戏	中国北京	28	紫龙游戏	中国上海
14	游族网络	中国上海	29	易幻网络	中国广东
15	三七互娱	中国广东	30	点触科技	中国福建

资料来源：App Annie《中国厂商出海30强收入榜》，https://www.appannie.com/cn/apps/ios/top/level-up-rankings/all/all/top-30-china-headquartered-overall-publishers/?rankType=annual。

（三）出海游戏产品概览

就作品而言，根据SensorTower发布的2020年中国手游海外市场前30名榜单，有约三分之一的游戏作品来自首都地区游戏厂商（见表7、图9）。其中，有三款游戏都来自趣加游戏，包括《生存状态》（第5名）、《阿瓦隆

```
         新加坡
          1
   中国福建
     4
                        中国北京
                         11

中国广东
   6

         中国上海
           8
```

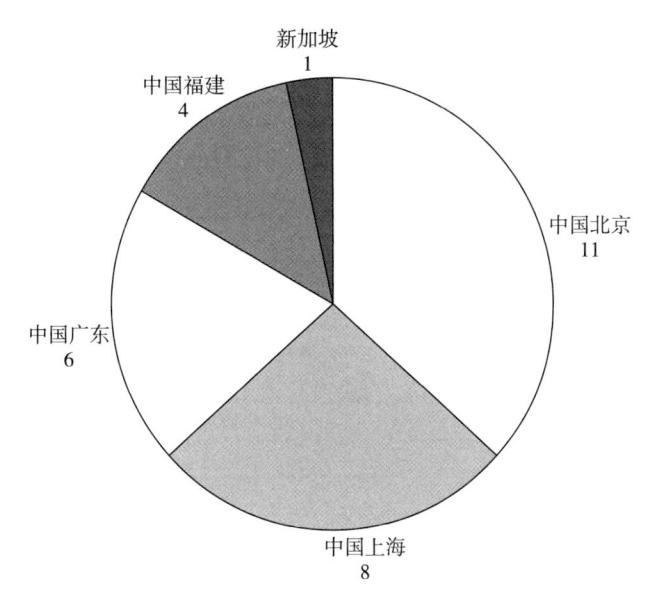

图 8　2020 年中国（游戏）厂商出海 30 强收入榜单企业总部所在地分布

资料来源：App Annie《中国厂商出海 30 强收入榜》，https：//www.appannie.com/cn/apps/ios/top/level – up – rankings/all/all/top – 30 – china – headquartered – overall – publishers/？rankType = annual。

之王》（第 12 名）和《火枪纪元》（第 14 名）；此外，龙创悦动也表现不俗，共有两款作品上榜，分别是《守望黎明》（第 13 名）和《帝国纪元》（第 29 名）。其他北京地区游戏厂商的作品包括有爱互娱的《放置少女》、祖龙娱乐和腾讯的《龙族幻想》和乐元素的《偶像梦幻祭！！Music》等。

表 7　2020 年中国手游海外市场收入前 30 名

排名	游戏名称	发行商	总部所在地
1	《绝地求生：刺激战场》	腾讯	中国广东
2	《万国觉醒》	莉莉丝	中国上海
3	《荒野行动》	网易	中国广东
4	《使命召唤手游》	动视暴雪 & 腾讯	中国广东
5	《生存状态》	趣加游戏	中国北京
6	《黑道风云》	友塔网络	中国上海
7	《剑与远征》	莉莉丝	中国上海
8	《王国纪元》	IGG	新加坡

续表

排名	游戏名称	发行商	总部所在地
9	《原神》	米哈游	中国上海
10	《无尽对决》	沐瞳科技	中国上海
11	《放置少女》	有爱互娱	中国北京
12	《阿瓦隆之王》	趣加游戏	中国北京
13	《守望黎明》	龙创悦动	中国北京
14	《火枪纪元》	趣加游戏	中国北京
15	《明日方舟》	鹰角网络 & 悠星网络 & 心动网络	中国上海
16	《奇迹之剑》	4399	中国福建
17	《消消庄园》	时空幻境	中国北京
18	《起源时代》	壳木游戏	中国北京
19	《现金疯狂赌场》	博乐科技	中国北京
20	《龙族幻想》	祖龙娱乐 & 腾讯	中国北京
21	《第五人格》	网易 & 心动网络	中国广东
22	《明日之后》	网易 & 心动网络	中国广东
23	《为王》	创酷互动	中国广东
24	《风之大陆》	紫龙游戏 &NEOCRAFT	中国上海
25	《偶像梦幻祭!! Music》	乐元素	中国北京
26	《江山美人》	三七互娱	中国上海
27	《碧蓝航线》	悠星网络	中国上海
28	《战火与秩序》	壳木游戏	中国北京
29	《帝国纪元》	龙创悦动	中国北京
30	《仙境传说RO》	心动网络 &GungHo	中国上海

注：根据全球iOS应用商店及谷歌游戏数据统计。

资料来源：《2020中国手游出海年度盘点——37款手游海外收入超过1亿美元》，SensorTower微信公众号，2021年2月1日，https://mp.weixin.qq.com/s/zvyJsx48qRiDf0OJgMM_WA。

据国内游戏媒体"游戏新知"统计，在打入美国、日本、韩国三大市场的中国游戏企业中，约35%来自首都地区，表现优异的北京游戏企业有38家（见表8）。从游戏作品来看，主要类型为角色扮演类、休闲类和策略类。具体来说，有12家北京企业专注角色扮演游戏，如祖龙娱乐的《龙族幻想》和有爱互娱的《放置少女》；12家企业聚焦各种休闲元素的游戏，包括2020年颇受瞩目的超休闲类、传统的休闲类以及混合休闲类，代表作

中国福建 新加坡
1 1
中国广东
6

中国北京
12

中国上海
10

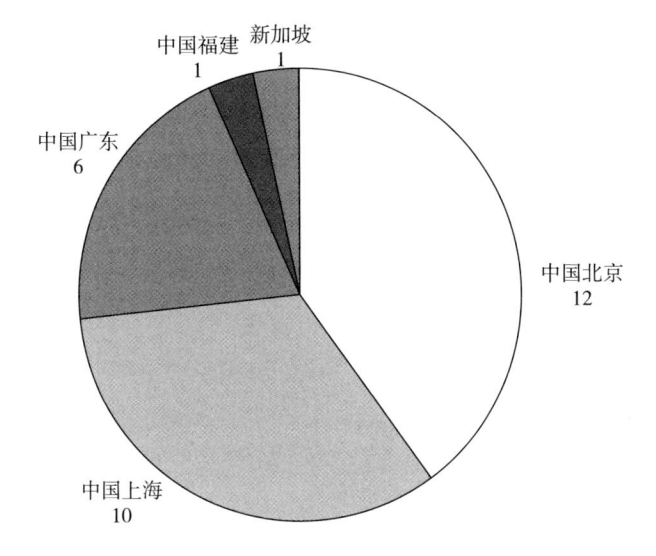

图 9　2020 年中国手游海外市场收入前 30 名游戏厂商总部所在地分布

资料来源：App Annie《中国厂商出海 30 强收入榜》，https：//www.appannie.com/cn/apps/ios/top/level－up－rankings/all/all/top－30－china－headquartered－overall－publishers/?rankType＝annual。

品有创智优品的《我的小家》、江娱互动的《世界争霸》和红海无限的《彩环拼图》等。

表 8　北京出海代表性游戏企业及作品

序号	公司	游戏名称	擅长品类
1	智明星通	《列王的纷争》	策略
2	龙图游戏	《吞星》《热血江湖》	角色扮演/卡牌
3	幻想悦游	《雪鹰领主》《战舰帝国》	角色扮演/策略
4	时空幻境	《奇妙庄园》	混合休闲
5	博乐科技	Cash Frenzy^{TM}	棋牌
6	点点互动	《阿瓦隆之王》《枪火纪元》	策略
7	趣加游戏	《生存状态》	策略
8	壳木游戏	《战火与秩序》《起源时代》	策略
9	中文在线	Chapters：Interactive Stories	剧情
10	龙创悦动	《守望黎明》《七王争霸》	策略
11	蜂鸟于飞	Double Win Slots Casino Game	棋牌

099

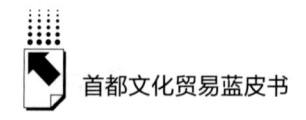

续表

序号	公司	游戏名称	擅长品类
12	祖龙娱乐	《龙族幻想》《万王之王3D》	角色扮演
13	江娱互动	《世界争霸》	混合休闲
14	智胜新格科技	Wild Classic Slots™ Casino	棋牌
15	海彼网络	《弓箭传说》《企鹅岛》	混合休闲
16	九鼎无双	Art of War: Legions	混合休闲
17	原力棱镜科技	《兵人大战》	策略
18	有爱互娱	《放置少女》	角色扮演
19	乐元素	《偶像梦幻祭》	二次元
20	紫龙游戏	《启源女神》《梦幻模拟战》	角色扮演
21	奇酷工场	《战舰帝国》	策略
22	北京畅游	《拳魂觉醒》	角色扮演
23	兵驰网络	Pocket Sniper!	超休闲
24	创智优品	《我的小家》	超休闲
25	掌游天下	Lip Art 3D	超休闲
26	猎豹移动	Bricks n Balls	超休闲
27	字节跳动	《我功夫贼牛》《是特工就上一百层》	超休闲
28	华清飞扬	《海战传奇》《战争世界》	策略
29	艾格拉斯	《英雄战魂》《空城计》	角色扮演/策略
30	蓝港在线	《一梦江湖》	角色扮演
31	完美世界	《完美世界》	角色扮演
32	盖娅互娱	《永远的7日之都》	角色扮演
33	昆仑万维	《BLEACH境·界·魂之觉醒》	角色扮演
34	涂鸦多得科技	《100种死法》	超休闲
35	魂世界	《苏打世界》《月圆之夜》	休闲
36	魔币科技	Ignite Classic Slots	棋牌
37	掌趣科技	《拳皇98终极之战OL》	角色扮演
38	红海无限	《彩环拼图》《解锁球》	休闲

资料来源：《盘点北京38家出海游戏公司》，"游戏新知"微信公众号，2020年9月16日，https://mp.weixin.qq.com/s/QfdCIux5jAVYk3OGkqvm9A。

二 首都游戏产业的主要问题

（一）游戏品类单一，难以满足海外玩家的多样化需求

根据Facebook发布的2020年游戏用户偏好调查，在美国、英国、韩

国、德国4个成熟游戏市场，最受玩家欢迎的是解谜类游戏（见图10至图13）。此外，即便在同一个国家，新老用户的游戏偏好之间也存在明显的差异。例如，在韩国，老玩家更喜欢射击、策略及运动类游戏，而新玩家则往往钟爱博彩、模拟和竞速游戏（见图12）。

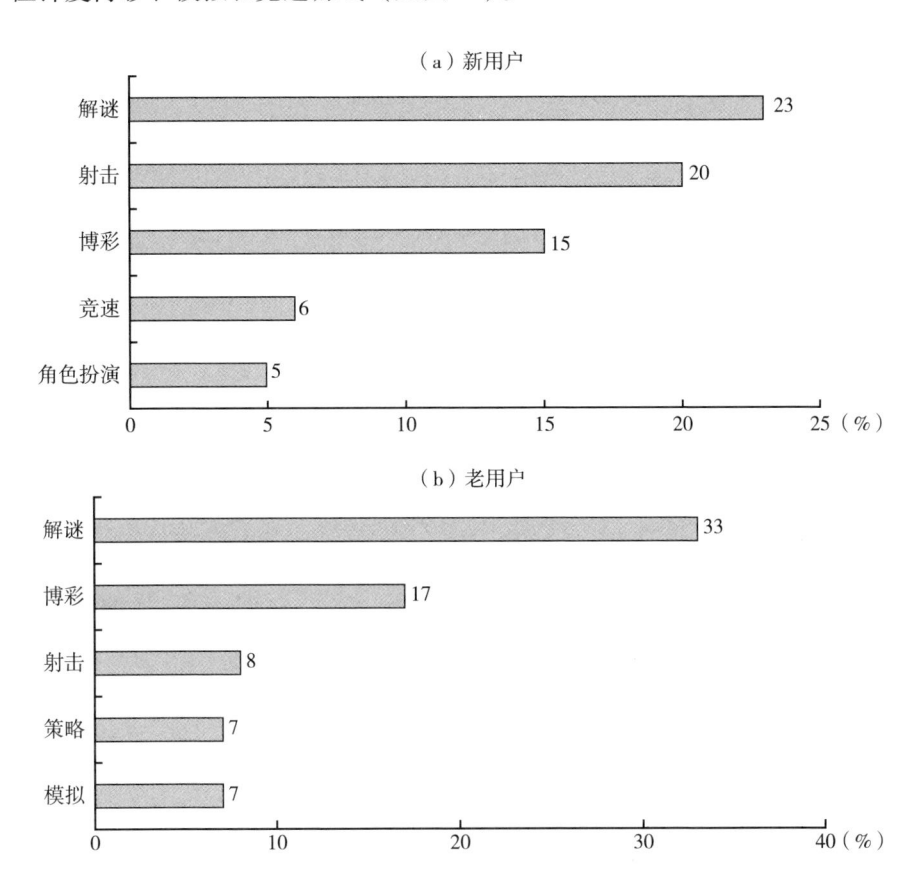

（a）新用户

类型	百分比（%）
解谜	23
射击	20
博彩	15
竞速	6
角色扮演	5

（b）老用户

类型	百分比（%）
解谜	33
博彩	17
射击	8
策略	7
模拟	7

图10 2020年美国新老用户最喜爱的游戏类型

资料来源：Facebook Gaming, Facebook IQ, *Games Marketing Insight for 2021*, Jan. 2021, p8。

然而如上文所述，根据"游戏新知"对首都地区游戏出海企业及其产品的统计数据，在38家北京企业中，出口游戏产品集中在策略、角色扮演和各类休闲三大类，同质化倾向较为严重（见图14）。由此可见，首都地区的游戏对外贸易产品很难满足海外市场多样化的游戏需求。

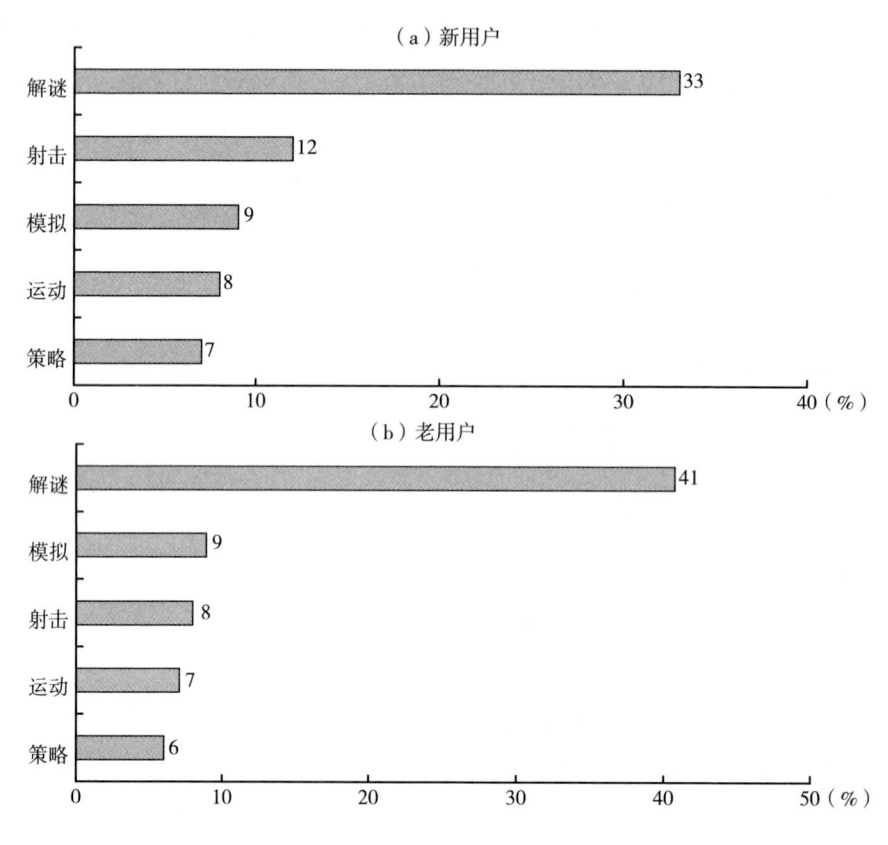

（a）新用户

- 解谜 33
- 射击 12
- 模拟 9
- 运动 8
- 策略 7

（b）老用户

- 解谜 41
- 模拟 9
- 射击 8
- 运动 7
- 策略 6

图 11　2020 年英国新老用户最喜爱的游戏类型

资料来源：Facebook Gaming, Facebook IQ, *Games Marketing Insight for 2021*, Jan. 2021, p8。

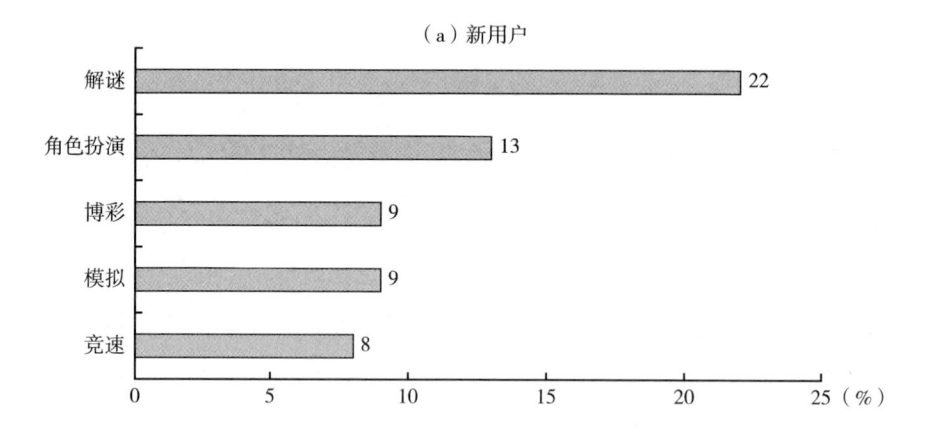

（a）新用户

- 解谜 22
- 角色扮演 13
- 博彩 9
- 模拟 9
- 竞速 8

（b）老用户

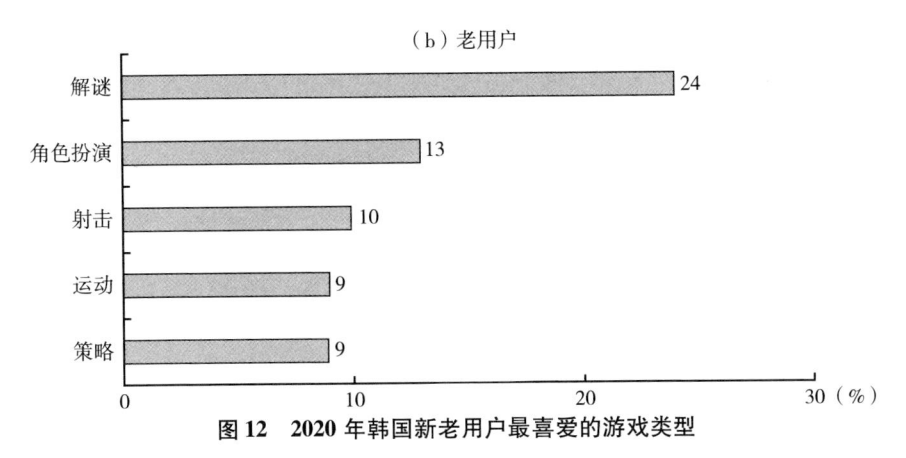

- 解谜 24
- 角色扮演 13
- 射击 10
- 运动 9
- 策略 9

图 12　2020 年韩国新老用户最喜爱的游戏类型

资料来源：Facebook Gaming, Facebook IQ, *Games Marketing Insight for 2021*, Jan. 2021, p8。

（a）新用户

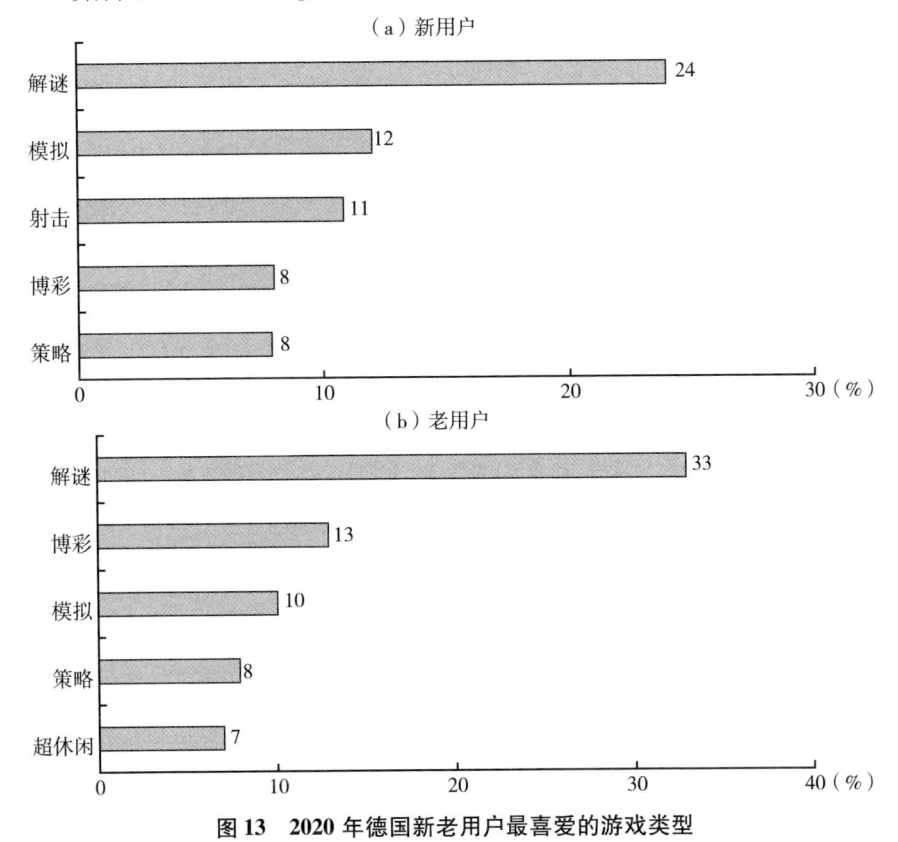

- 解谜 24
- 模拟 12
- 射击 11
- 博彩 8
- 策略 8

（b）老用户

- 解谜 33
- 博彩 13
- 模拟 10
- 策略 8
- 超休闲 7

图 13　2020 年德国新老用户最喜爱的游戏类型

资料来源：Facebook Gaming, Facebook IQ, *Games Marketing Insight for 2021*, Jan. 2021, p8。

棋牌 剧情 二次元 卡牌
7.69% 2.56% 2.56% 2.56%

策略
23.08%

各类休闲
30.77%

角色扮演
30.77%

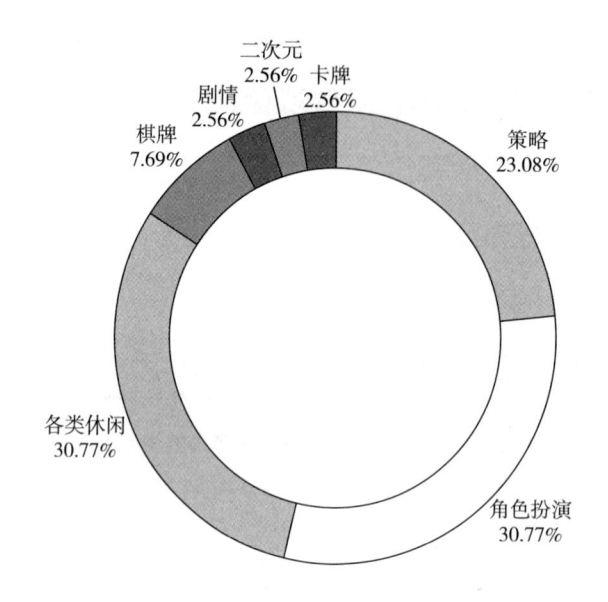

图14　北京出海游戏企业的主要作品类型

资料来源：《盘点北京38家出海游戏公司》，"游戏新知"微信公众号，2020年9月16日，https://mp.weixin.qq.com/s/QfdCIux5jAVYk3OGkqvm9A。

（二）游戏精品短缺，缺少高水平的旗舰产品

近年来，首都地区游戏对外贸易增长率有所下降。究其原因，一方面是因为全球疫情引发的短期市场需求变化，即虽然海外玩家的游戏市场在不同程度上有所增长，但付费意愿和付费额却有所减弱和降低；另一方面是因为首都游戏出口企业大多锚定新兴游戏市场，鲜少推出能够获得成熟游戏市场用户赞誉的游戏大作。如表9所示，在2020年全球游戏大奖的30个奖项中，多数获奖作品来自欧美地区，首都地区的游戏作品依然榜上无名。

表9　2020年全球游戏大奖（TGA）获奖名单

奖项	获奖作品	地区*
年度最佳游戏	《最后生还者：第二部》	美国
最佳游戏指导	《最后生还者：第二部》	美国
最佳游戏叙事	《最后生还者：第二部》	美国

续表

奖项	获奖作品	地区*
最佳艺术指导	《对马岛之魂》	美国
最佳游戏音乐	《最终幻想7:重制版》	日本
最佳音效设计	《最后生还者:第二部》	美国
最佳表演奖	Laura Bailey(饰演《最后生还者:第二部》中的Abby)	美国
最佳社会影响力游戏	《谓何》	法国
最佳持续运营奖	《无人深空》	英国
最佳独立游戏	《哈迪斯》	美国
最佳移动端游戏	《我们之中》	美国
最佳社区支持	《糖豆人:终极挑战赛》	英国
最佳VR/AR游戏	《半条命:爱莉克斯》	美国
无障碍创新奖	《最后生还者:第二部》	美国
最佳动作	《哈迪斯》	美国
最佳动作/冒险游戏	《最后生还者:第二部》	美国
最佳角色扮演游戏	《最终幻想7:重制版》	日本
最佳格斗游戏	《真人快打11》	美国
最佳家庭游戏	《集合啦!动物森友会》	日本
最佳模拟/策略游戏	《微软飞行模拟》	法国
最佳体育/竞速游戏	《托尼霍克职业滑板1+2》	美国
最佳多人游戏	《我们之中》	美国
年度内容创作者	VALKYRAE	美国
最佳处女作	《恐鬼症》	美国
最佳电竞选手	HEO "SHOWMAKER" SU	韩国
最佳电竞教练	DANNY "ZONIC" SORENSEN	丹麦
最佳电竞赛事	《英雄联盟》世界赛2020	美国
最佳电竞游戏	《英雄联盟》	美国
最佳电竞主持/解说	Eefje "Sjokz" Depoortere	比利时
最佳电竞战队	G2 Esports	西班牙

注：地区划分以游戏开发商所在地区为标准。
资料来源：https://thegameawards.com/nominees。

（三）游戏素养较低，欠缺对海外游戏文化的深度理解

2020年，在中国知网数据库中，以"首都"、"北京"和"游戏"为文献篇名进行关键词检索，没有任何相关学术成果。此外，相关科研机构对游

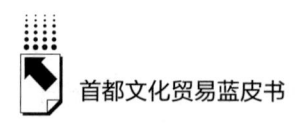

戏研究的科研支持也极为不足。根据相关检索结果，当前与游戏产业相关的各级科研项目仅有 19 个，北京市哲学社会科学规划项目仅有 1 项，远远少于电影产业研究项目（见表 10）。

表 10 中国知网数据库中电影产业与游戏产业科研基金数量对比
（关键词搜索）

科研基金名称	电影产业	游戏产业
国家社会科学基金	62	4
国家自然科学基金	13	4
教育部人文社会科学研究项目	7	2
全国艺术科学规划课题	6	—
北京市哲学社会科学规划项目	5	1
江苏省教育厅人文社会科学研究基金	3	1
江苏省教育厅高等学校哲学社会科学基金项目	3	—
浙江省哲学社会科学规划课题	3	—
国家重点研发计划	2	1
上海市教育委员会曙光计划项目	2	—
国家留学基金	2	—
浙江省自然科学基金	2	—
佛山市哲学社会科学规划项目	2	—
陕西省教育厅科研计划项目	2	—
天津市哲学社会科学规划项目	2	—
教育部新世纪优秀人才支持计划	1	—
安徽省软科学研究计划项目	1	—
广东省哲学社会科学规划项目	1	—
贵州省科技计划项目	1	—
中央高校基本科研业务费专项资金项目	—	1
福建省教育厅科技项目	—	1
广东省教育厅科学研究项目	—	1
全国统计科学研究计划项目	—	1
全国教育科学规划课题	—	1
黑龙江省科技攻关计划	—	1
总　计	120	19

资料来源：中国知网数据库，数据采集日期为 2021 年 4 月 10 日。

从中文图书来看，在当当网，以"游戏"为关键词检索，按照学术研究标准进一步筛选，检索结果为17本，有14本来自北京地区的出版社，这在一定程度上反映了首都依然是全国游戏研究领域的引领者，远远领先于国内其他地区（见表11）。然而不容忽视的是，在全国出版的游戏主题图书中，国内作者的原创图书仅有5本，其中有3本来自北京地区，分别是电子工业出版社出版的《Cocos Creator 微信小游戏开发实战》、法律出版社出版的《网络游戏典型案例裁判观点》和水利水电出版社出版的《视觉无障碍游戏化交互设计指南》，其余皆为译著。此外，从主题看，游戏开发、教育类图书依然占据大多数，没有针对首都游戏对外贸易和海外游戏文化的深度分析和研究，无法为首都游戏出口提供有效的理论指导，严重影响了首都游戏作为对外贸易产品的质量。

表11 国内出版的游戏主题图书

序号	书名	类型	出版社信息	
			名称	所在地
1	《Cocos Creator 微信小游戏开发实战》	原创	电子工业出版社	北京
2	《儿童游戏与儿童文化》	原创	江苏教育出版社	江苏
3	《网络游戏典型案例裁判观点》	原创	法律出版社	北京
4	《视觉无障碍游戏化交互设计指南》	原创	水利水电出版社	北京
5	《日本游戏批评文选》	原创	上海书店出版社	上海
6	《游戏改变学习》	译著	华东师范大学出版社	上海
7	《人工智能与游戏》	译著	机械工业出版社	北京
8	《游戏开发世嘉新人培训教材》	译著	人民邮电出版社	北京
9	《游戏感：游戏操控感和体验设计指南》	译著	电子工业出版社	北京
10	《游戏力养育》	译著	北京联合出版有限公司	北京
11	《声音体验设计》	译著	电子工业出版社	北京
12	《儿童游戏治疗》	译著	中国轻工业出版社	北京
13	《游戏战争：9·11后的军事视频游戏》	译著	民主与建设出版社	北京
14	《战争游戏：电子游戏与武装冲突的未来》	译著	民主与建设出版社	北京
15	《游戏设计入门理解玩家思维》	译著	人民邮电出版社	北京
16	《如何建立游戏治疗关系：游戏治疗实用手册》	译著	中国轻工业出版社	北京
17	《家用游戏机简史》	译著	人民邮电出版社	北京

资料来源：当当图书网，数据采集日期为2021年4月17日。

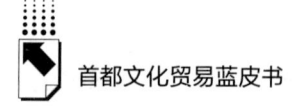

就游戏教育而言，虽然中国传媒大学、北京电影学院等少数北京高校开设了与游戏相关的专业，但从整体上看，首都地区依然缺乏成熟的游戏教育体系，尤其是高水平的游戏课程和学位项目。根据相关统计，国内游戏产业人才培养的职能在更大程度上集中在专科（高职院校）。目前，国内与游戏相关的专业较少，大多为"游戏设计"或"电子竞技运动与管理"，其中"游戏设计"专业属于文化艺术大类下的艺术设计类，共有45所院校开设了这一专业（见图15），有约半数为民办学校，其中有一所位于首都地区，即北京青年政治学院。① 这势必导致首都游戏产业缺乏高水平的从业人才。

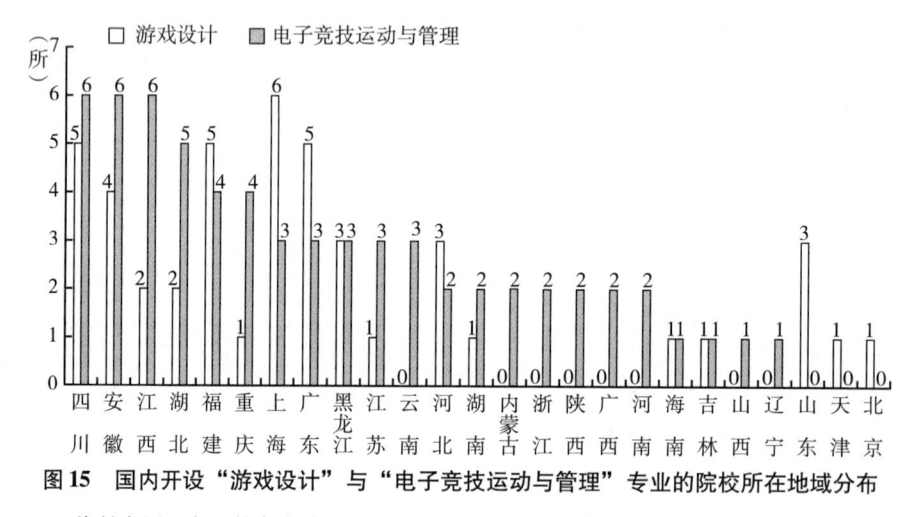

图15 国内开设"游戏设计"与"电子竞技运动与管理"专业的院校所在地域分布

资料来源：中国教育在线，https://gkcx.eol.cn/special/928? special_type=3&sort=1&province=，数据采集日期为2021年4月10日。

三 促进首都游戏文化对外贸易发展的建议

（一）推动游戏研究，为游戏对外贸易提供学术支持

近年来，国外已有不少游戏产业、海外游戏文化和玩家社群的相关研究

---

① 参见中国教育在线，https://gkcx.eol.cn/special/928? special_type=3&sort=1&province=，数据采集日期为2021年4月10日。

成果。如 CRC 出版社在 2017 年出版的《玩家的大脑：神经科学与用户体验如何影响电子游戏设计》（*The Gamer's Brain：How Neuroscience and UX Can Impact Video Game Design*）、牛津大学出版社在 2018 年出版的《游戏用户研究》（*Games User Research*）、麻省理工学院出版社在 2010 年出版的《韩国网络游戏帝国》（*Korea's Online Gaming Empire*）、普林斯顿大学出版社在 2018 年出版的《看我玩：Twitch 与游戏直播的崛起》（*Watch Me Play：Twitch and the Rise of Game Live Streaming*）等。

就国内最新研究动态而言，完美世界游戏研究中心于 2020 年启动了"全球游戏研究"和"全球电竞研究"等多个科研项目，邀请了美国、英国、日本、波兰、瑞典、芬兰、巴西、澳大利亚、意大利等国家的优秀游戏学者，从多个维度来深度解读全球不同地区的游戏文化。同年，在《澎湃新闻》的"思想市场"栏目，游戏研究专栏"游戏论"持续更新发布了 10 余篇文章，讨论了韩国、日本、美国、英国等多个国家的游戏历史和游戏文化。

以上述游戏研究成果为基础，首都高校及各类科研应加大对游戏研究的科研支持力度，充分发挥国内游戏研究的引领作用。第一，鼓励首都地区的学术出版机构译介国外已有的优秀游戏研究成果，特别是能够促进游戏对外贸易发展的高水平图书及论文。第二，鼓励首都高校为游戏研究提供专项科研基金，倡导不同学科的研究者结合自身学科特点，针对游戏产品创新及海外运营展开深度研究，并提供可供首都游戏企业参考的可行性建议。第三，设立中文游戏研究学术期刊，鼓励高校及产业从业者针对游戏出口发表高水平原创成果。第四，支持与游戏相关的国际学术交流，鼓励国内学者及从业者参与全球性的权威国际会议，了解最新的游戏研究动态。

（二）发展游戏教育，为游戏对外贸易提供产业人才

之所以欧、美、日、韩等国家和地区能够形成成熟的游戏市场，是因为这些国家和地区已经建立了成熟的游戏教育体系，为当地的游戏产业提供了高水平的产业人才和成熟的玩家社群文化。以美国犹他大学（The University of Utah）为例，该校开设了多个层次的游戏学位项目，如本科层次的游戏专业和娱乐艺

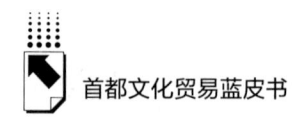

术与工程方向的计算机科学专业、硕士研究生层次的娱乐艺术与工程硕士专业等。不仅如此，该校还通过设置辅修专业和硕士研究生双学位的方式，将游戏与其他专业学习相结合，培养具有游戏思维的复合型的从业者（见表12）。

表12 美国犹他大学开设的游戏相关专业

专业名称	专业类型
游戏	本科主修专业
计算机科学（娱乐艺术与工程方向）	本科主修专业
游戏	本科辅修专业
娱乐艺术与工程	硕士研究生专业
工商企业管理/娱乐艺术与工程	硕士研究生双学位专业

资料来源：https://games.utah.edu/，数据采集日期为2021年4月16日。

在课程设置方面，该校的游戏相关专业提供了跨学科的多样化课程，兼顾技术与人文两个方面。以游戏专业（本科）为例，该专业为学生提供了50多门关联课程，涉及人类学、建筑学、艺术学、古典学、传播学、经济学、物理学、历史学、管理学等20余个学科（见表13）。再以该校知名的娱乐艺术与工程专业（硕士研究生专业）为例，此专业共开设了四个方向，分别与游戏工程、游戏美术、技术美术、游戏开发紧密相关。在课程设置中，既有所有方向的通识课，如虚拟世界、纸质游戏模型、严肃游戏、游戏设计中的叙事、用户体验等，也有为不同方向量身打造的特色课程，如游戏AI（游戏工程方向）、高级游戏美术工作室（游戏美术方向）、游戏商务（游戏开发方向）等（见表14）。

表13 美国犹他大学游戏本科专业的关联课程

课程名称	所属学科	课程名称	所属学科
友谊与社交网络	人类学	电影制作	电影
人类学暴力与非暴力	人类学	故事板/视觉叙事	电影
建筑学导论	建筑学	电影数字媒体中的声音	电影
基础建筑传播	建筑学	性别与社会变迁	性别
建筑图形学	建筑学	名人研究	性别

续表

课程名称	所属学科	课程名称	所属学科
非专业数字摄影	艺术学	性别心理学	性别
世界艺术名作	艺术史	历史学家的技艺	历史学
艺术及视觉文化史导论	艺术史	历史与现在	历史学
经典神话学	古典学	科学、技术与社会	历史学
古典式摔跤	古典学	技术史	历史学
古代神话与宗教	古典学	管理学原理	管理学
媒介与流行文化	传播学	领导高效团队	管理学
传播与关系	传播学	数字及互联网营销	市场营销
离散结构	计算机科学	哲学与伦理困境	哲学
软件实践	计算机科学	工程、伦理与社会	哲学
快速视觉化	设计学	基础物理	物理学
设计史与设计理论	设计学	听觉和视觉的物理学	物理学
设计思维导论	设计学	日常生活中的心理学	心理学
微观经济原理	经济学	人类因素与人体工程学	心理学
电子游戏与叙事	文学	人类表现与工程心理学	心理学
幻想	文学	非专业表演	戏剧
文学、电影与电子游戏	文学	戏剧视觉艺术导论	戏剧
创业方法	创业	声音艺术与数字媒介	写作
企业市场营销	创业营销	流行文化写作	写作
动画技巧导论	电影	数字叙事	写作
流行电影与电视:性别	电影	视觉修辞	写作

资料来源: https://games.utah.edu/prospective-students/bs-in-games/,数据采集日期为 2021 年 4 月 16 日。

表 14 美国犹他大学娱乐艺术与工程硕士专业的课程

	游戏工程方向	游戏美术方向	技术美术方向	游戏开发方向
虚拟世界	√	√	√	√
纸质游戏模型	√	√	√	√
严肃游戏	√	√	√	√
实验游戏玩法	√	√	√	√
游戏设计中的叙事	√	√	√	√
用户体验	√	√	√	√
游戏 AI	√			
游戏渲染制作	√		√	

续表

	游戏工程方向	游戏美术方向	技术美术方向	游戏开发方向
移动游戏全流程	√	√	√	√
游戏系统设计	√		√	√
3D模型制作		√	√	
高级3D角色开发		√	√	
游戏场景美术		√	√	
硬表面模型		√	√	
数字人物雕塑		√	√	
3D材质		√	√	
角色设计		√	√	
高级游戏美术工作室		√		
游戏商务				√
用户界面				√

资料来源：https://games.utah.edu/prospective-students/master-of-entertainment-arts-and-engineering/，数据采集日期为2021年4月16日。

以此为参照，首都地区应建设高水平的游戏教育体系，让优质教育资源惠及更多学生及游戏从业者。第一，在首都本科高校，尤其是公办重点高校，开设游戏相关专业及课程，让一流高校成为首都游戏教育的核心承载者，从而提升游戏教育的效能；第二，培养高水平游戏教育师资，构建游戏教育师资的常规培训机制，以国际交流、短期学习或工作坊的形式，学习国外游戏教育经验，鼓励国内游戏研究者、游戏产业专家、相关学科高校教师开设与游戏相关的精品课程；第三，为游戏专业的学生以及对游戏感兴趣的学生提供多样化的教学资源，为学生提供海外交流学习奖学金，提供充足、有效的实习实训机会及职业指导，鼓励学生参加限时游戏开发大赛及国内外游戏设计大赛；第四，为首都游戏企业的从业者提供高水平的游戏教育课程，尤其是与海外游戏市场和玩家文化相关的教育资源。

（三）促进产业创新，为游戏对外贸易进行产品升级

当前，首都游戏对外贸易产能的主要问题在于，首都游戏出口产品类型的单一与海外用户的多元需求之间存在的矛盾。如上文所述，首都出海游戏

以手机游戏为主,且类型颇为同质化。然而,从历年全球游戏大奖的获奖情况来看,3A 大作和主机游戏更容易获得成熟市场硬核玩家的青睐,更富创意的独立游戏则更符合泛游戏玩家的偏好。

因此,若想在海外市场获得长期稳定发展,首都游戏对外贸易产品势必进行产品升级。一方面,首都游戏企业应在大型电脑游戏和主机游戏品类上进行探索,包括 VR/AR 游戏,用高质量的 3A 游戏作品吸引付费意愿更强的国外玩家群体。另一方面,首都相关机构和组织应为首都地区的独立游戏开发者提供资金和海外发行等方面的大力支持,推动游戏机制及美术风格上的创新,最终使首都游戏对外贸易产出更具多样性的游戏产品。

综上所述,虽然 2020 年首都游戏出口呈增长态势,但涨势变缓,且依然存在同质化、精品少等问题。主要原因在于,首都地区还未形成良好的游戏素养生态,游戏研究和游戏教育体系皆远远落后于海外成熟游戏市场。若想解决上述问题,首都地区需要加大科研投入,鼓励并支持游戏研究,建设高水平游戏教育体系,推动游戏产品升级,为海外游戏玩家提供多样化的精品游戏,让首都游戏成为全国游戏出口的引领者,并让游戏产品成为中国文化海外传播的新媒介。

B.8 首都文化旅游服务贸易发展报告（2021）*

王海文 方朔**

摘　要： 2020年对于首都来说是至关重要的一年，其中文化旅游服务贸易的发展道路尤为曲折。一方面，突如其来的新冠肺炎疫情导致首都文化旅游服务贸易创收能力锐减，企业面临严重生存危机；另一方面，随着"十四五"规划的提出和"两区建设"的推进，首都文化旅游服务贸易未来的发展方向进一步明确，"四个中心"建设也在深入实践中推动文化旅游产业改革进一步深化，文旅融合特征更加明显。2021年，国际形势变化远超以往，入境旅游消费者人数大幅减少，国内其他地区旅游市场成为首都文化旅游服务贸易的重要指向，同时各类扶持和促进政策也纷纷落实，对文旅产业的支持力度大幅增强。当前首都文化旅游服务贸易还存在与科技融合水平需要持续加强、文化特色不够突出、区域协同效果有待提高、国际影响力较弱、文化旅游风险防范体系有待加强等问题。对此，首都文化旅游产业应进一步加快创新融合和转型速度、深入挖掘地区旅游特色、加强多地区战略合作、进一步打造知名国际品牌和完善风险防范体系。

关键词： 文化旅游　服务贸易　北京

---

* 本文为北京市习近平新时代中国特色社会主义思想研究中心项目"到2035年建成社会主义文化强国研究"（项目编号：Z1LLMLB019）阶段性成果。
** 王海文，北京第二外国语学院教授，首都国际服务贸易与文化贸易研究基地研究员、经济学院副院长，研究方向为国际文化贸易、国际服务贸易；方朔，北京第二外国语学院国际文化贸易专业2020级研究生。

突如其来的新冠肺炎疫情使2020年首都文化旅游服务贸易遭受了严重冲击，然而疫情危机下的首都文化旅游服务贸易也面临着发展的重要机遇。在抗疫取得重大战略成果、"四个中心"和"两区建设"深入推进以及科技助力、市场变革等有利因素影响下，2020年首都文化旅游服务贸易发展呈现新的特点和变化。

一 首都文化旅游服务贸易发展现状

（一）文化旅游消费市场规模下滑幅度较大

2020年，北京市旅游总收入为2914.0亿元，下降53.2%；接待游客总人数1.8亿人次，下降42.9%，其中国内旅游收入为2880.9亿元，下降50.9%；国际旅游收入4.8亿美元，下降90.7%（折合人民币33.1亿元，下降90.8%）。人均旅游收入为1584.8元，同比减少约18%。纵观2020年北京文化旅游市场，可以看出国际旅游数据全面大幅下降，而国内市场的下降程度明显较小。2020年，北京市累计接待入境游客34.1万人次，同比下降91.0%；接待外省来京游客9713.0万人次，同比下降49.6%；市民在京游人数为8639.3万人次，同比下降31.2%。受疫情影响，2020年北京文化旅游服务贸易数据全面回落，受到重大冲击。

从主要客源国（地区）来看，2020年，北京市累计接待美国游客5.77万人次，下降90.8%；接待日本游客1.92万人次，下降92.2%；接待韩国游客2.51万人次，下降89.7%；接待德国游客1.71万人次，下降91.4%；接待英国游客1.08万人次，下降92.9%（见表1）。从洲际客源市场情况看，2020年，北京市累计接待亚洲（含中国港澳台地区）游客9.42万人次，下降91.6%；接待欧洲游客7.32万人次，下降92.6%；接待美洲游客7.64万人次，下降90.8%；接待大洋洲游客1.09万人次，下降93.4%；接待非洲游客0.56万人次，下降92.4%。

2020年北京接待入境游客人数较2019年减少超过340万人次（见表2）。

其中，美国游客减少约57万人次，占总减少人数的16.1%。北京接待的来自中国台湾、中国香港、日本、韩国、美国、英国、德国等国家和地区的入境游客人数减少最多，主要是往年来自这些国家和地区的入境游客总数较多，而来自全球各地的入境游客人数同比减少85%~95%，说明疫情冲击十分明显。

表1 2020年北京接待入境游客人数统计

单位：人次，%

主要客源国（地区）	2020年12月		2020年1~12月	
	游客人数	同比增长	游客人数	同比增长
中国台湾	3137	-79.4	25217	-88.6
中国澳门	891	-59.9	4026	-77.2
中国香港	5625	-76.9	47701	-85.2
外国人	21152	-89.8	264060	-91.8
亚洲小计	6266	-93.2	94211	-91.6
日本	1329	-92.5	19237	-92.2
韩国	2398	-85.9	25078	-89.7
蒙古国	5	-99.7	1879	-93.4
印度尼西亚	63	-98.9	2977	-93.3
马来西亚	411	-96.2	5304	-93.5
菲律宾	59	-98.1	1540	-95.1
新加坡	789	-94.0	9194	-92.8
泰国	390	-93.1	4894	-91.4
印度	137	-96.7	4192	-94.4
越南	5	-99.5	488	-97.5
缅甸	3	-99.5	634	-86.2
朝鲜	9	-98.3	441	-94.1
巴基斯坦	61	-92.9	928	-91.4
亚洲其他	607	-94.0	17425	-88.3
欧洲小计	6090	-88.0	73217	-92.6
英国	1156	-81.7	10797	-92.9
法国	704	-87.7	8617	-92.8
德国	1463	-84.7	17088	-91.4
意大利	322	-92.0	4127	-94.0
瑞士	301	-79.1	2296	-92.5
瑞典	88	-93.0	2083	-92.3

续表

主要客源国(地区)	2020年12月		2020年1~12月	
	游客人数	同比增长	游客人数	同比增长
俄罗斯	859	-87.7	9068	-90.5
西班牙	161	-91.2	3000	-93.4
欧洲其他	1036	-92.3	16141	-93.7
美洲小计	7266	-85.7	76366	-90.8
美国	5494	-86.1	57682	-90.8
加拿大	1334	-79.6	12195	-87.8
美洲其他	438	-90.7	6489	-93.6
大洋洲小计	882	-89.6	10897	-93.4
澳大利亚	743	-89.6	9056	-93.6
新西兰	131	-89.7	1451	-93.4
大洋洲其他	8	-91.4	390	-86.7
非洲小计	504	-90.6	5612	-92.4
其他小计	144	-87.5	3757	-76.3
合计	30805	-87.7	341004	-90.0

资料来源：北京文化和旅游局网站。

表2　2019~2020年北京接待入境游客人数对比

单位：万人次，%

主要客源国(地区)	2019年		2020年	
	入境人数	同比增长	入境人数	同比增长
中国港澳台地区	56.1886	-7.28	7.6994	-86.3
日本	24.6675	-0.8	1.9237	-92.2
韩国	24.2365	-2.1	2.5078	-89.7
新加坡	12.6815	3.2	0.9194	-92.8
英国	15.2722	-4.2	1.0797	-92.9
法国	11.9959	-5.2	0.8617	-92.8
德国	19.7940	1.9	1.7088	-91.4
美国	62.9287	-12.6	5.7682	-90.8
加拿大	9.9822	-34.1	1.2195	-87.8
合计	376.8958	-5.9	34.1004	-91.0

资料来源：北京市文化和旅游局网站。

从旅游区（点）活动情况来看，2020年总收入共42.4亿元，同比降低52.4%。其中，门票收入共20.1亿元，同比降低61.3%；商品销售收入共

1.32亿元,同比降低45.5%;其他收入21.0亿元,同比降低39.5%。与2019年相比,旅游区(点)的门票收入占总收入的比重大幅下降,受疫情影响较大,而商品收入基数很小,难以发挥更重要的支撑作用。北京旅游区(点)的收入结构受疫情影响,需要及时优化。

从旅行社组织的出境旅游情况可以看出,2020年全年,由北京市旅行社组织出境的旅游人数为47.2万人次,下降90.3%(见表3)。其中,出境游排名前5的国家分别是:前往日本7.8万人次,下降91.9%;澳大利亚4.8万人次,下降69.1%;泰国4.2万人次,下降91.7%;韩国2.1万人次,下降90.0%;新加坡2.0万人次,下降84.8%。

表3 2020年由北京市旅行社组织的出境旅游人数

单位:人次,%

主要前往地	2020年第4季度	同比增长	2020年第1~4季度	同比增长
中国香港	3	-100.0	4174	-96.0
中国澳门	21	-99.9	8458	-92.6
中国台湾	15	-99.7	2242	-95.4
泰国	1	-100.0	41986	-91.7
新加坡	18	-99.9	19853	-84.8
马来西亚	8	-100.0	13925	-88.3
韩国	2	-100.0	20689	-90.0
日本	237	-99.9	77575	-91.9
德国	4	-100.0	8158	-94.7
法国	15	-100.0	11053	-94.3
意大利	0	-100.0	11029	-93.7
瑞士	0	-100.0	8484	-94.6
澳大利亚	112	-99.8	48013	-69.1
美国	31	-99.9	9665	-93.5
合计	798	-99.9	472038	-90.3

资料来源:北京市文化和旅游局网站。

前往中国港澳台地区旅游的人数呈现大幅下降趋势(-94.4%),前往中国香港旅游的人数为4174人次,减少了96.0%;前往中国澳门旅游的人数为8458人次,减少了92.6%;前往中国台湾旅游的人数为2242人次,减少了95.4%。从中可以直接看出疫情对北京文化旅游服务贸易的影响。

(二)文旅融合工作持续推进

2020年,北京市政府进一步深入推动文化和旅游融合,在将疫情影响降到最低的同时,争取尽快形成文化特色凸显、产业特征明显、社会效益与经济效益并举的文化旅游项目。

以北京市各区为例,东城区搭建"故宫以东"大平台,助力文商旅融合发展;举办"戏剧东城"系列品牌活动,不断积蓄行业发展新动能。西城区深入推进"书香西城"建设,让阅读服务更加优质便捷;制定《西城区住宿业转型升级实施方案》,降密提质工作进展顺利。朝阳区出台文旅融合实施办法,评定10家示范园区、10个消费街区、10条线路。丰台区高标准建设区图书馆新馆,基层文化建设取得突破;开展"国潮夜游节"等"夜赏丰台"活动,促进文旅消费。门头沟区举办第十四届永定河文化节,推出"永定河红色文化之旅"和"京西古道绿色之旅"。密云区大力推进云蒙山景区二期等项目建设,培育高质量文化和旅游产品;举办"第十七届鱼王文化节"等活动,推出70余条旅游线路。[①]

北京近年来力争打造高质量康养旅游项目,其中生态涵养发展区的康养旅游产业建设情况良好。2020年8月17日,延庆区召开全域旅游工作大会,部署了延庆区全域旅游三年行动计划及"全域旅游示范乡镇"创建工作。延庆将用三年时间丰富和完善文旅产业要素,建设"春华秋实、冬暖夏凉"的国际化旅游休闲度假和生态康养目的地,全力推动延庆全域旅游发展再上新台阶。2020年11月3日,中国林业产业联合会发布《2020年全国森林康养基地试点单位遴选结果公示公告》,确定包括密云区仙居谷森林康养基地在内的224家单位为第六批全国森林康养基地试点建设单位。

---

① 《2020年北京市文化和旅游局工作总结》,北京市文化和旅游局网站,2021年1月8日,http://whlyj.beijing.gov.cn/zfxxgkpt/zdgk/ghjh/202101/t20210108_2209844.html。

演艺旅游方面，北京市政府结合时事，推动创作出一批优秀的演艺作品，北方昆曲剧院推出《端正好·楚江吟》《丹心映日护人寰》《苍生大医》等昆曲唱段；创推抗疫主题昆曲元素话剧《逆行者》；北京交响乐团推出线上"首都市民音乐厅"《艺术抗"疫"》专辑，观看人数近5000万人。同时，利用最新技术为传统演艺节目注入新活力，创新举办全国首个5G直播的戏曲文化活动——"2020年中国戏曲文化周"，线下演出180场，线上直播点击量和视频网络播放总量超过2000万次。2020年"中秋""国庆"双节期间，北京市举办营业性演出共计88台436场，吸引观众12.6万人，票房收入2470.8万元；在演出场所的演出场次限量75%的防控政策下，演出场次已恢复至2019年国庆假期的75.7%，观众数量已恢复至61.2%，票房收入已恢复至60.7%。假日期间全市共组织各类公共文化活动469项1593场，参与市民群众约925万人次，线上线下参与热情高涨，参与人次较2019年同期增长11倍左右。①

（三）文化旅游投融资促进高质量发展

2020年北京在促进旅游投融资方面不断加强创新探索。北京市文化和旅游局与北京产权交易所完成会商，于2020年2月11日向社会发布了北京旅游资源交易平台和京郊旅游投融资服务平台，在疫情防控时期对北京市旅游企业挂牌项目免收挂牌费，无偿提供投融资咨询服务。同年9月，世界旅游合作与发展大会在中国国际服务贸易交易会举办期间隆重举行；在特别设立的旅游投融资大会上，签约总额达157.1亿元人民币。

在文化旅游投融资不断增速的同时，北京文旅服务质量持续提高。截至2020年底，北京已累计创建38个中国美丽休闲乡村、32个全国乡村旅游重点村，共有699家精品民宿品牌、6000余个星级民俗接待户。2020年9月28日，昌平区文化旅游局会同区金融办、昌平区农业农村局等部门，加强

---

① 《国庆中秋双节北京文旅市场持续回暖，文旅消费升级特征明显》，北京演出行业协会网站，2020年10月26日，http://www.bjycxh.com/news/696.html。

与北京农商银行昌平支行、北京市农业融资担保有限公司等金融机构的合作，推出服务昌平乡村旅游的特色金融产品，及时开辟贷款审批绿色通道，缩短审批时限，为首批10户星级民俗户提供贷款300余万元，北京农商银行优化昌平区特色乡村旅游贷款产品准入标准后的首次尝试，为接下来金融服务采取"银行+政府+担保公司+乡村旅游经营单位"的批量化拓展模式奠定了基础。[1] 10月15日，北京召开"2020年乡村民宿发展推进会"，部署落实《关于促进乡村民宿发展的指导意见》，并为23个村颁发第二批"全国乡村旅游重点村"标牌，公布13个村新入选"中国美丽休闲乡村"。

（四）相关支持促进政策陆续落实

2020年，北京市政府陆续下发并实施了一系列针对文化旅游服务的政策，在对受疫情影响的文旅企业伸出援手的同时，深入贯彻落实各文件精神，积极开展文旅行业创新改革工作，加大对外交流力度，提升产业活力。

在疫情援助方面，政府着力对各文旅企业进行资金扶持，保障人员就业，同时拉动文旅市场需求。3月13日，北京市文化和旅游局印发《关于应对新冠肺炎疫情影响促进旅游业健康发展的若干措施》，通过税收减免、简化投融资路径、加大租金补贴力度等途径减轻企业资金压力，通过落实就业技能培训补助和各地区就业政策的方式加强对企业人员的保障力度，通过政府采购、促进新业态文旅市场消费的方式拉动市场需求。除此之外，还有根据《北京旅游商品扶持资金管理办法》出台《关于使用2020年旅游发展补助资金支持旅游企业共渡难关的通知》等，进一步落实对企业的援助。

2020年9月4日，印发并实施《北京市文化和旅游局"两区"建设工作推进方案》（以下简称《方案》），落实推进政策落地、赋能区域发展、提振入境游市场、促进项目落地、健全保障机制等五方面措施。《方案》中，政府着重指出首都文化旅游服务的重要性，要求从制度创新、产业园区建

---

[1] 《昌平区文化和旅游局携手多部门推动金融 助力乡村旅游工作》，北京市文化和旅游局网站，2020年9月28日，http://whlyj.beijing.gov.cn/zwgk/xwzx/hycz/202009/t20200928_2101358.html。

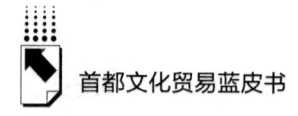

设、对外交流、服务特色化等方面提高文旅服务供给水平,推动全国文化中心建设迈上新台阶,为推进社会主义文化强国建设提供"北京样板"。

在"四个中心"战略规划下,在文化内容上,北京及时复工复产,在确保疫情防控工作正常进行的情况下恢复文化演出行业的正常运行。9月23日,北京市文化和旅游局根据《文化和旅游部市场管理司关于印发〈剧院等演出场所恢复开放疫情防控措施指南〉等的通知》要求,实施疫情防控期间演出票价补贴政策,切实保障了北京市各演艺企业的业务发展。

作为"国际交往中心",北京充分发挥了文化交流对旅游服务贸易的带动作用。北京市文化和旅游局的数据显示,2019年,北京市文旅局共受理访问国外及港澳台地区文化交流项目123批次2976人次;引进国外及港澳台地区共45批次2488人次。同时,北京通过参加各类国际性文化旅游展会来提升自身文旅影响力。11月8~10日,"北京礼物"精彩亮相"第十五届中国义乌文化和旅游产品交易博览会"。11月20日,北京市文化和旅游局组团参加"第二十一届海南国际旅游岛欢乐节"。12月8~10日,北京市文化和旅游局组团参加"2020中国—东盟博览会旅游展"。

此外,2020年政府还出台一系列引导性政策(见表4),在促进文化旅游消费、扩大文化旅游领域开放以及提升旅游与产业融合等方面发挥作用,主要通过完善市场规则、规范市场运行机制的方式引导文化旅游行业走上正确的发展道路。

表4 2020年文化旅游部分政策颁布情况

政策文件	颁布日期
《中共北京市委关于新时代繁荣兴盛首都文化的意见》	2020年4月10日
《北京市入境旅游奖励与扶持资金管理办法》	2020年6月17日
《北京市文化旅游体验基地认定及管理办法(试行)》	2020年10月22日
《北京市旅游市场黑名单管理办法(试行)》	2020年12月14日
《北京市文化和旅游行业信用分级分类监管管理办法(试行)》	2020年12月14日
《北京市文化和旅游行业失信信息信用修复与异议处理办法(暂行)》	2020年12月14日

资料来源:作者根据互联网公开资料整理。

二 北京市文化旅游服务贸易发展中面临的问题

(一)文化旅游服务贸易与科技深度融合的水平有待提升

信息化时代,科技与产业融合已经成为大势所趋。从文化旅游领域来看,新科技革命对于企业来说可以减少运营成本、提高运营效率、增强国际竞争力,对于游客来说可以扩大消费渠道和降低消费成本。《中国旅游业创新和 IP 发展报告》也指出,从创新路径来看,新技术、资本、企业家能力、市场需求和制度因素构成了旅游业创新驱动的"新钻石模型"。然而北京文化旅游服务贸易与科技深度融合的水平有待提升,对于大数据、云计算、人工智能、区块链、虚拟现实等新技术、新产品的运用较少,疫情发生后虽然有所推动,但力度仍然不够。同时,在游客与旅游区或旅游机构的信息沟通层面,科技融合水平也较低,游客的反馈信息难以及时传递给提供商,使得信息传递机制没有充分发挥作用。

(二)文化旅游特色不够明显

在文化旅游领域,首都虽然拥有较高的服务供给质量,但和国内其他地区相比,还不能充分凸显自身的文化旅游特色,换言之,即旅游服务中的首都文化特色还不够突出。北京传统文化中,除了故宫、长城、京剧、胡同等已较好地融入了旅游服务体系外,传统手工艺、传统食品、各类老字号、文学艺术等很多内容还处于待开发状态,拥有极高的经济价值潜力。对首都已有的旅游产业而言,乡村旅游、康养旅游等项目并不能完全体现其自身特色,文化旅游资源散、价值链尚未构建完善,影响力还不强,不足以支撑起其特有的文旅体系建设。

(三)文化旅游服务贸易区域协同效果有待提高

北京文化旅游服务贸易存在"京津冀"文化旅游协同发展机制仍需优化、文化资源有待进一步开发的问题。京津冀三地拥有丰富的自然文化遗产与非物质文化遗产，尤其作为文化之都，北京拥有诸多文化资源，理论上具有非常强的国际竞争力。截至2020年，北京市拥有国家级非遗代表性项目102个、市级代表性项目273个、区级代表性项目909个，京剧、皮影戏等项目被列入联合国教科文组织人类非物质文化遗产代表作名录，共有国家级代表性传承人105人、市级代表性传承人254人、区级代表性传承人731人，第五批北京市级非遗代表性项目申报工作正在进行当中；河北省拥有国家级非遗代表性项目148个，共有国家级代表性传承人149人，然而这些文化遗产资源并未对三地的文化旅游起到明显的带动作用，当前这些国家级文化遗产分布较为分散，且开发程度较低，难以对游客产生吸引力。

此外，2020年各国出入境限制政策确实对首都入境旅游消费产生巨大影响，但也反映出区域协同发展存在科技创新力度不足、线上服务高水平开展不足等问题，区域协同发展仍存在较大挖掘潜力。

（四）首都文化活动国际影响力有待提升

当下北京文化活动内容的国际影响力还不强，产品和服务质量依旧有待提升。虽然北京在文化活动的举办上已收获一定的成果，如成功举办长城文化节、"京·彩"北京文化网络传播活动、北京朝阳国际文化旅游节、2020北京国际光影艺术季活动、北京国际茶产业博览会等，且在推动市民参与文化活动上取得一定的成就，但并不能有效地直接创造经济收入，尤其在疫情发生后，各种展会并没有与旅游区或旅游点形成联动机制。北京文化活动形式比较单一，大多为会展类活动，受众面较为狭窄，不足以吸引到大规模观众；活动宣传与品牌塑造手段匮乏，大多与北京传统文化联系在一起，缺乏体现时代性的新文化产品，难以吸引国外年轻游客；文化活动的体验形式大多为间接式，自由体验比较缺乏，难以激发游客的兴趣。

（五）文化旅游风险防范体系仍不够完善

受疫情影响，北京市及时出台了一系列针对文旅企业的临时性保护政策，但文旅行业已经受到巨大影响，年度统计产值下降过半，这说明北京市文化旅游的风险防范体系仍不够完善，应对重大风险的能力有待提升。当前北京市尚未有完全针对文化旅游风险的政策出台，而文化旅游的消费者需求以人为载体，市场波动性更大，更需要系统性的风险防范和制度保障。从政府角度来看，不够完善的风险防范体系会增加风险发生时政府的工作量，降低应对措施的准确性和针对性。此外，疫情期间保护措施不到位会产生更大的运营风险。从文化旅游企业的角度来看，对于中小型文旅企业而言，储备资金数量不足，应对重大风险能力不足，如果缺乏政府对风险防范的支持和保障，则生存维艰。

三 促进北京市文化旅游服务贸易发展对策建议

（一）进一步提升科技融合力度

文化旅游产品供给的效率和成本是企业生存的关键。在数字化时代，将文化旅游产业与数字化结合，将大大提升产品的供给效率以及降低供给成本。新冠肺炎疫情这一全球重大公共卫生事件所产生的影响，也表明加强科技与文化旅游融合、全面普及 AR 和 VR 技术以构建线上旅游新平台、通过数字技术提升运营能力等数字化进程已经迫在眉睫。通过大数据、云计算、区块链等信息技术搭建全域智慧旅游平台，对旅游活动、文化旅游资源、国家政策、世界趋势进行实时的信息提供和分析，全面提高文化旅游产品以及周边服务的供给质量和效率。通过多语种语料库大量搜集和处理分析各国游客基本信息，以提供客户定制化服务和明确企业发展方向。此外，将"新发展理念"深入贯穿到文化旅游与科技融合的全过程中，促进绿色游、科技游、健康游等发展，大幅提升北京文化旅游的国际形象。

（二）大力强化首都文旅服务特色

北京应进一步挖掘首都文旅服务特色，应重视对各类文化项目的价值评估，坚持社会效益和经济效益高度统一，在做好文化传承的同时，争取通过旅游形成更有效的传播路径，全方位推动各类文化与旅游项目的融合，更加彰显北京的亮点和特色。而针对已有的服务项目，应积极推动内容创新与管理体制创新改革，进一步增强其文化赋值和文化内涵。要大力扶持引导具有北京特色的文化旅游企业共同体建设，推动文化旅游价值链的构建、提升和国际拓展，通过促融、建链、构网、外拓，加强文旅市场供求对接，大力强化首都文旅服务的优势和特色。

（三）进一步提升文化旅游区域合作

从区域协同的角度看，北京在"京津冀"旅游发展中要更加注重发挥三地特长，进一步完善三地交通、通信等体系的建设，以加强区域互联互通，增强相关资源要素信息等共享，加强文化遗产的保护，通过数字化的方式创造具有吸引力的文旅产品和服务。此外，针对共建"一带一路"国家和地区，北京应进行更加系统性、针对性的文化旅游产品和服务的供给，增强精准供求，打造北京旅游特色精品项目，促进中华文化在共建"一带一路"国家和地区的传播。此外加强在共建"一带一路"国家和地区内的宣传和营销，通过文化活动、文化交流、文化合作、文化投资等方式扩大中华文化、北京特色文化的国际影响力，同时加强与共建"一带一路"国家和地区的基础设施，尤其是新基建领域的合作，为文化旅游服务贸易的开展奠定了坚实的基础。

（四）提升国际性文化品牌竞争力

北京虽然有众多举世闻名的文化旅游资源，例如长城、故宫及各种表演艺术等，常年吸引大量游客前来参观，但这些文化旅游资源仍有相当大的挖掘和提升空间。北京一方面应大力支持推动各类文化旅游企业对这些文化旅游资源进行创新利用，通过数字化的方式推出顺应时代发展变化的新产品、新服务，创新文化旅游新业态，以吸引国外游客；另一方面应充分彰显北京传统文化、红色文化等文化资源特色，建设与世界城市和国际文化名城相符的首都文化旅游创新和发展体系，以全方位提升北京文化旅游服务贸易的国际竞争力。

（五）构建全面文化旅游风险防范体系

在大力发展文化旅游服务贸易的同时，北京应加强文化旅游对外风险的防范。首先应大力推进风险防范体系和机制的建设，明确相关部门职责，加强社会参与和扶持力度，及时监控和防范风险。其次，应加强数字技术的运用，共享数字信息，将大数据、云计算等优势运用在风险预警、部门协调联动中。此外，文化旅游企业也应当建立自救互助保障机制，在重大风险来临时能及时应对，将损害程度降到最低。政府应进一步调整对中小型文旅企业的保障力度和引导方式，以更好地适应疫情防控常态化下世界旅游的发展趋势。

参考文献

柳忠勤、党立倩：《疫情与旅游转型——访中国国土经济学会副理事长、北京第二外国语学院校长助理、中国文化和旅游产业研究院院长邹统钎》，《今日国土》2020年第6期。

赵继敏：《北京城市副中心文化旅游产业发展策略》，《合作经济与科技》2021年第3期。

申志红：《北京顺义：抓紧疫情防控常态化契机推进文旅融合》，《消费日报》2021年1月13日。

B.9 首都艺术品对外贸易发展报告（2021）

程相宾 储琪*

摘　要： 2020年，受国内外疫情及全球经济不确定性的影响，首都艺术品市场规模有所缩减，对外贸易成交额呈下滑趋势。在艺术品贸易方面，北京艺术品进出口总额各月份同比大多有所下降，且均存在较大的贸易逆差。但随着国内疫情防控取得一定成效，首都艺术品进出口额逐步回升，在第三季度逐步接近2019年同期水平。在艺术品市场方面，线上展览与交易迎来了新的发展机遇，云展览、线上拍卖等多种新模式应运而生，成为疫情防控常态化时期首都艺术品市场增长的新亮点。虽然近年来艺术品市场逐步规范，艺术品品类结构逐步丰富，但是我国艺术品贸易仍存在出口规模小且呈现贸易逆差的局面。综合来看，首都艺术品贸易主要存在出口竞争力不强、艺术品税收较高、艺术园区发展缓慢、市场管理有待进一步完善等问题。

关键词： 艺术品市场　对外贸易　北京

党的十九届五中全会提出"到2035年建成文化强国"的战略目标，是党的十七届六中全会提出建设社会主义文化强国以来，党中央首次明确了建

---

* 程相宾，北京第二外国语学院经济学院讲师，硕士生导师，中国服务贸易研究院研究员，研究方向为文化产业、文化贸易；储琪，北京第二外国语学院经济学院国际商务专业硕士研究生。

成文化强国的具体时间表。近年来，我国越来越注重文化事业和产业的发展，其中同时具有文化价值和收藏投资价值的艺术品备受关注，随着经济发展和居民收入的提升，艺术品作为财富管理的重要组成部分已被市场逐步认可。作为文化中心和国际交往中心的北京拥有得天独厚的古都历史文化底蕴和浓厚多彩的艺术氛围，潘家园、琉璃厂是传播传统艺术的大型交易市场，798艺术区、宋庄艺术区是现当代艺术家的主要聚居地。此外，保利、嘉德、匡时、荣宝斋等著名拍卖行都集聚在北京，毋庸置疑，北京是中国艺术品交易以及艺术品对外贸易的中心城市。

一 首都艺术品市场宏观政策

（一）国家层面政策

1. 艺术品市场管理

随着十多年来国家有关政策的相继出台，我国艺术品市场的监管制度逐步完善，交易环境日益公平健康。2010年"十二五"规划提出"加快发展文化产业、推动文化产业成为国民经济支柱性产业"，次年文化部发布了《文化部关于加强艺术品市场管理工作的通知》，通知强调要大力加强艺术品市场的建设，积极支持画廊行业的发展，深化艺术品市场诚信制度建设，推动艺术品行业协会建设，规范艺术品市场秩序，推动艺术品行业的健康发展；同年发布的《关于贯彻落实国务院决定加强文化产权交易和艺术品交易管理的意见》，规定了文化产权交易的基本条件、审批流程，进一步优化了文化产权交易的市场环境；2016年文化部新修订的《艺术品经营管理办法》，将"美术品"改为"艺术品"，将进出口、鉴定、评估、租赁、经纪、网络、以艺术品为标的物的投资等经营活动及服务纳入规范以及管理范围，此外该办法明确艺术品经营过程中网络交易与正常交易实行同等规则，修正新型艺术品经营市场中不规范的行为，为艺术品市场公平健康发展提供了政策支持；2018年文化和旅游部印发的《全国文化市场黑名单管理办法》完

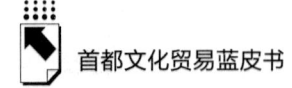

善了艺术品市场的监管制度，规定了艺术品市场的非法行为以及相应处罚措施，为艺术品市场提供了公平的交易环境。2020年疫情发生后，为了缓解艺术品经营企业资金压力，促进艺术品行业走出困境，国家税务总局明确小型微利企业和个体工商户可延缓缴纳企业所得税，并将企业所得税税率下调至5%。

2. 艺术品拍卖

近年来，国家文物局多次出台相关政策，从多方面对拍卖市场进行规范。2016年《文物拍卖管理办法》提出不再明确区分一、二、三类文物拍卖经营范围，所有取得文物拍卖资格的拍卖企业均可参与互联网文物拍卖活动等政策，厘清了市场与政府的关系，在保证文物安全的前提下，激发企业经营活力，进而达到繁荣文物拍卖市场的目的。2017年印发的《国家文物事业发展"十三五"规划》提出要完善文物经营资质审批和文物拍卖标的审核备案制度，加强网上文物和线下文物市场交易监管，建立文物经营主体信息信用公示系统和违法失信"黑名单"管理制度。《中华人民共和国文物保护法》（2017修正）要求省级文物行政部门建立文物购销和拍卖信息信用管理系统，明确拍卖结束后三十日内备案等内容，同时增加了对文物经营主体违反相关规定的惩罚条款，对完善拍卖流程系统、规范市场行为起到有效作用。

3. 进出口关税

中国与国外的艺术品市场发展存在较大差异的主要原因之一是税收政策的不同，适当的税收优惠政策无疑能够促进艺术品市场的发展。总体来说，近几年我国对艺术品关税进行了多次下调，但我国艺术品的税收仍处于一个较高水平。《国务院关税税则委员会关于2012年关税实施方案的通知》将版画、雕版画、优化、印刷画、雕塑品原件等的进口关税由原来的12%调整到6%，试行一年后，2016年继续下调至3%，虽然进口关税下调至1/4，但除了进口关税之外，高达17%的增值税一直未做调整。此外，进口关税的下调只针对原作，复制品需征收14%的进口税。2018年5月，国务院关税税则委员会发布《关于降低日用消费品进口关税的公告》（税委会公告

〔2018〕4号）中将"唐卡以外的手绘油画、粉画及其他画"、"各种材料制的雕塑品原件"、"雕版画、石印画、印制画的原本"的3%的暂定税率进一步下调至1%；而将唐卡的12%现行最惠国税率下调至6%；另将"拼贴画及类似装饰板"、"手绘油画、粉画和其他画的复制品"由14%的现行最惠国税率下调至6%，这是我国艺术品进口关税税率的又一次下调。近几年我国进口增值税税率也有一定调整。2019年3月，财政部、税务总局和海关总署联合发布关于深化增值税改革有关政策的公告，原适用16%税率的，税率调整为13%，进而大部分艺术品进口增值税税率降为13%。随着进口关税税率和进口增值税税率的下调，虽然相比发达国家我国艺术品税率较高，但其变化在某种程度上正向地影响了国内艺术品市场。该举措不仅会使归属我国的文物回流数量增加，还会降低国外艺术品进入我国的难度。

（二）北京市相关政策

首都北京是我国文化中心和国际交往中心，在2020年新冠肺炎疫情给社会带来重创之际，国家和北京政府相继出台多项政策来帮助首都艺术品市场进一步发展。2020年2月《中共北京市委关于新时代繁荣兴盛首都文化的意见》中明确指出，提升城市建筑和城市环境的艺术品质，实施"漫步北京计划"，加强地理要素与文化内涵的关联表达，提高版权、影视、演艺、音乐、网络游戏、网络视听、图书、旅游、会展、艺术品交易等领域的国际竞争力；4月《北京市推进全国文化中心建设中长期规划（2019—2035年）》正式发布，该文件强调要建立功能完备、设备齐全、交易活跃的艺术品交易中心，进而探索促进国际文物艺术品交易、创新艺术品保税交易的模式，培育艺术品交易专业化技术人才和经营团队；9月《国务院关于深化北京市新一轮服务业扩大开放综合试点建设国家服务业扩大开放综合示范区工作方案的批复》中提出，开展艺术品快速通关及相关仓储等服务，对区内影视类文化企业制作的影视作品，文化企业股权转让平台等以试点方式开展文化金融项目，支持隆福寺地区打造高质量的艺术品服务平台；9月21日国务院颁布的对外经贸合作法案《中国（北京）自由贸易试验区总体方案》

中提到，要积极探索创新综保区内国际高端艺术展品担保监管模式。2020年北京政府高度重视本地艺术品的发展和对外贸易，多次出台相关惠利政策，以期能促进首都艺术品的发展以及提升对外贸易的竞争优势。

二 首都艺术品市场概况

在新的宏观经济形势下，首都艺术品市场面临着调整与变革。与往年相比，2020年首都艺术品市场受疫情影响严重，本该在春季举办的首都各大艺博会被取消或延期，众多博物馆、美术馆以及画廊等不得不取消上半年的展览计划。春季是拍卖品征集的关键阶段，当时各省市以及境外采取的防疫措施使拍卖企业无法外出征集看货，作为人群密集交易模式的线下拍卖会更是无法如期举办。但在疫情发生后，出现了"在线展厅""云展览"等许多新的画廊运营理念，大多数拍卖公司相继展开了线上拍卖。由于我国疫情在短期内得到了控制，以及在北京政府发布"允许中小微企业延迟交纳社保金、各种税收"等政策利好的前提下，首都主要艺术品展览、交易市场逐步恢复生机。

（一）一级市场

受到疫情影响，首都艺术品一级市场遭遇了巨大的冲击，大多数博物馆、美术馆、画廊的线下展厅第一季度都处于"闲置"状态；但从第二季度开始，中国经济逐步恢复，并成为全球唯一保持正增长的主要经济体，加上各级政府出台的扶持政策落实到位以及疫情防控的效果显著，国内艺术品一级市场的"内循环"运转良好。

虽然2020年我国画廊举办展览的展品数量较往年有所减少，参加线下艺博会的展品数量也大大缩减，但是画廊展览和艺博会的成交率明显好于往年。雅昌艺术市场监测中心[①]数据显示，超过70%的展览、艺博会平均能售

---

① 参见雅昌艺术市场监测中心网站，https：//amma.artron.net/artronindex.php。

出30%以上的展品，接近50%的展览、艺博会能售出一半的展品。由于艺术品行业的特殊性，市场的冲击使艺术品的价格进一步调整，不少藏家可以用较低的价格买下平时没有能力购买的作品，所以疫情防控常态化时期会有更多的新藏家进入市场，很大程度上促进了国内艺术品一级市场的"内循环"。

从2020年"雅昌指数月度画廊影响力榜单"展览分布区域来看，北京画廊展览入榜的次数最多，占比达到47%，而排第二名的上海画廊入榜次数占比仅有20%，说明北京的艺术展览在国内有着很大的优势。疫情的发生使多数画廊积极拓展线上平台，加大投入布局线上展览。因此，2020年线上展览首次入榜并达到了5%，成为艺术展览的新生力量。根据雅昌艺术市场监测中心的调查，在2020年我国画廊成本投入的组成部分上，除了日常支出、展览支出、艺术家合作相关费用等画廊大量开支内容外，线上展厅技术方面的投入是2020年画廊一项全新的开支，且占比达到了7%（见图1），线上展览逐渐成为画廊展览的重要组成部分。

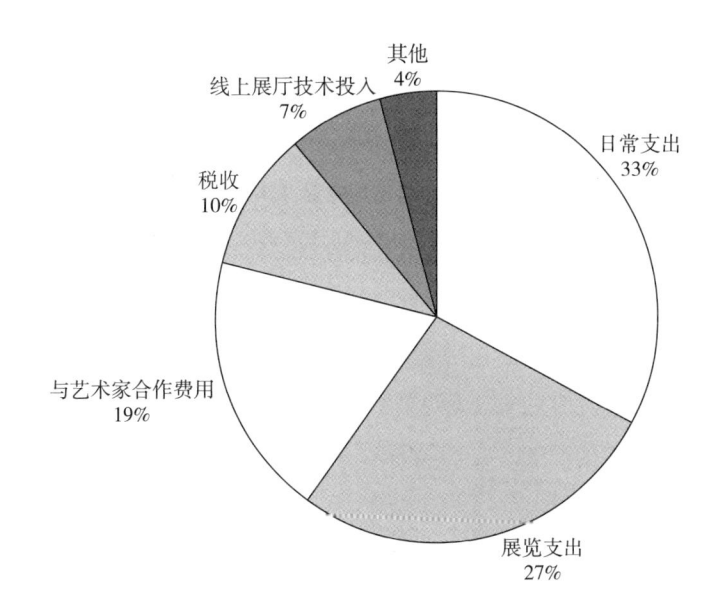

图1　2020年我国画廊成本投入组成情况

资料来源：雅昌艺术市场监测中心（AMMA），统计时间为2020年12月11日。

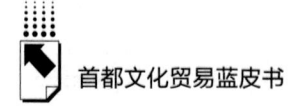

（二）二级市场

受疫情影响，由众多艺术品拍卖公司组成的中国艺术品二级市场受到较大冲击，总体上全年艺术品成交量、成交额均出现了较大幅度缩水。从各地区成交量占比来看，北京仍保持领先地位，全年艺术品成交量、成交额均排名第一。如图2、图3所示，北京地区的优势尤为凸显，成交量占比高达全国总成交量的61%，成交额比重为全国总成交额的49%，分别比香港地区高出46个和13个百分点，说明北京占据全国艺术品拍卖的绝对优势。

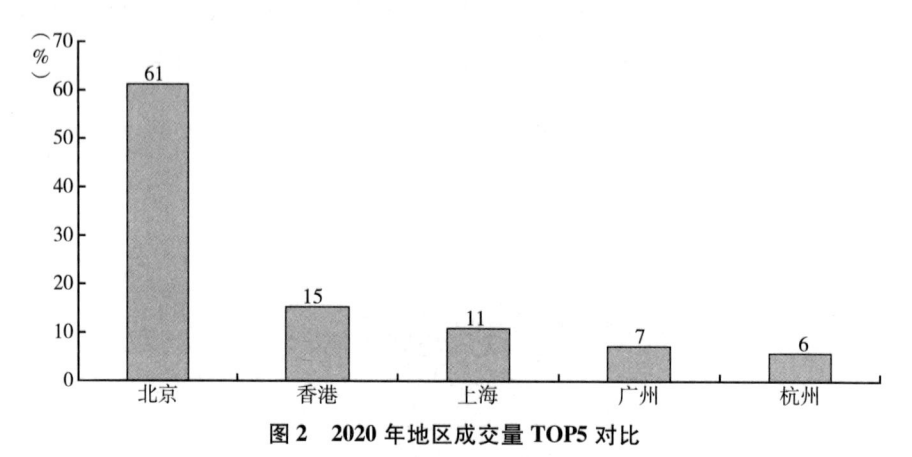

图2 2020年地区成交量TOP5对比

北京	香港	上海	广州	杭州
61	15	11	7	6

资料来源：雅昌艺术市场监测中心（AMMA），统计时间为2020年12月11日。

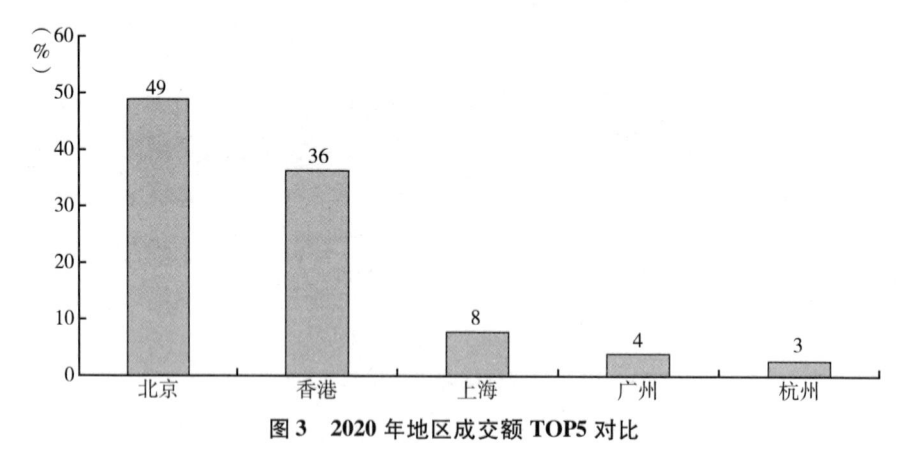

图3 2020年地区成交额TOP5对比

北京	香港	上海	广州	杭州
49	36	8	4	3

资料来源：雅昌艺术市场监测中心（AMMA），统计时间为2020年12月11日。

近十年来，北京艺术品拍卖市场发展相对平稳。如图4所示，2011~2020年，北京地区艺术品拍卖的上拍数量基本呈现下降趋势，说明艺术品拍卖市场上拍门槛逐年增高，监管力度加大；成交量下降的幅度小于上拍数量，说明拍品成交率有所上升；2020年成交额较2011年水平下降明显，但近年来呈现出相对平稳的趋势。受疫情的影响，2020年北京拍卖成交量和成交额较2019年有明显下降。其中，艺术品上拍量为79962件，同比减少43.7%；成交量为43799件，同比减少46.25%；共计成交173.03亿元人民币，同比减少18.2%。

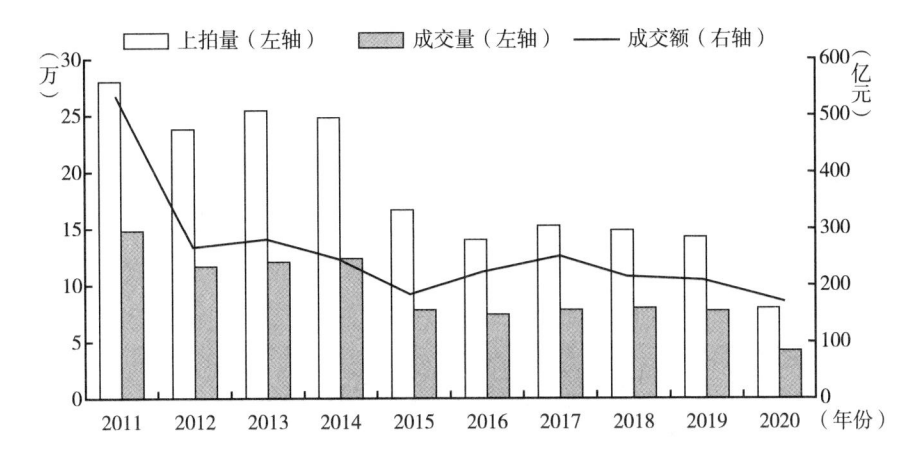

图4 2011~2020年北京地区艺术品拍卖走势

资料来源：雅昌艺术市场监测中心（AMMA），统计时间为2020年12月11日。

如图5、图6所示，在拍卖的三大品类中，瓷器杂项板块成交量位居榜首，占比达64%，但由于价格相对比较低，成交额只占拍卖总额的34%。2020年北京瓷器杂项板块成交量大体现了近年来文物回流的显著特点。由于香港地区瓷器杂项市场行情不好，不少卖家寻求与内地的拍卖公司合作，但是由于瓷器杂项的鉴定复杂、市场价偏低，70%的拍品成交价在5万元人民币以下。相反，中国书画板块以量少价高的特点出现在拍卖市场，成交量仅占33%，而成交额占比却达53%，即拍卖总额的一半都来自中国书画。2020年在国内拍卖市场上最引人瞩目的成交品是在北京保利拍卖十五周年

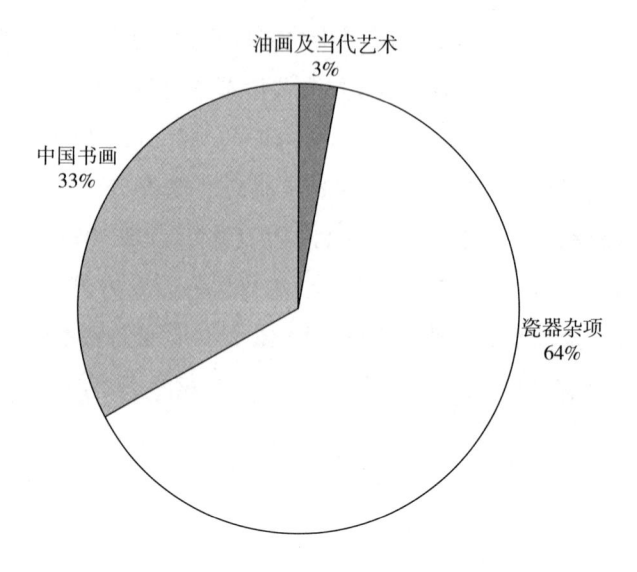

图 5　2020 年北京地区艺术品三大品类成交量

资料来源：雅昌艺术市场监测中心（AMMA），统计时间为 2020 年 12 月 11 日。

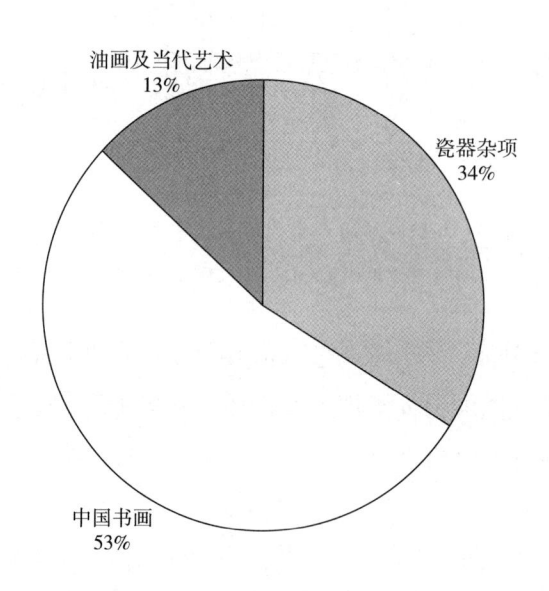

图 6　2020 年北京地区艺术品三大品类成交额

资料来源：雅昌艺术市场监测中心（AMMA），统计时间为 2020 年 12 月 11 日。

庆典拍卖会上吴彬的《十面灵璧图卷》，这件风格独特、流传有序的中国书画精品最终以5.129亿元人民币的高价成交，这个成交额不仅创下了吴彬个人作品价格的新纪录，也创下了中国古代书画在全球拍卖的最高记录。北京地区2020年油画及现当代艺术市场平稳发展，作品均价提升72%，成交量占总成交量的3%，成交额占总成交额的13%。虽然关注当代艺术的藏家较少，国内嘉德拍卖、北京保利等拍卖公司的20世纪及当代艺术作品的专场仍具有较为稳定和扎实的成交量，同时正在形成对于该板块独立价值的判断标准，并且这种市场的标准正逐渐回归到对中国本土艺术作品的美术史价值的判断上。

受新冠肺炎疫情的影响，2020年我国文物艺术品拍卖成交情况较往年呈下降态势，但同时线上拍卖的新业态迅速形成。在艺、雅昌和易拍全球等平台组织的大型线上拍卖活动加快了网络拍卖业务规则和规范的研究与制定进程。2020年2月13日，中国拍卖行业协会艺委会携手相关科技公司、网络平台和物流企业通过技术创新、费用减免、活动组织等多种方式来支持拍卖企业通过自建拍卖系统或借用第三方平台开展拍卖活动，以及沟通协调相关政府部门来简化文物拍卖的标的审批程序。根据中国拍卖行业协会艺委会发布的行业报告，2020年保利、荣宝、嘉德、中贸、华艺、嘉禾、银座、朵云轩等拍卖企业的线上业务均有快速的增长，在互联网大环境下，网络拍卖已逐渐成为常规性拍卖形式，2021年我国网络拍卖成交额保守估计将达到至少12亿元，这个崭新的线上拍卖业态已经迅速形成并逐步壮大。

三 首都艺术品贸易结构分析

自1992年1月1日起，我国进出口税开始采用世界海关组织《商品名称及编码协调制度》（简称HS），我国进出口税使用的十位编码中，前八位等效采用HS编码，后两位是我国子目，它是在HS分类原则和方法基础上，根据我国进出口商品的实际情况延伸的两位编码。艺术品包含在HS编码中的第97章中，包括的种类如表1所示。

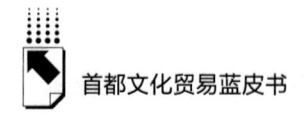

表1 《商品名称及编码协调制度》中艺术品种类

章目	编号	商品名称
第97章 艺术品、收藏品及古物	9701	油画、粉画及其他手绘画,但带有手工绘制及手工描饰的制品或品目4906的图纸除外;拼贴画及类似装饰板
	9702	雕版画、印制画、石印画的原本
	9703	各种材料制的雕塑品原件
	9704	使用过或未使用过的邮票、印花税票、邮戳印记、首日封、邮政信笺(印有邮票的纸品)及类似品,但品目4907的货品除外
	9705	具有动物学、植物学、矿物学、解剖学、历史学、考古学、古生物学、人种学或钱币学意义的收藏品及珍藏品
	9706	超过100年的古物

资料来源:中华人民共和国海关总署网站,http://www.customs.gov.cn/。

中华人民共和国北京海关数据显示,2020年北京市艺术品进出口总额为7.1亿元人民币,其中出口额约为2.53亿元人民币,进口额约为4.57亿元人民币,进口额约为出口额的两倍,呈现一个较大的贸易逆差,说明北京艺术品市场日益发达,进口的需求逐年扩大,但也意味着首都艺术品市场仍需要进一步拓展对外出口的业务。如图7所示,首都艺术品贸易规模从2009年的962万美元增长到2020年的1.03亿美元,增长了9倍以上。从增长速度来看,2013年大幅波动上升的增长率反映出首都艺术品贸易以及艺术品市场起步晚、不成熟,2014~2020年贸易规模相对稳定,但规模较小。2009~2020年,除了2015年进出口相对持平,2016年存在较小的贸易顺差,其他年份特别是近4年来,首都艺术品贸易一直保持较大的贸易逆差,出口额从246.6万美元增长到3707.6万美元,增长了15倍;进口额从715.2万美元增长到6608.5万美元,增长了约9倍,贸易逆差进一步被拉大。

(一)进口情况

2020年1月底,新冠肺炎疫情使几乎所有的行业都被按下了"暂停键",这也就解释了图8中2~5月首都艺术品进口额均以超过70%的比例

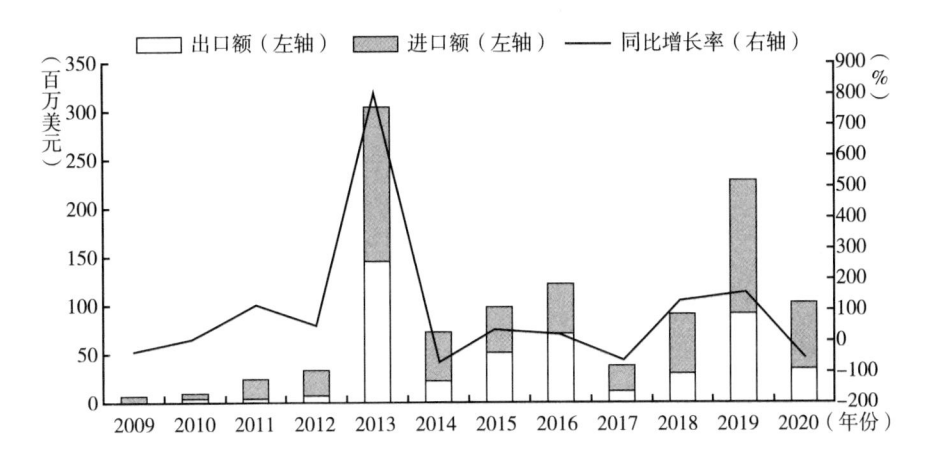

图7 2009~2020年首都艺术品进出口总额及同比增长率

资料来源：中华人民共和国北京海关网站，http://beijing.customs.gov.cn/。

锐减的现象；经过卓有成效的疫情防控，各行业秩序陆续恢复，被重启的艺术品贸易市场铆足了劲头，6月进出口总额大幅上涨，相较于2019年6月的进口额，上涨了517.3%；8月进口额较2019年有小幅度下降，海外疫情的加重，导致9~11月首都艺术品进口额以超过50%的比例同比缩

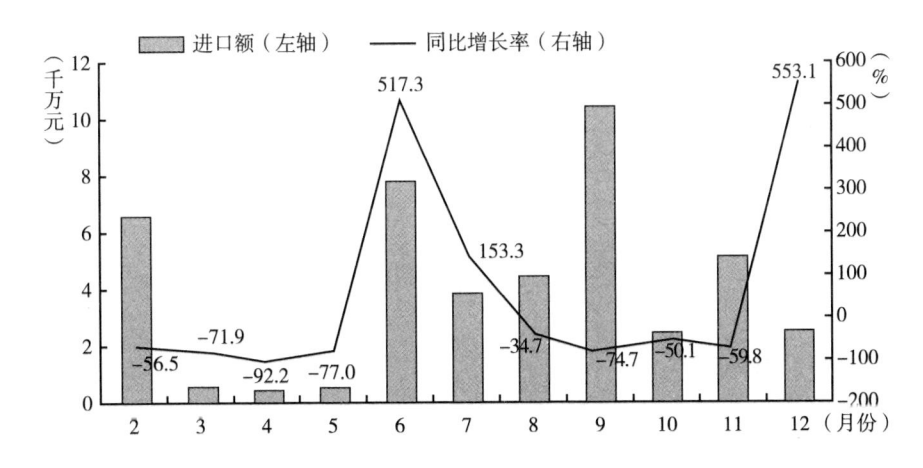

图8 2020年首都艺术品月度进口额及同比增长率

资料来源：中华人民共和国北京海关网站，http://beijing.customs.gov.cn/。

减。12月，国外疫情得以控制，急需恢复市场经济，增大出口量，于是首都艺术品12月的进口额同比增加了553%。总体来说，疫情笼罩全球艺术品市场，我国首都艺术品的进口受到严重打击，以平均超过50%的幅度锐减。

根据海关总署统计的数据，2020年我国艺术品进口地区前两名仍是上海市和北京市（见表2），且上海市的进口额占我国艺术品总进口额的68.8%，第二名北京占总进口额的9.9%，艺术品进口地区前十位合计占总进口额的99.5%。受地理位置的影响，内陆城市北京的海上交通运输远不及上海便利，但是作为文化中心和国际交流中心，北京艺术品的进口额刚到上海的1/7，这是一个值得思考的问题。

表2 2020年中国艺术品进口前十位地区

单位：千美元

排名	地区	进口额	排名变动
1	上海市	461189	—
2	北京市	66085	—
3	重庆市	51681	↑1
4	广东省	38891	↑1
5	山东省	18625	↑4
6	江苏省	13491	↑1
7	福建省	9782	↓4
8	浙江省	2542	↓2
9	海南省	2109	↓1
10	湖南省	1583	↑4

资料来源：中华人民共和国海关总署网站，http://www.customs.gov.cn/。

（二）出口情况

2020年2~3月，首都艺术品因国内疫情缘故，出口额以75%的比例缩减，4月相较于2019年同期，出口额减少了10%；相较于2019年同期，5~7月首都艺术品出口额分别以85.1%、50.2%、87.1%的幅度减少，8月出口额相比7月有所增长，却比2019年同期增加了278.5个百分点；9~12月，艺品出口严重受到海外疫情的影响,相比于2019年,出口额分别下降了83.3个、100个、42.2个、69个百分点,其中10月艺术品几乎没有出口(见图9)。

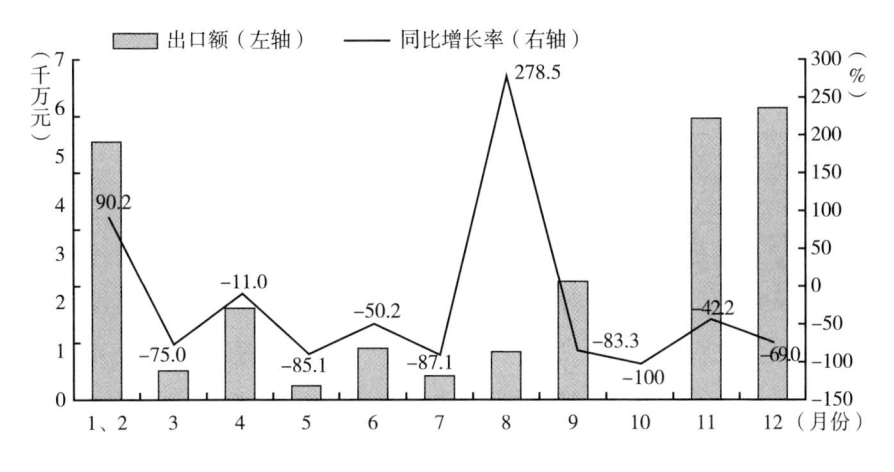

图9　2020年首都艺术品月度出口额及同比增长率

资料来源:中华人民共和国北京海关网站,http://beijing.customs.gov.cn/。

据艺术品出口分布地区海关数据,2020年上海市艺术品出口额占据我国艺术品出口总额的44%,第二名由北京市变为福建省,福建省、重庆市出口额分别占我国艺术品出口总额的10.6%、10%,北京市出口额占比仅为5.3%,排名下降了两个位次,2020年首都艺术品出口交易情况下跌幅度较大(见表3)。

表3　2020年中国艺术品出口前十位地区

单位:千美元

排名	地区	出口额	排名变动
1	上海市	305067	—
2	福建省	73911	↑2
3	重庆市	69721	↑8
4	北京市	37076	↓2
5	广东省	35143	↓2
6	湖南省	24053	—

续表

排名	地区	出口额	排名变动
7	浙江省	22879	↑1
8	山东省	22054	↑7
9	江苏省	20184	↓4
10	河南省	17607	↑10

资料来源：中华人民共和国海关总署网站，http://www.customs.gov.cn。

海关总署的统计数据显示，北京2020年艺术品出口额排名前三的国家分别为澳大利亚、美国和德国，2019年艺术品出口额排名前三的国家分别为澳大利亚、美国和英国，2018年则依次是美国、法国和澳大利亚，说明近三年澳大利亚和美国是北京主要的艺术品贸易出口国。如图10所示，2018年北京艺术品出口到澳大利亚的金额不到300万元，而2019年相比2018年增长了约15倍，2020年由于疫情原因对澳大利亚的艺术品出口额虽有所下降，却是出口额排名第二的美国的2.8倍，说明北京艺术品在澳大利亚开拓的市场在逐步扩大。而出口到美国的艺术品，从2018年排名第一的770万元到2019年排名第二的1600万元，再到2020年的330万元，其中主要的两个原因分别是贸易摩擦期间中美双方都加征了关于艺术品的关税，以及国内外疫情减少了中美贸易的往来。

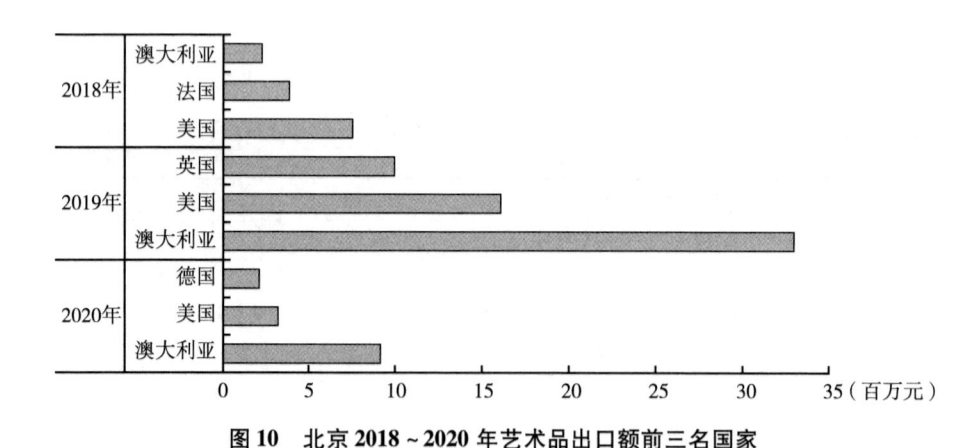

图10 北京2018~2020年艺术品出口额前三名国家

资料来源：中华人民共和国海关总署网站，http://www.customs.gov.cn。

四 首都艺术品市场存在的问题

（一）首都艺术品出口竞争力相对较弱

在2020年我国各城市艺术品出口额排名中，上海以约3亿美元的出口额位列第一，福建、重庆以7400万美元、7000万美元分别位列第二、第三，北京则以3700万美元位列第四，其出口额约为上海的1/10，而且相较于2019年，名次下降了两位，其中出口额被重庆赶超的主要原因是：疫情发生后中欧班列增加，我国西部地区的贸易规模扩大，而北京自贸区的相关政策尚未得到贯彻落实，从而导致2020年首都艺术品在对外贸易出口中竞争力不强。北京艺术品市场交易的大多数艺术品都是来自中国，这表明首都艺术品市场还未进一步拓展到全世界范围进行艺术品交易。未打通国际交易市场是首都艺术品出口竞争力不强的重要原因之一。

（二）艺术品综合税率较高

我国艺术品交易综合税费远高于国际水平，国外及我国香港地区艺术品综合税费通常只收取交易价格的3%～6%，而我国内地的艺术品综合税率则高出数倍，使大量艺术品交易处于"地下"状态，难以与国际市场对接，政府也难以获得相应税收收入，对文化产业发展形成一定影响。同时，由于海关的保证金制度，国内企业引进标的较高的艺术品参加展览或者博览会，需要承担巨大的资金质押成本，为国际文化交流与贸易带来一定阻力。此外，受中美贸易不确定性的影响，美国对我国输美的"艺术品、收藏品及古董"等商品加税10%；我国针对美国艺术品进口也加征了10%～29%不等的特别税，中美较高的税率进一步抬高了中美艺术品的贸易壁垒。

（三）北京艺术园区发展缓慢

北京的大部分艺术园区都是由旧厂房改造而来的，也有小部分是在城乡总体规划调整前建成的,这些园区在基础设施升级改造、整体规划设计以及公共服务配套实施等方面进展略显缓慢,而新的城市规划可能会导致以艺术家工作室为主的园区面临拆迁。20世纪60~70年代以来,在纽约、伦敦、柏林、巴黎等西方城市的更新过程中,大多数艺术家选择入住工业衰退后的老厂房,艺术家的入住推动了社区文化兴盛,也带动了地区的商业繁荣,最后还吸引了收入更高的阶层入住。同样,在北京发展更新的过程中形成了很多的艺术园区,并且部分艺术产业园区已经成为大规模聚集的文化产业基地,推动着首都文化艺术产业的发展,为首都的经济社会发展做出了很大贡献,与此同时,政府应该给予入驻的文化企业和艺术家更多有针对性的、长久性的政策支持,从而进一步加快艺术园区的发展。

(四)艺术品市场管理有待完善

目前,我国艺术品市场发展面临的问题,如诚信机制构建的问题、艺术品定价机制问题与艺术品鉴定的问题,反映了艺术品市场管理存在一定难度。艺术品市场的高速发展吸引了大量资金的流入,诱使以次充好牟取暴利的现象出现,从而导致一部分赝品流入投资者手中。艺术品的估值尚缺乏一套完善的定价机制,仅依靠拍卖市场的成交价格无法反映某一件艺术品的真实价值,而且会给借此炒作牟利的投资者以可趁之机。此外,艺术品市场存在确权难、鉴定难的问题,关系着艺术品投资和退出机制的建立,导致艺术品市场有空可钻。在互联网时代,信息传播的渠道越来越广,艺术家作品被侵权的形式越来越多样,因此艺术品市场的管理难度越来越大。

五 加强首都艺术品贸易的建议

(一)深挖艺术内涵,提升艺术品文化价值

北京作为历史文化名城、全国文化中心,各种文化艺术的顶尖内容都会在这里呈现,在这样的背景下,北京应加强对于艺术品行业的课题研

究，围绕艺术品管理、艺术品金融等课题组织专家座谈研讨，对现存的艺术产业进行实地调查，从文化价值、历史价值、艺术价值等多个维度进行分析研究，进一步挖掘艺术品的内涵。同时，对艺术品建立个人诚信机制以及艺术品溯源机制，做好艺术品的去伪存真工作，以此来整体提升艺术品的质量，提高核心竞争力。此外，北京应起到示范作用，促进艺术创作高峰，让艺术回归内容本身，注重社会效益和经济效益的"双效统一"，不仅满足人民群众的精神文化需要，同时引领社会的文化价值导向；不仅要传承本民族优秀传统文化的资源和基因，更要善于对文化进行创新，才能在国际场域中树立中国文化艺术形象，创作出国外消费者青睐的中国艺术品。

（二）降低企业税收成本，提高艺术品出口竞争力

为解决近年来北京艺术品贸易增长相对缓慢、份额相对较小的问题，北京市政府应加大对艺术品行业扶持的力度，降低艺术品行业经营、交易成本，促进北京自贸区艺术品板块的进一步开放。针对于文化艺术产业初期投资大、投资周期长、企业效益低的特点，应明确给予艺术品相关企业的补贴政策，为文化创意园区产权方和入驻企业提供房屋补贴，以及为小微文化企业在工商注册、税务办理环节提供更多便利等。同时，税务、海关等相关部门应积极响应总体经济环境的变化，制定相应的政策，参考国际和我国香港地区的艺术品税收政策，减少艺术品进出口限制，对进入艺术品保税区的艺术品不预征增值税，通过采取低关税的方式为艺术品交易创造良好的国际环境，让海外艺术品都可在中国艺术品交易平台上进行交易。此外，充分发挥北京自贸区、艺术品保税仓库的作用，逐步简化艺术品进出口手续，提供艺术品快速通关、保税仓储、报税展示、外汇存留等服务，促进首都艺术品行业的高质量发展。

（三）加强园区扶植政策，促进艺术产业创新发展

产业园区是文化艺术产业的主要载体，在城市和地方经济发展中扮演着

重要角色，也是推动文化艺术产业高质量发展、打造城市文化名片的重要力量。北京 798 艺术区不仅是北京的文化高地，也是创意产业的聚集地，对北京的艺术产业发展起着很强的推动和辐射作用。因此需要强化文化艺术产业聚集的引领效应，促进文化业态、艺术商业模式等方面的创新。首先，立足国际化视野，开发具有中国特色的文化创意产品和服务，在资金投入、项目支持、资源配置等方面向优质企业倾斜，培育一批能够按照世界一流企业标准运营的市场主体，形成若干世界知名的文化艺术品牌，带动产业集群的竞争力提升，实现文化产业的全面协同发展。其次，抓住数字经济这一突破点，将艺术、科技、媒介、金融四个方面有机结合，依靠科技促进内容创新，进一步研发出能够适应"硅基"文明的新商业模式，促进形成文化艺术新业态，并推动艺术创作向创意经济转化。

（四）加大知识产权保护力度，改善艺术品营商环境

面对艺术品市场相关法律法规的缺失以及艺术品市场存在的诚信、定价和鉴定难题，北京市应带头完善相关法律法规制度，明确各部分的分工和职能，加大对艺术品市场的规范。同时，不断完善艺术品相关鉴定、定价体系，通过培养高素质的鉴定人才，增加艺术品鉴定的科学性，推广科技作为艺术品鉴定的辅助手段、建立一套完善的艺术品溯源机制。同时，培育艺术品市场的诚信机制，要求艺术品从业者和机构加强相关从业培训，提高艺术品行业人员的整体素质，简化艺术品知识产权的申请流程，减少申请费用，保护艺术家的知识产权不被侵害。此外，建立个人和机构的信用记录，将艺术品交易纳入征信体系，严格打击造假、售假的从业者，提高艺术品交易平台、艺术品拍卖行的门槛，并要求对交易标的提供完整的评估报告，为艺术品购买人提供 28 天可退货的保障等，从而减少艺术品交易过程中恶意炒作、造假售假的行为出现。

参考文献

朱浩云:《砥砺奋进中的中国艺术品拍卖》,《中国拍卖》2019年第10期。

田蕾:《"一带一路"背景下首都文化"走出去"的路径选择》,《市场论坛》2018年第10期。

景翠翠:《我国艺术品拍卖行业存在的问题及对策》,《区域治理》2019年第47期。

李嘉珊、王伯港:《新时代构建我国对外文化贸易新格局的有效策略》,《国际贸易》2019年第3期。

余锦生:《中国文物艺术品拍卖市场的七大变化》,《文物天地》2018年第1期。

B.10 首都创意设计对外贸易发展报告（2021）*

刘霞 伍格慧**

摘 要： 随着数字化技术的迅速发展，创意设计产业作为文化产业的重要组成部分，与经济社会生活各方面的联系也日益密切。在首都"四个中心"功能建设进程中，促进首都创意设计产业规模的持续扩大和对外贸易的高质量发展是增强城市国际竞争力、加快传播中国优秀传统文化的重要举措。目前，北京创意设计产业区域特色日益突出，与相关产业不断融合，对外贸易发展迅速，但仍存在知识产权保护力度不足、高端创意设计人才匮乏、创意设计产品同质化严重、创意设计与相关产业深度融合有待加强等方面的问题。为此，本文从健全法律法规、优化人才培养机制、提高企业创新能力、完善创意设计扶持政策等方面提出了相应的对策建议。

关键词： 创意设计 对外贸易 文化创意产业

在首都"四个中心"功能定位和《北京城市总体规划（2016年—2035

---

* 本报告得到北京市社会科学基金决策咨询一般项目"优化营商环境服务北京国际交往中心功能建设的策略研究"（项目编号：20JCC062）的资助。
** 刘霞，经济学博士，北京第二外国语学院经济学院讲师，首都国际服务贸易与文化贸易研究基地研究员，研究方向为国际文化贸易、世界经济等；伍格慧，北京第二外国语学院硕士研究生，研究方向为文化贸易与创意经济。

年)》的重要指导下，北京文化产业发展迅速，对外文化贸易规模不断扩大。其中，创意设计作为首都文化产业的重要组成部分，其文化产业链的重要性也日益凸显，对首都文化产业的高质量创新发展具有重要的支撑作用。再加上目前国际形势日益复杂多变，数字技术发展也日新月异，在新冠肺炎疫情防控常态化背景下，有效激发文化产业中创意设计的活力和潜力，充分发挥创意设计产业的带动作用，提高城市整体的创意设计能力，推动本土设计品牌走向海外，对北京建设具有国际竞争力的创新创意城市、对外展现首都良好形象具有重要的现实意义。

一 首都创意设计对外贸易发展现状

（一）政府助力首都创意设计对外贸易快速发展

目前中国正处在由"中国制造"向"中国创造"转变的重要时期，创意设计产业以其附加值高、创新性强的特点，在提升文化产业价值、延伸文化产业链方面发挥着不可替代的作用。北京市政府也一直高度重视创意设计产业的对外贸易以及创意产业与其他产业的多元化融合，通过不断释放新的产业活力来推动创意设计对外贸易的高质量发展。自2012年北京加入全球创意城市网络，被授予"设计之都"称号之后，北京创意设计产业迅速发展。2018年，北京市科学技术委员会与西城区人民政府签署《关于共同推进北京"设计之都"核心区建设的合作协议》，为北京创意设计产业的发展提供重要的机会和平台。在此之后，北京市科学技术委员会与西城区人民政府又共同打造了北京设计之都大厦，并专门成立了北京设计之都发展有限公司，极大地推动了北京创意设计产业的发展。在此背景下，一方面，北京市利用"设计之都"的优势，不断吸引世界范围内的高端设计要素、大量人才和优秀企业在北京落户；另一方面，基于数字化发展机遇，北京市不断提升创意设计产品质量，提高其"设计之都"的国际地位。

近年来，北京市出台多项政策，旨在通过加强产业融合发展来推动首都

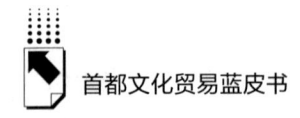

创意设计对外贸易的高质量发展，不断提高北京作为"设计之都"的国际竞争力。2018年，中共北京市委、北京市人民政府发布了《关于推进文化创意产业创新发展的意见》，明确提出要利用"设计之都"的资源优势，大力发展首都的创意设计产业，推动创意设计与高端制造、信息、旅游、金融、教育服务等产业的融合发展。2019年出台的《北京市服务贸易创新发展试点工作实施方案》中也强调要重点发展文化信息、创意设计、游戏和动漫版权等产业的对外文化贸易，推动以数字技术为支撑、高端服务为先导的"文化+"整体出口。2020年1月，北京市文化改革和发展领导小组正式印发了《北京市文化产业高质量发展三年行动计划（2020—2022年）》，也明确提出要强化创意设计服务对文化产业各领域的渗透和支撑作用，充分发挥首都科技、旅游、体育等产业资源优势，加快推动文化与相关领域融合发展。因此，在北京市大力加强文化与科技、旅游、金融等融合发展的重要战略时期，促进首都创意设计产业与其他产业的融合发展，对首都创意设计产品和服务对外贸易的高质量发展具有重要的推动作用。

（二）产业规模不断扩大，区域特色日益鲜明

创意设计在文化产业中的地位日益凸显，影响力不断扩大。《北京文化产业发展白皮书（2020）》指出，2019年北京市规模以上文化产业收入合计13544.3亿元，同比增长14.4%。其中，创意设计服务业在文化产业九大领域中位居首位，占全市规模以上文化产业收入合计的25.6%。近年来，北京市创意设计产业整体规模不断扩大，为创意设计产品和服务的对外贸易发展提供了坚实的基础。根据历年《北京统计年鉴》数据，北京市创意设计产业资产总额从2016年的1562.2亿元增加到2019年的2827.4亿元，收入总额从2016年的757.6亿元增加到2019年的3466.0亿元，两者在2017~2018年都实现了快速增长，资产总额增速为59.9%，收入总额增速高达293.3%，在2018~2019年增长较为平缓（见图1）。而平均从业人员数从2016年的14.6万人下降到2019年的11.4万人，在2017~2018年大幅下降，在2018~2019年小幅回升。

由于北京各区域拥有不同的创意设计资源优势，各区域创意设计产业的

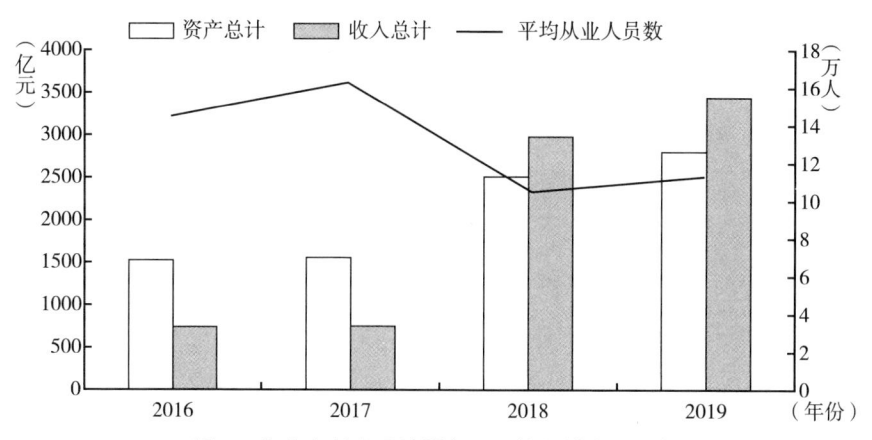

图1　北京市创意设计服务业总体规模发展趋势

资料来源：历年《北京统计年鉴》。

发展特色日益鲜明。作为北京的核心功能区，东、西城区是北京建设"四个中心"的关键区域，是传统文化与现代文化融合的重要地点，是展示首都深厚文化底蕴的重要窗口，具有重要的战略地位。2019年，东、西城区的规模以上文化产业共实现收入2708.7亿元，占全市的20%。这与东、西城区文物古迹众多，文化遗产资源丰富，创意设计产业基础雄厚等方面的因素密切相关。其中，西城区是北京建设"设计之都"的核心区域，全国第一个工业设计促进中心——北京工业设计促进中心在此成立，"中国设计交易市场"在此落户，创意设计发展领先于其他地区。

北京的城市功能拓展区包括朝阳、海淀、丰台、石景山四个区，这几个区主要依托科技创新实力和传媒资源集聚优势，打造高精尖文化产业集群。2019年，这四个区规模以上文化产业共实现收入9535.5亿元，占全市的70.4%。其中，朝阳区以传媒为亮点，海淀区则以科技力量为手段，园区发展体现出不同的产业特色。朝阳区是北京文化创意产业对外展示的重要窗口，该区域国际化特征明显，国内外的创意人才聚集于此，给当地文化创意产业的发展注入了新的活力。"北京CBD—定福庄国际传媒产业走廊"以其活跃的文化市场、雄厚的科技实力、大量的创意人才、浓厚的商务氛围，站在北京甚至全国文化创意产业发展的前列。同时基于传媒信息方面的资源优势，朝阳区不断扩大其在传媒领域的影响力，进一步提高国内地位，提升国际知名度。对于海淀区，其科技实力雄厚，中关村对标硅谷，是中国最早建立的高新区。该地区依托北京传统文化资源和现代科技力量，促进数字文化产业高速发展，在打造文化科技融合的产业生态方面具有独特优势。

对于北京的城市发展新区和生态涵养发展区来说，目前其文化产业资源有待进一步发掘。城市发展新区正在大力发展艺术品创作展示交易、会议展览服务、创意设计服务等产业。2019年，城市发展新区规模以上文化产业实现收入1025.3亿元，占全市的7.6%。生态涵养发展区充分利用自身优良的生态环境资源，重点发展历史文化生态休闲旅游、演艺演出、音乐创作及版权交易等产业。①

（三）国际文化交流频繁，创意设计借力走向海外

北京作为国际交往中心和全国文化中心，是中国对外展示国家形象、传统文化的重要窗口。近年来，北京不断扩大对外开放，加强国际文化交流，培育了许多优秀文化品牌，如北京国际电影节、北京国际设计周、北京国际文化创意产业博览会（简称"文博会"）等。前十三届文博会共吸引来自联合国、欧盟、世界知识产权组织、国际奥委会、世界动漫协会等国际组织及100多个国家和地区738个政府及企业代表团组、19622位境外专业人士参加②；第十四届文博会共有2个国际组织、68个国家与地区的86个境外代表团组参加，主展场共接待各界观众约6万人次，吸引海内外2.2万位客商到会洽谈交易③。各类大型展会为北京带来国际化视野，再加上设计人才的

---

① 《〈北京文化产业发展白皮书（2020）〉发布北京文化产业资产总计20198亿元》，北京市人民政府网，2020年11月29日，http://www.beijing.gov.cn/gongkai/shuju/sjjd/202011/t20201129_2152933.html。
② 《文博会介绍》，中国北京国际文化产业博览会（文博会）官网，http://www.iccie.cn/about/profile/。
③ 《第十四届北京文博会圆满落幕》，中国北京国际文化产业博览会（文博会）官网，2019年6月1日，http://www.iccie.cn/web/static/articles/catalog_ ff8080813165bac4013165cbc9330012/article_ ff80808169a5754b016b118543ef1129/ff80808169a5754b016b118543ef1129.html。

聚集、国际顶尖设计企业的入驻,增强了北京软实力,为北京创造原创精品并走向海外提供了保证。同时,北京市对外文化贸易的发展也为创意设计产品与服务走向国际市场提供了重要的机遇与渠道。根据《北京文化产业发展白皮书(2020)》,2019年北京市文化贸易进出口总额达到72.8亿美元,同比增长20.9%,在文化贸易出口方面处于全国领先地位。尽管北京在文化创意产业方面与伦敦、东京等文化创意产业发达的城市相比,仍有一定距离,但是文化贸易的发展以及中外文化的交流加深了中外创意设计服务的融合互鉴,是推动创意设计对外贸易高质量发展的重要基础。

(四)立足"设计之都"建设,引入高端设计要素

近年来,北京"设计之都"核心区立足城市的创意网络资源,不断加快资源整合,逐步实现了世界各地高端设计资源的集聚。目前,"国际创意与可持续发展中心"已入驻北京,该中心的入驻增强了中国文化在国际舞台上的影响力,也大大提升了北京在创意设计方面的国际地位。同时,北京还有针对性地设立了"中国创新设计红星奖",举办北京国际设计周、创意城市网络峰会等活动,加强国际交流合作,吸引高端设计要素和人才,助力中国的创意设计产品走向国际市场。由此可见,北京市高度重视创意设计产业的发展,为创意设计产业提供了良好的发展环境,立足国际视野,在加强文化、科技、设计资源整合的同时,不断增强创意设计产业竞争力。

(五)创意设计服务与相关产业融合发展,提高文化供给质量

文化创意和设计服务凝结着设计者的智慧结晶,能增加相关产业的文化价值,且消耗低、污染小,是一个国家或地区经济增长的新动能。随着物质生活水平的提高,人们对文化产品和服务的需求逐渐变大,标准也相应提高。促进创意设计与其他产业的融合,能提高文化供给的质量和多样性,满足人们日益增长的文化需求。北京大力推进创意设计和科技、旅游、农业、制造业等多产业的深度融合,这是经济和产业发展的必然趋势,也是提高城市国际竞争力、促进国际文化交流的重要手段。创意设计与相关产业的互动

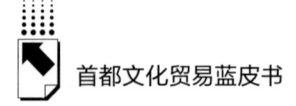

融合，有利于延伸创意设计产业链条，同时在产业链各环节充分融入文化要素，从而提高创意设计产业的附加值率。

此外，创意设计与农业、体育、旅游等产业的结合也日益密切，通过挖掘农村文化资源，建设集农业耕作和文化体验于一体的休闲农业园，培育农业知名品牌，促进创意农产品产业化。如北京世园会百蔬园、北京农业嘉年华等通过创意设计实现了农业与文化、科技、生态、旅游的融合，京西稻文化研究会通过与故宫合作进行"皇家"谷稻销售、推出文创产品、举办农业休闲旅游活动等弘扬京西稻文化。在体育方面，北京冬奥会体育图标完美融合了古代篆刻艺术和现代图形设计，展现了中国源远流长的文化，体现了北京双奥之城的特色。冬奥会特许商品"景泰蓝和田玉冰壶"创意设计独具匠心，将北京特有的国家级非物质文化遗产和冬奥会的冰壶项目、冰雪运动结合在一起。围绕冬奥会的创意设计完美融合了传统文化和奥运精神，极大促进了北京文创产品和服务的对外交流，展现了首都设计能力。在旅游方面，推进文化资源向旅游产品转化，运用数字化、VR、再现原景等科技和艺术手段，打造沉浸式体验，赋予文旅发展新思路和新创意。故宫利用其丰富的旅游资源，成功设计开发了多个文创项目。例如，"故宫中国节"通过策划一系列沉浸式体验展览，再现春节、中秋、端午等传统节日内的故宫场面。故宫角楼咖啡装修充满古韵，饮品包装设计"宫廷"韵味十足，还专门开辟了文创产品展区。这些文创项目吸引了大批外国游客，为文创产品对外贸易创造了重要机会。

创意设计与科技的高度融合，一方面推动了文化创意产业的数字化发展，创造了新的文化消费形式，大数据、5G等前沿技术拓展了人们的想象边界，为文化产业注入了新的力量；另一方面赋予了信息产业以文化内涵，提升了科技应用的审美体验。近年来出现的数字文化馆、智慧博物馆等无一不体现着文化创意与科技交融的美丽。2020年首都文化科技融合发展成果展在中国国际展览中心开展，面向大众展示最新的文化科技成果，既有大众不熟悉的前沿项目，如户外沉浸式光影艺术体验空间，也有身边随处可见的日常用品，如极具科技感、令人眼前一亮的充电宝和耳机等。因此，创意设计与相关产业的融合发展一方面扩大了文化创意产业的影响力，体现了文化的深层价值,为创意设计"走出去"夯实基础;另一方面增加了相关产业的文化含量,实现了新的文化价值提升,增强了创意设计产业的国际竞争力。

二 首都创意设计对外贸易发展面临的问题与挑战

北京文化底蕴深厚,科技优势突出,人才储备充足。在北京市人民政府的高度支持下,依托丰富的文化创意资源和文化内容,北京市的创意设计产业规模日益扩大,对外进出口贸易也快速发展。但是与国际上领先城市相比,北京创意设计产业的发展仍有很大的提升空间,在发展过程中也面临一些突出的问题与挑战。

(一)知识产权保护力度不足

知识产权保护是创意设计产业持续发展的核心,但目前北京市的知识产权保护体系尚不完善,抄袭现象仍比较普遍。由于创意设计产品前期研发投入成本较高,但在互联网高速发展的今天,模仿和复制产品设计较为容易,侵权成本低。如果企业的创意设计和所研发产品不能在市场上得到有效保护,会大大削弱企业进行创意设计的积极性,使得进行原创设计的企业举步维艰。例如,故宫文创产品凭借其独特的原创设计大火之后,山寨产品泛滥。其中有部分产品被完全模仿,外观和质量与原创无异;还有部分产品在故宫文创的基础上进行了改良,给人们提供了更好的消费体验,同时因为没有前期的研发投入,价格更低,吸引了大量顾客。盗版产品制作成本低,可通过短期快速大量复制迅速赚取利润,而原创产品则包含了创作者的创意和设计灵感。如果产权得不到很好的保护,则会抑制创意设计产业长期的发展。同时,从消费市场的角度看,有些消费者版权意识较为薄弱,注重产品价格超过原创性,从而催生了一批走捷径的公司。

(二)高端创意设计人才匮乏

创意设计产业的对外贸易发展是一国或地区经济实力、文化积累、文

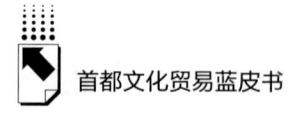

化创新和人才储备的综合体现。近年来，北京市的创意设计对外贸易总体规模不断扩大，在文化产业中的地位不断提高，但平均从业服务人员数却在2017~2018年出现大幅下滑，在2018~2019年虽然出现了增长，但增长幅度较小。因此，北京市创意设计人才需求缺口较大，高端复合型创意人才匮乏，供给力量不足。对于高端的创意设计师而言，他们不仅需要有良好的艺术审美能力和丰富的专业技术知识，还要有一定的市场敏锐度，能捕捉消费者需求和偏好并将其融入设计研发当中，并结合市场需求不断创新。此外，从人才培养机制和模式方面来看，尽管凭借丰富的教育资源和文化资源，北京在培养创意设计人才方面居于全国领先地位，但高端创意人才仍无法满足创意设计市场发展的需要，这与目前创意设计人才培养机制和模式等有很大关系。高等院校的教育理念未能紧跟时代要求，在专业课程设置上与实际需求存在差异。目前的人才培养还主要局限在技能培训和理论知识学习，在学生文化素质提高和理论知识实际应用方面还有待进一步加强。

（三）创意设计产品同质化严重

传统的文化创意企业想借助文化资源的创造性转化和创意设计创新等途径完成企业转型，但由于知识和技能管理水平等方面的限制，往往不能有效开发和创造性地应用文化创意，无法有效地将消费市场对产品的需求融入创意设计的具体环节中。大量企业对创意设计的理解较浅，仅仅满足于产品外观样式上的翻新，较少地结合消费者多样化的日常生活和实际需求，对产品功能和用户体验的深层次优化有待进一步加强。同时，有些文化创意企业的原创动力不足，在设计环节多停留在同质化模仿和简单改良上，对创意设计的研发投入力度不够，导致产品同质化较严重。

（四）创意设计与相关产业深度融合有待加强

在政府的支持下，创意设计与相关产业不断融合发展，创意设计在融入其他产业的过程中规模不断扩大，相关产业也通过融入创意设计产业实现了新的价值提升。但是目前，融合深度依然不够，创意设计对相关产业的辐射带动效应有待提高。一方面是受创意设计产业自身发展所限。创意设计产业起步较晚，总体来说还不够成熟。虽然得益于北京良好的社会文化发展环境，大量创意设计企业得以涌现，但普遍存在经营规模小、融资困难等问题，与发达国家城市相比依然存在很大差距。目前还缺乏具有国际竞争力的文化创意跨国企业来带动整个行业的发展，提高创意设计的国际化水平。另一方面是由于创意设计与相关产业的深度融合难度大，并非一朝一夕所能完成。在深度融合中，创意设计产品不仅仅要注重功能性，更要注重消费者体验，做到美观舒适；不能仅仅关注科技前沿创新，更要重视贴近人们多样化的需求。而现阶段创意设计与相关产业的融合多停留在表面，产品往往只注重艺术性和功能性中的一面，设计与需求未能进行有效对接。与此同时，创意设计的跨领域融合涉及多个产业部门和相关领域，也给北京市政府的管理模式和管理体制带来了一些挑战。

三　首都创意设计对外贸易发展的对策建议

（一）健全法律法规，加大知识产权保护力度

知识产权是创意设计最核心的部分，在北京"四个中心"功能建设进程中，要通过健全法律法规，加强对抄袭和复制现象的监管，对北京市创意设计产业的产权进行有效保护。首先，完善知识产权保护的相关法律法规，加大对创意设计知识产权的保护力度，进一步明确相关的法律责任。具体包括向群众普及知识产权相关知识，加大对侵权行为的执法力度，不断增强消费者的知识产权保护意识，引导人们自发尊重他人的原创性成果。其次，要根据企业的需求，提供知识产权方面的法律咨询和援助，协助企业建立完善的创意设计产权保护机制。此外，还要增强创意设计从业人员的自我产权保护的意识和主动性，遇到侵权行为时积极维权，并通过健全和完善法律法规体系和制度，降低从业人员的维权成本。

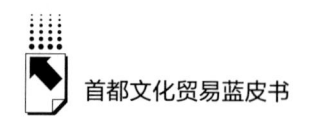

（二）优化人才培养机制，着力培育高端复合人才

提高创意设计产业从业人员的整体素质，发掘高端设计人才，提高创意设计人才培养与产业发展、社会需求的匹配度，这些是提升创意设计产业核心竞争力的重要基础。政府要发挥积极的导向作用，鼓励和支持高端的创意设计人才脱颖而出，并为创意设计人才团队提供政策、资金方面的支持，激发创意设计产业的创造活力。一方面，对于有突出贡献的创意设计人才，要适当采取一定的奖励措施，给予积极肯定，进而促进原创性设计产品和服务的产生和发展。另一方面，在优化人才培养机制的同时，要加强文化创意产业园的基础设计和公共服务平台建设，不断改善创意设计人才的工作环境。此外，基于对创意设计人才特殊性和贡献的长期考虑，可以鼓励创意设计企业采取更为灵活的考核方式和长远评价，同时降低创意设计人才就业的试错成本，营造包容开放的创业氛围和设计环境。

对于高校而言，在培养创意设计人才的过程中，要关注创意设计国际市场的发展趋势和需求，重点培养具有国际化视野和国际竞争力的创意设计人才。具体地，可以根据实际需求进行相应课程体系的改革，重视数字技术与创意设计产业融合发展的理论和实践教育，加强理论知识与社会实践的融合。此外，借鉴学习世界其他国家先进的创意设计人才培养方法，不断完善现有的培养体制和模式，并加强校园文化建设，提高学生的文化素养，在与企业开展良好合作的同时，依托北京良好的人文环境和丰富资源，培养一批具有先进设计理念和设计技术的高端复合型人才。

（三）提高企业创新能力，增强企业竞争力

随着北京营商环境的不断优化，创意设计企业必须树立正确的设计观念，提高创意设计产品和服务的质量，拓展企业创意设计产品和服务的边界，增强企业的国际竞争力。创意设计能力的提升不仅要加大供给端产品和服务的研发投入，还要从消费端出发，立足于消费者多样化的生活需求。同时，结合先进的数字技术，利用科技发展成果，加强对设计的基础研究，从

根本上改变企业创新应用能力不足以及原创性成果缺乏的现状，从而增强企业的国际竞争力。在将先进数字技术与消费者多样化需求融合的过程中，要不断加大创意设计产业发展所需的资金、技术、人才等方面的投入，为创意设计对外贸易的高质量发展打下良好基础。此外，结合首都的发展战略和"四个中心"功能定位，鼓励创意设计企业制定长期发展战略，提高自主创新能力，并不断吸收借鉴国际上领先的设计理念，在实践中逐步建立自己的创新设计体系，推出自己的原创设计成果。

（四）完善创意设计扶持政策，加大产业融合支持力度

未来北京市创意设计产业的发展还需要政府不断加大扶持力度，不断建立更加公平、更加规范的市场竞争机制，为创意设计企业营造良好环境，提升企业创新的积极性，并扶持创意设计领军企业和本土设计品牌，发挥创意设计领军企业和品牌的示范效应和引领作用。[1] 同时，给创意设计企业提供一定的税收优惠和补贴，并进一步引导资本流入创意设计领域，降低企业融资成本和难度，激发创意设计产业的市场活力。此外，要实现创意设计和相关产业深度融合，促进创意设计产业发展和对外贸易，一方面，注重创意设计产业链条重点环节质量和效率的提升，特别是产业的工艺层面和技术层面的各环节；另一方面，结合北京市的优势资源，加强创意设计产业与第一、第二和第三产业的融合，加强设计研发和投入。此外，政府等有关部门也要积极完善产业融合方面的管理体制，加强部门协调，解决职责交叉和无人负责问题[2]，促进北京市创意设计产业的高质量发展。

---

[1] 李曜坤：《建设现代化设计产业强国：中国设计产业高质量发展基本方略》，《装饰》2020年第8期。

[2] 陈晓莹：《文化创意产业跨界融合发展问题研究——基于消费升级视角》，《商业经济研究》2020年第12期。

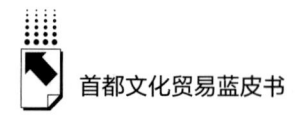

参考文献

苏丹、郑诚:《文化自信浪潮下博物馆文化创意产品设计研究》,《工业设计》2021年第4期。

吴学安:《打造"创意文化"高地需要知识产权法律保护跟进》,《中国财经报》2021年2月25日,第7版。

郑正真:《"十四五"期间成都文创产业高质量发展的思考与建议》,《决策咨询》2021年第2期。

专题篇
Special Topics

B.11
北京城市中轴线文化遗产活起来

——文化资源创造性转化创新性发展的新路径

李洪波＊

摘　要： 北京城市中轴线文化遗产有着丰富的文化内涵，既是天人合一、中庸之美等传统思想观念的体现，又是古代建筑与城市规划艺术的精华所在，同时也体现了中华民族不断发展创新的精神。要实现中轴线文化遗产资源的创造性转化和创新性发展，需要坚持系统观念，系统性探索如何进一步挖掘、阐释、弘扬北京中轴线历史文化内涵，具体策略是推动文化创意产业与文创产品的发展升级，加强文化与旅游的融合发展，促进文化遗产资源与公共服务体系的融合，深化文化遗产资源与文化教育产业的结合，加强文化遗产资源与对外文化交流、文化贸易的融合。在此基础上，形成传统文化资源

＊ 李洪波，文学博士，北京第二外国语学院教授，硕士生导师，国家文化发展国际战略研究院兼职研究员，主要研究方向为中国古典文献学、中国古代文学、北京历史文化等。

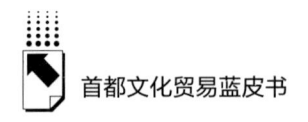

创造性转化与创新性发展的现实路径,为实现将北京建设成全国文化中心的城市发展定位探索实践策略。

关键词: 文化遗产 文化资源 产业融合 北京

一 北京城市中轴线的文化资源内涵

(一)北京城市中轴线的历史发展

北京城市中轴线,传统上指北京城南永定门北至钟鼓楼,包括故宫、天安门、正阳门、太庙、社稷坛、天坛以及周边城市中心区域,是一条贯穿城市南北的中轴线,总长度达7.8公里。著名建筑学家梁思成最早从建筑学角度高度评价这条中轴线在北京城市规划布局与建筑审美上的重要意义,"北京独有的壮美秩序就由这条中轴的建立而产生。前后起伏、左右对称的体型或空间的分配都是以这中轴为依据的。气魄之雄伟就在这个南北引申、一贯到底的规模"[1]。

北京城从先秦开始不断发展,尤其在经历了辽、金、元、明、清五个朝代之后,逐步形成现在独特的城市格局,北京城市中轴线也相应地有一个漫长的发展过程。根据北京历史学者的研究,金代中都的建设初步奠定了北京都城布局的文化理念,元朝建立后,刘秉忠以儒家经典《周礼·考工记》中的"匠人营国"理念以及《周易》思想来设计规划大都城,形成了宫城、皇城、外城三重城的都城模式,以宫城的中轴线作为整个城市布局的中轴线。明代在元代大都城原有布局基础上对北京城进行改建扩张,以钟鼓楼作为中轴线北侧的端点,将位于皇城外的太庙和社稷坛迁移到皇城之内、宫城之外,将天坛和山川坛纳入外城范围。嘉靖二十三年(1544)之后修建外城,这是

---

[1] 梁思成:《北京——都市计划的无比杰作》,《新观察》1951年第7期。

历史上第一次将中轴线向南延伸，贯穿全城的完整轴线由此形成，北京城市中轴线的基本格局也从此形成。清朝时期北京城除了有少量的增、改、扩建以及部分城门、宫门、宫殿等的名称有所改变之外，明代北京城的布局基本被全盘接收，至此北京城市中轴线的格局定型。新中国成立以后，随着北京政治、经济、社会的繁荣发展，城市中轴线也不断向北延伸，今天包括奥体中心、奥林匹克公园在内的一些建筑区域都已被纳入城市中轴线的范围。[①]

（二）北京城市中轴线的文化内涵

北京城市中轴线是北京历史文化遗产最为集中的区域，除了有故宫、天坛和大运河（部分）三大世界文化遗产，还有数十处国家级文物保护单位和历史文化街区，蕴含着丰厚的传统文化内涵，是一条绵亘不绝的北京城市文化生命线。充分挖掘北京城市中轴线文化内涵，进一步揭示其在当代的历史认识价值、艺术审美价值、科学价值、精神价值，使文化遗产资源活起来，能够促进人与自然之间和谐关系的建立，促进首都精神文化建设与经济社会发展。

1. 传统思想文化的集中体现

北京城市中轴线承载了中国传统文化的一些核心理念。比如"天人合一"的思想，古人将宇宙和人类看成是一个统一的整体，通过对天、地、人的认识，获得对外部世界的认知，达成人与自然的融合。这种理念是中国传统文化的基本精神，也是历代都城规划的思想基石，所谓"象天设都"，就是说天象的呈现与都城的规划是相对应的，对都城建筑的布局与形制的精心设计体现出古人对天地关系的深刻理解。就北京城来说，城市中轴线以皇帝的宫殿——紫禁城为中心，紫禁城与天帝所居住的紫微宫正相对应，四周有祭祀天地日月的礼仪建筑拱卫环绕，天人关系得以彰显。部署在向南北延伸的中轴线上的主要建筑物，左右均衡对称，高低起伏变化有序，体现了

[①] 参见朱祖希《营国匠意——古都北京的规划建设及其文化渊源》，中华书局，2007；郭超《北京中轴线变迁研究》，学苑出版社，2012；赵莉娜《公共艺术视角下的北京中轴线文化价值研究》，硕士学位论文，中央美术学院，2020。

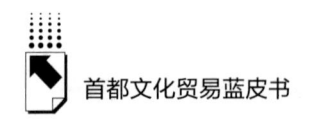

"普天之下，唯我独尊"的大一统思想。①

北京城市中轴线体现了古代礼制文化的丰富内涵。中国古代礼制规定着天人关系、人伦关系和统治秩序，礼制思想也深刻影响着北京城的格局构造。中轴线建筑群以均衡有序的实体空间的方式呈现，通过区分大小、正偏、前后、左右、内外，以及尺度、形态、色彩等，体现等级森严的尊卑贵贱的秩序关系，中国传统文化中的"礼制"观念由此得到了清晰、充分的物化呈现。

北京城市中轴线更是传统文化中庸之美的体现。儒家文化一直强调"中""和"，主张不偏不倚、过犹不及的中庸原则，这一思想影响了古代都城的布局与构建，人们崇尚以中为尊、左右对称，强调建筑之间的内在联系、协调和美。北京城以贯穿南北的中轴线为基准，进行均衡的空间布局，这是古代社会对称和谐的政治秩序与伦理秩序的形象表现，体现了中庸之美这一传统文化内涵。

2. 古代建筑与城市规划艺术的集中体现

北京城市中轴线上的建筑，以宫廷建筑、坛庙建筑为主，在规制上属于古代建筑的最高级别，无论是单体建筑还是群体建筑，都代表了古代建筑的最高成就。这些建筑布局井井有条，风格严谨整饬，既有标准样式，又有细微变化，达到高度的和谐统一，共同组成北京城市建筑与规划的有机整体，中轴线以纵贯全城的布局方式在其中发挥着统领与辐射作用。可以说，中轴线建筑群是北京乃至全国最为辉煌壮丽的建筑群体，是古代社会建筑艺术的巅峰之作，规模宏大，气势雄伟。中间既有迤逦展开的御街与坛庙，又有热闹的商业街区、连绵不断的四合院落，还有恢宏壮丽的宫廷、巍峨高耸的殿宇楼阁，以及活泼而富于变化的三海宫苑，整体如同一曲跌宕起伏的交响乐。中轴线建筑群是古代城市规划史上的杰作，承载了几千年来人们在城市规划设计中所凝聚的文化、智慧、想象。北京城市中轴线是都城规划在长期发展中形成的成熟并且保存完整的典型范例，在空间格局、功能分布、场所

---

① 朱祖希：《营国匠意——古都北京的规划建设及其文化渊源》，中华书局，2007。

营造等方面均展现出东方文明在都市规划设计和建设中的高超境界。①

3.中华民族创新与发展精神的集中体现

北京城市中轴线由初具规模到逐渐定型经历了辽、金、元、明、清五个封建王朝以及民国时期，虽然有着高度的继承性与稳定性，但不是一成不变，发展与创新的理念一直贯穿其中。对于北京城市中轴线在历史发展过程中体现的不同特点，侯仁之先生以紫禁城、天安门广场、国家奥林匹克中心三个主体建筑为代表，提出三个里程碑之说。② 紫禁城作为古代建筑艺术的杰作，是"南面而王"封建王朝观念的体现；天安门广场"古为今用、推陈出新"的时代特征，显示着继往开来的新气象；奥林匹克中心、奥林匹克公园等建筑群体，则体现出走向世界的国际性大都市的新风貌，将新时代的北京城市中轴线引入生态，与自然融为一体，为北京城市中轴线开拓出新的想象空间。可以说，北京城市中轴线的形成历史就是一个不断发展、创新的过程，这一过程还在不断发展丰富之中，是中华民族创新与发展精神的集中体现，是中华民族生生不息的生命力的生动体现。

二 北京城市中轴线文化资源的创造性转化与创新性发展

北京城市中轴线作为由建筑构成的物质遗存，表达的首先是一种城市规划的方法，但作为世界遗产的北京城市中轴线，其内涵和价值要丰富得多，北京中轴线的独特魅力正在于其蕴含的中国传统文化精神，这也是其突出的普遍价值。③ 新中国成立以来，北京城市中轴线的文化价值及其自身的发展一直得到中央和北京市政府的高度重视，受到学者、大众的广泛关注。这一

---

① 单霁翔：《保护好、利用好、传承好北京中轴线文化遗产》，《中国文化报》2019年8月31日。
② 侯仁之：《试论北京城市规划建设中的三个里程碑》，《城市规划》1994年第6期。
③ 吕舟：《北京中轴线申遗研究与遗产价值认识》，《北京联合大学学报》（人文社会科学版）2015年第2期。

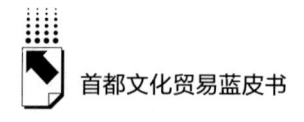

点在北京城市中轴线申遗的决策和推进过程中,以及在北京推进全国文化中心建设等规划中得到充分体现。

2011年6月11日,北京城市中轴线申遗文物工程正式启动,2012年被纳入国家文物局《中国世界文化遗产预备名单》。2018年7月4日,北京城市中轴线申遗确定了永定门、先农坛、天坛、正阳门及其箭楼、毛主席纪念堂、人民英雄纪念碑、天安门广场、天安门、社稷坛、太庙、故宫、景山、万宁桥、鼓楼和钟楼等14处遗产点。2020年7月13日,蔡奇、陈吉宁调研北京城市中轴线申遗工作,要求推进中轴线申遗保护进程,深入研究挖掘中轴线历史文化的内涵外延,更好地发挥文物资源的作用。2020年4月9日,北京市全文发布《关于新时代繁荣兴盛首都文化的意见》和《北京市推进全国文化中心建设中长期规划(2019年—2035年)》,指出要"传承源远流长的古都文化,彰显中华优秀传统文化的时代价值",其中一项重要工作就是"做好中轴线申遗工作,让古老的中轴线彰显独一无二的壮美空间秩序"[①]。完善中轴线沿线区域文化设施,研究挖掘中轴线文化内涵,能够让公众更好感知中轴线遗产、体验中轴线文化,同时能够教育人民、启迪思想,增强文化自信,使中轴线成为国家文化符号。围绕北京城市中轴线的文化建设,将是北京市未来建设历史文化名城的重要举措,也是全国文化中心建设的重要依托与具体内容。

党的十八大以来,习近平总书记就如何传承和弘扬中华优秀传统文化做出过重要论述,指出要让收藏在博物馆里的文物、陈列在广阔大地上的遗产、书写在古籍里的文字都活起来,丰富全社会历史文化滋养。[②] 总书记反复强调,加强对文化遗产的保护和传承,是弘扬中华优秀传统文化、增强民族自信的重要方式。要让文物、遗产、古籍"活起来",惠及民众,为民所用,更好地满足"人民日益增长的美好生活需要",教育引导广大人民群众认识中华文明取得的灿烂成就,认识中华文明对人类文明的重大贡献,充分

---

① 《中共北京市委关于新时代繁荣兴盛首都文化的意见》。
② 《出席第三届核安全峰会并访问欧洲四国和联合国教科文组织总部、欧盟总部时的演讲》,人民出版社,2014。

发挥文化遗产的社会及文化价值，从而为中华民族的伟大复兴提供强大的文化自信。这些离不开对中华传统文化资源的深入理解和阐释，以及创造性转化与创新性发展。

文化遗产资源在当代的继承与发展，既包括对文化遗产遗迹的保护与利用，也包括对其所蕴含的文化内涵的弘扬传播，更重要的是通过产品和服务使其进入大众生活，使文化遗产资源具有新的鲜活的生命力。因此，需要坚持系统观念，注重全局谋划，创造性开展工作，将北京城市中轴线文化遗产资源的利用保护与产业发展、贸易繁荣、文化教育、文化服务融合起来，形成一个全领域、全过程整体谋划的格局，从文化事业、文化产业、文化遗产保护与利用、文化对外交流与贸易等不同层面，形成协同发展、思维开放的体制机制，形成创造性转化和创新性发展的新路径。

（一）推动文化创意产业与文创产品的发展升级

作为文化、科技和经济融合发展的文化创意产业，为实现文化遗产的创造性转化和创新性发展提供了新思路和新方法。运用文化创意对中轴线文化遗产资源进行重新阐释与创造性再现，充分体现北京城市中轴线文化遗产的文化精神、文化价值和文化个性，将文化遗产资源转化为服务当代人生活的文化财富，并在此基础上形成新的文化经典，是实现文化遗产创造性转化和创新性发展的重要路径。

需要推动相关文化创意产业升级，创新文创产品设计，把北京城市中轴线传统文化因素转化成丰富多彩的现代文化品牌，让更多的文化遗产元素进入当代人的生活，形成生生不已的遗产资源创新转化机制。要充分认识北京城市中轴线独特的文化资源优势，发挥故宫文创等产品的品牌效应与示范作用，推进中轴线文化资源向文化品牌的创造性转化，提升品牌符号辨识度、增强品牌价值，借助科技、创意等元素开发独具中轴线特色的文创产品，使其既符合新时代市场需求，又具有中轴线文化遗产特有的文化内涵。

文化遗产资源是文化创意产业的重要创意来源与发展驱动力，要在充分理解文化遗产的文化内涵和精神实质的基础上，推动影视、演艺、游戏、动漫、出版等文化产业与中轴线文化遗产资源深入融合发展,充分发挥文化的衍生创化功能。对传统文化进行创造性转化和创新性发展,可以尝试在影视、戏剧、歌舞、综艺等艺术创作中把中华优秀传统文化元素与现代审美相融合,可借鉴"印象刘三姐""印象丽江""中国出了个毛泽东"等大型山水实景演出和《我在故宫修文物》《故宫》《美丽中国》《苏园六记》《新丝绸之路》等文化纪录片以及《国家宝藏》《上新了故宫》等大型文化综艺节目的思路,深入挖掘北京城市中轴线历史文化资源,并进行整合加工创新创造,将其转化为丰富多彩的适应公众需求的艺术表达形式,打造出既反映时代特色又涵养人们心灵的充分阐释北京城市中轴线文化内涵的文艺精品,进一步扩大《魅力中轴线》等综合文化节目的影响力,唤醒公众对北京城市中轴线的文化记忆。

(二)加强文化与旅游的融合发展

北京城市中轴线文化遗产作为传统文化资源的重要组成部分,是北京重要的旅游资源。旅游为文化遗产与公众的互动提供了途径,成为传播文化遗产及文化价值的重要路径。

在推进北京城市中轴线申遗及文化资源传承发展的过程中,需要加强文化与旅游的融合发展,通过文旅融合的方式,让北京城市中轴线文化遗产活起来。要在深入挖掘、阐释北京城市中轴线遗产文化价值的基础上,构筑并还原文化遗产场景,打造特色旅游产品与相关文化产品,包括改造历史文化街区,创新规划遗址公园与文化遗产体验中心,设计举办有特色的实景演出等,增强人们对中轴线文化遗产的理解、想象和体验,提升公众对中轴线文化遗产的认识、认知与认同。

通过系统的文化旅游规划,将北京城市中轴线沿线的文物古迹、近现代建筑等联系起来,形成以北京城市中轴线公共文化空间为基础的系统框架,设计开发专题旅游线路。目前作为一个整体系统的北京城市中轴线文化遗产,其旅游价值并没有得到充分的开发与研究,这与社会公众对其怀揣的期望存在较大差距。具体来说,旅游规划体现出分散性和浅层次的特点,中轴线各景点的有机联系不够，历史文化内涵的挖掘与呈现不足。我们需要根据中轴线不同景点的历史功能与文化内涵，进行系统科学的规划设计，推出各具特点、整体一致的文化旅游线路，并形成系统有效、统筹联动的旅游管理规划与服务体系。

创新针对国外游客的文化遗产旅游产品的设计。通过大数据分析国外游客旅游热点，规范旅游景点及服务设施的外文标识体系，提升导游外语水平与历史文化讲解的水平，完善针对国外游客的文化旅游服务。加强对与中轴线相关的历史事件、历史故事的深入发掘，通过影视作品、短视频等方式进行情境性创作、加工，将其开发或转化为动漫、游戏等具有动态性、参与性的旅游产品，增进国外游客对中轴线文化价值的具体而深入的理解。如此种种，目的是讲好中轴线故事，展示中轴线文化魅力，使中轴线文化内涵潜移默化地发挥国际影响力，向世界传播中国独特的审美理念和人文精神，促进北京作为国际交往中心与世界历史文化名城的建设。

（三）促进文化遗产资源与公共服务体系的融合

北京城市中轴线在历史形成过程中，体现出"天人合一"、人与自然高度融合的特点，现代发展又使城市有了新的格局，中轴线区域的历史文化空间得到重塑，文化遗产过去原有的自身的属性在当下被改变。历史上的皇家禁地、坛庙宫苑转变为博物馆、广场、公园等公共空间，与作为中轴线肌理的四合院、传统街区共同构成为一个属于广大公众的生活场所。可以说，现在的北京城市中轴线既是一个政治空间、文化空间，也是一个社会空间、生活空间。

实现中轴线文化遗产的继续发展，需要在推进北京城市中轴线文物保护、景观恢复的同时，加强基础设施及公共服务设施配套建设，提升中轴线区域人文品质与环境品质，丰富社区文化功能，将文物保护与生态保护融为一体，进一步寻求实现城市"生态文明"的有效路径，促进"可持续城市与社区"的实现。如此，才能使传统文化遗产与现代社区生活融合无间，使大众沉浸历史文化之中，更好地感知中轴线遗产、体验中轴线文化。

因此，要充分考虑中轴线区域的空间特征和文脉延续，发挥社区沉浸式文化遗产承续的特色，完美实现对中轴线文化遗产的保护与利用，实现使文化遗产资源活起来的发展目标。比如，近年来在故宫举办的"紫禁城里过大年""紫禁城上元之夜"文化活动，在景山公园举办的"中轴祈福——紫禁之巅过大年"活动、"华彩闹元宵共贺中国年"元宵节灯会，在永定门广场举办的"永定门公园灯光秀"活动，在钟鼓楼举办的"中秋夜中轴线上诵中秋"活动，等等，都体现出传统民俗文化节日与中轴线文化的完美结合，充分体现出社区沉浸式文化体验的活力。[①]

完善博物馆、纪念馆、文化馆、艺术馆等公共文化设施，利用现代科技手段与信息技术，强化传统文化体验功能，使中轴线历史文物和文化资源得以形象呈现，焕发时代活力，更好地为群众所接受，使文化遗产更好地发挥引导社会、启迪民众、推动发展的作用。

北京城市中轴线一带有着极为丰富的博物馆、艺术馆等公共文化设施资源，其中包括故宫博物院、国家博物馆、中国美术馆等一流的文博机构，体现了北京作为历史文化名城的文化优势。这些文化资源也是建设人文北京，将北京打造成世界城市的重要基础。未来一方面要进一步优化管理与服务机制，通过更新展陈方式，提高文化遗产资源展览的效果。另一方面，要充分利用数字技术、虚拟仿真技术等进一步增强公众的文化体验。数字技术在文化遗产保护与利用中的巨大作用已成为国内外文化遗产界的共识，数字化技术、虚拟仿真技术等可以再现过往，带领今天的人们感受过去辉煌的文明。通过建设"没有围墙"的数字化虚拟博物馆，受展陈条件限制无法展出、得不到充分利用的珍贵馆藏文物精品可以更方便地走进公众文化生活，形成集介绍、宣传、普及和交流丰富的文化内涵，展现深厚的文化底蕴和优美的人文景观于一体的创新型科普场所。尤其要创造性运用虚拟现实技术，以影像展示的形式让人们深入了解文化遗产的历史，这一技术在国内外许多文化

---

① 赵莉娜：《公共艺术视角下的北京中轴线文化价值研究》，硕士学位论文，中央美术学院，2020。

遗产资源的数字化展示中被成功应用。"对于已经消散的文化遗产，也只有虚拟再现才让我们重新有了观赏和接触的机会。"① 我们可以通过现代信息技术梳理传统文化资源并将其数字化，利用强大的虚拟现实技术，对中轴线文化遗产的历史状态进行虚拟再现，可以让人们全面直观地了解这一宏大丰富的文化遗产。可以在实地考古、文献调研、古籍考证的基础上，在历史、考古、文献专家的指导下，利用虚拟技术还原古代皇宫、祖庙的礼制礼仪以及天坛、地坛、日坛、月坛等的祭祀仪式，也可以虚拟重现金元明清以来历代北京城市中轴线的发展演变过程，这将会大大增强中轴线文化遗产展览的吸引力。

（四）深化文化遗产资源与文化教育产业的结合

我国《世界文化遗产保护管理办法》第十四条明确提出"应当充分发挥文化遗产的宣传教育作用"②。《文化遗产阐释与展示宪章》提及文化遗产阐释与展示的目标包括"促进对文化遗产地的理解和欣赏，培养文化遗产保护所需的公众意识及公众参与"，"向各方受众宣传文化遗产地的意义和内涵"③。北京城市中轴线承载的丰富文化内涵，是中华优秀传统文化教育的重要内容，要充分发挥中轴线遗产资源的教育价值，积极探索其在文化教育层面的转化与创新路径。具体来说，要深入开拓文化教育市场，大力发展文化研学、传统文化体验等新兴文化教育产业，创新性实现城市中轴线文化遗产资源与传统文化教育的结合。

将北京城市中轴线建设成为对大、中、小学学生及大众进行中华优秀传统文化教育、提高其传统文化素养的主要阵地，将文化遗产教育纳入国民教育体系。充分推进有关中轴线文化遗产资源面向中小学生的教辅材料的开发及校本课程的建设，推动北京中小学、高等院校在中轴线区域内建立校外活动基地，使得青少年能够与中轴线文化遗产进行"零

---

① 汪黎黎：《文化遗产的虚拟再现研究》，《新闻爱好者》2010年第10期。
② 《世界文化遗产保护管理办法》，中华人民共和国文化部第41号令，2006年11月14日。
③ 《实施〈世界遗产公约〉操作指南》。

距离"亲密接触，增强青少年保护优秀传统文化的意识，激发其强烈的民族自信心和爱国主义精神。加强对文化遗产背后的历史事件、历史人物的解读阐释，在系统开展中轴线历史价值、科学价值、艺术价值、精神价值和时代价值研究的基础上，充分利用融媒体优势举办丰富的宣传弘扬活动，吸引青少年与普通大众走近中轴线，了解中轴线文化，使中轴线文化遗产更好地发挥引导社会、教育人民、启迪思想、推动发展的作用，增强大众的文化自信。

推进文化研学、传统文化体验等文化教育产业的深入发展。结合北京城市中轴线不同景点的独特面貌和不同层面的文化内涵，精心设计面向不同对象的专题性文化研学活动，使参与者在深入体验中理解中轴线文化遗产的丰富文化内涵。比如可以依托故宫、太庙、正阳门等设计有关古代建筑艺术的研学或体验活动，深入理解古代建筑文化的特质与特色，参与者通过亲自动手制作斗拱等建筑构件，感受榫卯结构这一中国古代建筑艺术的魅力。也可以依托天坛、地坛、日坛、月坛等礼制建筑设计古代礼制与祭祀文化之旅活动，使参与者深入理解古代礼制文化、服饰文化、祭祀文化等丰富多彩的内容。还可以依托中轴线各景点现存的丰富楹联作品设计古代楹联文化之旅活动，有助于参与者深入理解现存的古代楹联的内容与艺术特色。还可以通过尝试对对子、写楹联的动手活动，提高参与者对古代语言文学艺术的深层次体验。

（五）加强文化遗产资源与对外文化交流、文化贸易的融合

北京城市中轴线文化遗产资源具有"杰出性和普遍性价值"，融国家政治、传统文化、思想观念、建筑艺术等多重内容于一体，具有独特的文化内涵。要面向国际社会讲好中轴线故事，使中轴线文化遗产在世界文化发展中活起来，需要加强中轴线文化遗产的对外交流与传播。

通过与对外文化交流活动的融合，全方位加强中轴线文化资源开发、保护、研究的国际合作与交流，寻求中外不同文化遗产资源在文化内涵阐释、遗产保护、宣传、开发等方面的共同点，加强世界文化遗产资源之间的交流

与互鉴，从而推动中轴线文化内涵的国际传播与国际化呈现进程。此外，要充分发挥北京城市中轴线在重大国事活动及其他外事外交活动中的文化服务价值，塑造北京城市中轴线的国际文化形象，促进北京作为国际交往中心的建设。

通过与对外文化贸易活动的融合，推动中轴线文化产品的对外贸易发展。近年来，首都对外文化贸易取得长足进步，文化产业实现了更高水平的对外开放，文化出口基地正逐步建设，文化体制改革不断深入，文化旅游融合发展。中轴线文化资源的国际化呈现要充分利用首都对外文化贸易的新发展机遇，通过文化产业的创新转型、文化贸易的数字化变革，进一步发展境外消费模式，将丰富的历史文化资源以文化产品和服务的形式提供给世界人民。①

参考文献

朱祖希：《北京城中轴线的文化渊源》，《北京观察》2011年第4期。
王世仁：《北京古都中轴线的文化遗产价值》，《北京规划建设》2012年第4期。
李建平：《北京中轴线的文化积淀与特色》，《北京联合大学学报》（人文社会科学版）2015年第2期。
孔繁峙：《北京中轴线的历史文化意义》，《北京观察》2017年第10期。
柳斌杰：《文化遗产的传承、保护和创造性转化》，《中国人大》2017年第24期。
杭侃：《文化遗产资源旅游活化与中国文化复兴》，《旅游学刊》2018年第9期。
王林生、金元浦：《新时代北京全国文化中心建设的理念与路径 2017—2018年文化北京研究综述》，《城市学刊》2018年第6期。
詹成付：《深入理解"坚持系统观念"》，《人民日报》2020年11月12日。
曲青山：《论坚持系统观念》，《北京日报》2020年11月30日。
周荣庭、李爽：《世界文化遗产科普的融合路径探究》，《科普研究》2020年第6期。
唐罗娜：《世界文化遗产的旅游产业化路径》，《城乡论坛》2016年第2期。

---

① 李小牧主编《首都文化贸易发展报告（2020）》，社会科学文献出版社，2020。

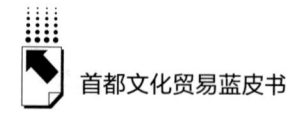

秦红岭：《基于景观传记方法的北京中轴线申遗保护》，《北京联合大学学报》（人文社会科学版）2020年第4期。

张宝秀、张妙弟、李欣雅：《北京中轴线的文化空间格局及其重构》，《北京联合大学学报》（人文社会科学版）2015年第2期。

陈少峰：《非物质文化遗产的动漫化传承与传播研究》，博士学位论文，山东大学，2014。

刘亚男：《北京城中轴线文化价值评价研究》，硕士学位论文，首都师范大学，2013。

习近平总书记在北京市考察时的讲话，2014年2月25日。

习近平：《在文艺工作座谈会上的讲话》，2014年10月15日。

《习近平在联合国教科文组织总部的演讲》，2014年3月27日。

习近平：《决胜全面建成小康社会 夺取新时代中国特色社会主义伟大胜利——在中国共产党第十九次全国代表大会上的报告》，人民出版社，2017。

《中共中央关于制定国民经济和社会发展第十四个五年规划和二〇三五年远景目标的建议》，人民出版社，2020。

习近平：《建设中国特色中国风格中国气派的考古学，更好认识源远流长博大精深的中华文明》，《求是》2020年第23期。

《中共北京市委关于新时代繁荣兴盛首都文化的意见》，2020年2月14日。

《北京市推进全国文化中心建设中长期规划（2019年—2035年）》，2020年4月9日。

B.12
三大品牌展会平台助力北京与全球文化服务贸易发展*

刘畅 梅凯**

摘　要： 2020年，新冠肺炎疫情给国际贸易带来强烈冲击，也重塑了展会的发展方式。服贸会、中关村论坛和金融街论坛作为北京三大品牌展会起到汇聚全球资源，展现首都担当的重要作用。在2020年，三大品牌展会均采用"线上+线下"办展的模式，不同程度地起到促进文化服务贸易发展的作用。本文探讨三大品牌展会促进文化服务贸易发展的直接和间接效应，三大品牌展会作为文化服务贸易平台的优势、问题与挑战，最后，提出合理发挥政府的引导作用、借助数字技术丰富展会内容、实施"引进来"与"走出去"办展战略，更好地发挥三大品牌展会平台作用，助力北京与全球文化服务贸易发展。

关键词： 服贸会　中关村论坛　金融街论坛　文化服务贸易

一　引言

2020年，新冠肺炎疫情给全球贸易带来冲击，北京与全球的文化服

---

* 本文为2020年度北京第二外国语学院校级科研专项项目"大型活动推动北京国际交往功能提升研究"（项目编号：KYZX20A005）的阶段性成果之一。
** 刘畅，北京第二外国语学院经济学院副教授，硕士生导师，首都国际服务贸易与文化贸易研究基地研究员，研究方向为会展经济、消费经济；梅凯，北京第二外国语学院经济学院硕士研究生，研究方向为会展经济。

贸易发展也面临着巨大的挑战。大型国际展会作为贸易平台，起到链接全球资源的重要作用。《北京市国民经济和社会发展第十四个五年规划和二〇三五年远景目标纲要》提出，要擦亮中国国际服务贸易交易会（以下简称服贸会）、中关村论坛和金融街论坛"三平台"金字招牌，推动国内国际双循环相互促进，展现首都担当①。

作为疫情防控常态化背景下第一场大型国际经贸活动，2020 服贸会的成功举办不仅显示出中国坚持扩大开放的决心和信念，更促进了中国对外开放的水平走向更高的层次。本文将梳理新冠肺炎疫情冲击下，三大品牌展会助力北京与全球文化服务贸易发展的直接和间接效果，归纳总结展会作为文化服务贸易平台的优势、存在的问题与面临的挑战，最终提出发挥三大品牌展会的平台作用，进一步推动文化服务贸易高质量发展，加速扩大北京市服务业对外开放水平的政策建议。

二 三大品牌展会平台的文化服务贸易效果

品牌展会通常具有多元主体支持、规模大、影响广、知名度高、国际化程度高、核心竞争力强、硬件配套完善、软件服务优质等优点，可以展现出相关行业阶段性的发展状况，对当地经济的增长具有重要的影响和推动作用。北京三大品牌展会分别聚焦服务贸易、科技创新和金融发展三大领域，经过多年的发展，成为各自领域最重要的国际交流合作平台，起到服务国家战略、直接达成贸易、促进国际交流、推动行业发展的多重作用。

（一）服务国家战略

服贸会聚焦服务国家战略，助力构建新发展格局，拓展了"一带一路"服务贸易合作空间，探索用新的合作理念、合作机制、商业模式助力"一

---

① 《北京：率先探索有效路径　在构建新发展格局中做出北京贡献》，人民网，2021 年 1 月 24 日，http://bj.people.com.cn/n2/2021/0124/c14540 - 34544780.html。

带一路"建设,使"一带一路"服务领域合作取得新成效。服贸会服务国家对外开放战略和高质量发展,通过搭建服务贸易交易平台打破国内市场瓶颈,成为促进国内国际双循环的新支点。从共建"一带一路"国家的服务贸易发展以及京津冀协同发展、北京"两区"建设、服务业扩大开放、新基建等方面开展研讨交流①,推动相关国家战略落地,搭建规则协调、机制构建、务实合作的交流平台。

金融街论坛就金融业服务于供给侧结构性改革、金融业改革创新与全面对外开放等一系列问题达成共识,对金融改革提供了具有参考价值的建议,逐渐成为国家级金融政策权威发布、金融业国际深度交流合作和中国参与全球金融治理发声的重要平台。2020金融街论坛年会肩负特殊使命,专题研讨了中国参与全球金融治理、金融业深度对话和良性互动的机制,展示了全球抗疫背景下进行经济金融治理的中国智慧和方案,为促进世界经济复苏贡献了中国力量。

中关村论坛以"创新与发展"为永久主题,聚焦国内外科技创新热点和前沿问题,定位服务北京科创中心建设和国家创新发展战略。着力打造代表国家融入国际创新网络、深度参与全球创新治理,推动提升国际话语权的国家级国际化平台建设。

(二)直接达成贸易

服贸会自举办以来就承载着支撑服务业和服务贸易发展的历史使命,展示全球服务贸易发展趋势和前沿成果,突出新技术、新业态、新模式的示范与引领作用,促进服务贸易创新发展和国际服务贸易交流合作。来自148个国家和地区2.2万家的企业和机构通过线上线下双线展会参加2020年服贸会,其间共举办190场洽谈活动和论坛。各省市区、大型央企和部分金融企业通过成立交易团积极与会洽谈达成交易,在数字贸易领域的交易非常活

---

① 《服贸会签订协定协议类成果240项》,《新京报》2020年9月10日,http://www.bjnews.com.cn/news/2020/09/10/767575.html。

跃，共签订协议协定类成果240项。①

中关村论坛的技术交易板块相关活动，汇集了"线上+线下"共7000多项优秀科技成果、600多个技术需求以及众多知名的国内外技术转移和服务机构，来自30多个国家的外籍嘉宾通过参与技术路演活动和洽谈对接实现了技术交易。②据不完全统计，在2020中关村论坛新增的技术交易板块中，共有产业合作签约、技术交易、交易项目42个，涉及的总金额共178.48亿元人民币。③

（三）促进国际交流

服贸会的创立为服务贸易领域国际交流合作提供了新的契机，在不同国家和企业间搭建起了深入了解、合作共赢的平台。同时，服贸会围绕"服务贸易"主题组织开展全球服务贸易峰会等国际性会议、论坛，凝聚国际共识，提高了发展中国家在世界服务贸易发展格局中的话语权。服贸会的文化服务专题展——文博会，着力搭建中外文化交流互鉴的平台。

金融街论坛邀请了国际组织负责人、国际金融机构代表、国内外政府部门负责人、知名经济学者及诺贝尔奖得主、实业企业家等参加年会，嘉宾邀请规格、规模和境外嘉宾数量在历届举办过程中不断扩大，努力打造金融业国际深度交流合作平台。论坛采用线上和线下相结合的方式举办，为境外嘉宾参与演讲和研讨提供便利。同时论坛利用中英文直播与世界人民共享嘉宾观点，促进中国金融治理方案与智慧在世界范围内的交流传播。

中关村论坛旨在共同探讨科技前沿趋势与产业发展方向，着力打造高层次、高水平、综合性的国际科技合作平台，促进国家深度参与国际创新网络。中关村论坛为参会者提供了解全球科技创新、经济发展和企业成长

---

① 《服贸会闭幕 | 148个国家和地区2.2万家企业和机构线上线下参展》，"红网"百家号，2020年9月9日，https://baijiahao.baidu.com/s? id=1677349678376610832&wfr=spider&for=pc。
② 《2020中关村论坛开幕 首设技术交易板块 汇聚7000多个成果》，"环球网"百家号，2020年9月18日，https://baijiahao.baidu.com/s? id=1678132809717256735&wfr=spider&for=pc。
③ 《42项目成交额178.48亿》，"北京青年报北青网"百家号，2020年9月21日，https://baijiahao.baidu.com/s? id=1678395617006451050&wfr=spider&for=pc。

的机会，促进了科技领域之间的研发创新、人员交流、创业投资和技术成果转化。2020年，中关村论坛新设技术交易板块，发起组建国际技术交易联盟，并发布《国际技术贸易规则和技术交易生态环境建设共识》等文件，首发推介一批新技术产品，举办一系列应用场景供需对接活动，吸引全球顶尖高校、领军企业、行业组织、知名技术转移机构与平台参与。论坛发布了一份产业创新领先技术百强榜单，并开展中外十大理工高校创新合作对话。中关村论坛逐渐成为全球科技创新合作交流的平台，通过这一重要的国际交往窗口，来自世界各个国家和地区的科学家、知名企业家和投资人围绕统一议题进行深入研讨，使科技创新更好地服务于人民对美好生活的向往。①

（四）推动行业发展

服贸会主要围绕世界贸易组织（WTO）界定的服务贸易12大领域展开活动。2020服贸会重点针对金融服务、旅游服务、教务服务等8大行业设立专题展，推出了形式多样的行业对接、项目洽谈和高峰论坛活动，加强国内服务业交流和对外合作，吸引全球优质资源，通过提升国内服务业企业技术创新水平实现产业升级，推动行业发展。

金融街论坛立足于打造国家级金融政策权威发布平台，紧扣金融服务实体经济的本质，通过金融业国际深度交流合作，促进实体经济和金融行业良性互动、共同发展。论坛邀请金融界与实业界企业家现场交流互动、共同研讨，促进金融与实体经济双向选择、融合发展，以金融创新、创意、改革为实体经济健康发展赋能，使金融服务支持更加精准、科学。

中关村论坛致力于搭建新科技新产业的前沿引领平台、新技术新产品的发布交易平台、创新规则和创新治理的共商共享平台，每年定期向公众发布"中关村指数"。其中"中关村指数"的指标体系经过反复的修订已经能够

---

① 《四组数字、亿万关注，全景记录2020中关村论坛》，中关村论坛网站，2020年9月22日，http://www.zgcforum.com.cn/zh20/newsltdt/20200922/3088.html。

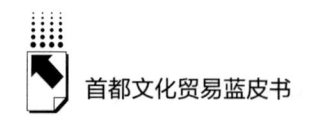

较为全面准确地衡量中关村创新、创业和行业发展的特征及趋势，对中国科技创新行业的发展具有一定的指导作用。

三 三大品牌展会作为文化服务贸易平台的优势

北京三大品牌展会平台都具有高层次、高水平的特征，在业内具有权威性，具有相对规范的服务与功能，有很强的国际影响力。2020年，在新冠肺炎疫情冲击下，三大品牌展会都进行了"线上办展"的尝试，打破了时间和空间的限制，加强了展会对文化服务贸易发展的直接和间接促进作用。

（一）高层次、高水平

服贸会是中国服务贸易领域唯一的国家级、国际性、综合型展会，由商务部和北京市人民政府共同主办，世界贸易组织（WTO）、经济合作与发展组织（OECD）、联合国贸发会议（UNCTAD）是服贸会的永久支持单位。2020年，习近平在服贸会上发表致辞，将服贸会定位为专门为服务贸易搭建的大规模展会和交易平台。本届服贸会同时邀请国际组织负责人、驻华大使、境内外部长级嘉宾、著名院士和诺贝尔奖得主作为嘉宾，世界知名企业及跨国公司高管参会并发表演讲。[①]

2020年金融街论坛年会由北京市人民政府、中国人民银行、新华社、中国证券监督管理委员会、中国银保监会和国家外汇管理局共同主办，北京市西城区人民政府、北京地方金融监督管理局以及北京金融街服务局承办，国际组织、国外金融监管部门、国内外头部金融机构负责人及国内外知名专家学者出席，议题设计和活动规模的等级得到大幅度提升。

中关村论坛的主办单位包括北京市人民政府、科学技术部、中国科学院

---

① 《2020年中国国际服务贸易交易会》，中国国际服务贸易交易会网站，2020年11月25日，https://www.ciftis.org/cn/gywm/wjhg/2020nzggjfwmyjyh/20201125105826287 96/index.html。

等，支持单位包括教育部、中国工程院、国家知识产权局、中国贸促会、世界知识产权组织、国际科技园及创新区域协会。参与中关村论坛的嘉宾囊括了学界、商界、政界知名人士，包括诺贝尔奖、菲尔兹奖得主等全球顶级科学家、知名学术及科研机构代表、全球知名企业家、国际组织负责人等。

（二）数字化带来新机遇

在疫情防控常态化背景下，展会"上线"渐成趋势，线上线下融合使得展会有望实现365天不落幕的效应。2020服贸会通过更加完善的数字化平台共成功举办了32场纯线上会议，对173场会议进行了线上直播，通过数字化平台发布项目共1870个[①]，在线洽谈次数和规模达到新的水平。在智能算法的推荐和匹配下，相关行业以及周边企业获得了信息的集聚，实现了商机拓展，线上参展体验效果大幅度提升。服贸会的线上平台提供的虚拟展厅、会议直播以及在线洽谈签约等功能进一步提高了达成贸易的机会。金融街论坛在年会基础上，全年长期持续举办分论坛和沙龙活动，结合在线会议等数字平台形成了"一主＋N分＋多沙龙"的框架体系，致力打造金融业国际深度交流合作平台。

（三）展示新技术与新理念

三大品牌展会都非常重视新技术、新理念的引入。以服贸会为例，服贸会遵循服务创新理念，对行业新成果、新技术、新应用进行重点推广，不仅利用新技术完善线上线下交易渠道，为企业开拓发展机遇，还通过遴选优质企业服务示范案例，引领服务业发展新模式、新业态，催生了行业发展新标准。2020服贸会针对新兴技术如5G通信服务、无人驾驶和机器人服务等设置了近30个技术应用点，包含了智能家居、智能穿戴、中医药体验、电子竞技和非遗展演等服务项目。2019服贸会通过设计5G自动

[①] 《2020年中国国际服务贸易交易会》，中国国际服务贸易交易会网站，2020年11月25日，https：//www.ciftis.org/cn/gywm/wjhg/2020nzggjfwmyjyh/20201125l0582628796/index.html.

驾驶体验模型、5G阅读体验和基于人脸识别的隐私保护技术等服务体验，为最新前沿技术成果提供了展示应用平台[①]；金融街论坛就大数据、区块链、云计算等技术改变未来金融生态达成了共识，强调了金融科技对于金融业健康发展的作用。

（四）多元化品牌活动强化吸引力

三大品牌展会都设置了丰富多样的活动，涵盖会议、展览、交易等多个板块，这些品牌活动在促进行业发展，加强国际交流合作方面起到了重要作用。

服贸会在打造服务贸易领域展览和交易平台的过程中逐渐将北京文博会、冬博会、旅博会、机器人大会等重要展会的相关内容借鉴融入，促进了相关行业和服务贸易的深度融合。服贸会的行业研讨交流会根据服务贸易领域划分，形成了电子商务、快递服务、体育服务、中医药服务等专题板块，活动品牌化效应进一步凸显，吸引力与影响力不断提升。

金融街论坛每年确定不同的主题和多种议题，并结合实际需要设置分论坛活动。2020年金融街论坛年会在"全球变局下的金融合作与变革"的主题下设置了"金融科技与创新""金融开放与市场"等4个板块平行论坛，包含了人物专访、成果发布等专场会议活动。

2020年，中关村论坛首次采取"会议+展览+交易+发布"的新架构，设置了四大板块，50余场活动。同年，中关村论坛与北京科博会融合举办，科博会作为中关村论坛的展览展示与技术交易板块，提高了科技成果转化与技术交易的水平。其间论坛针对高新技术产业如半导体、区块链、创新医药等领域所取得的最新成果举办专场发布会，发布相关科技创新指数等研究报告，推出了一系列促进高价值专利转化和创新产品进入市场的创新型政策。

---

① 《2019年服贸会会议概况》，中国国际服务贸易交易会网站，2020年7月29日，https://www.ciftis.org/cn/gywm/wjhg/2019nbjgjfwmyjyhdwj/hygk/index.html。

四 三大品牌展会面临的问题与挑战

在新的发展阶段,三大品牌展会在促进北京与全球文化服务贸易发展的过程中面临着新的问题与挑战。

(一)政府办展的挑战

北京三大品牌展会都是典型的政府主导型展会。政府主导型展会的优势是有可靠的信誉和丰富的资源做支撑,能够高质量、高效率地开展招展招商、宣传推广工作,可以提升展会的影响力和国际化水平。但政府作为主办单位也有其劣势。首先,政府主导型展会的主体是政府,而具体运营单位是行业协会和会展公司,这使得展会缺乏真正的所有者,缺乏可持续发展的制度保证;其次,政府主导型展会的办展资金主要来自政府财政预算拨款,但由此带来的财政预算软约束通常会导致展会运作效率低下。

(二)"双线办展"的挑战

2020年新冠肺炎疫情客观上推动了线上展会的发展,目前来看,线上展会的浪潮会给展会平台带来更多的改变和挑战。首先,在互联网技术不断进步的背景下,传统展会需要合理借助"数字化"技术,克服空间距离带来的参展障碍,结合新科技不断强化线上参展体验。其次,展会平台需要思考和探索如何借助互联网技术,突破时间限制,将展会的运行方式从短期平台转化为具有持续服务能力的商业平台。加速"线上"化的同时,也必须正视线上办展的缺点:单纯的线上展无法实现面对面的沟通交流,无法实现展会对相关产业,如旅游业、住宿餐饮业等的带动作用,无法带来文化的切身感受,等等。这就决定了对展会活动来说,"线上"无法完全取代"线下"。如何实现线上与线下的互补与互促,是今后较长一段时间,整个展览行业面临的问题,也是北京三大品牌展会面临的挑战。

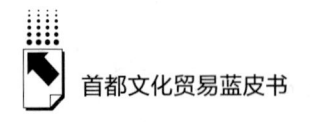

（三）展会定位的挑战

北京三大品牌展会并非完全与文化服务贸易挂钩。服贸会的12大服务贸易领域中仅有3大类与文化服务贸易直接相关；金融街论坛与中关村论坛是通过促进金融领域和科技领域的发展间接促进文化服务贸易发展。从这个角度来看，三大品牌展会对北京与全球文化服务贸易发展的促进作用有其局限性。因此，北京的品牌展会没有针对文化服务贸易实现专业化的突破，未来可以针对文化服务贸易领域进行高质量策划和实施新的品牌展会项目，或者在三大品牌展会中进一步打造与文化服务贸易相关的品牌活动与重点板块。

（四）文化服务贸易"数字化"发展的挑战

文化服务贸易的数字化特征反映在很多方面，音乐、影视、图书等传统文化内容经数字化编码后以数字化形式传播，实现数字技术与文化产业的融合，衍生出短视频、电竞、游戏、云旅游、线上娱乐等数字化产品。文化服务的数字化发展趋势对传统文化产业链造成冲击，展会的文化服务贸易平台作用在数字化趋势下被削弱，展会平台可能会被新的数字平台所代替。在促进文化服务贸易发展方面，北京三大品牌展会须顺应趋势变化，做出应有的调整。

五 三大品牌展会促进北京与全球文化服务贸易发展的政策建议

结合前文对北京三大品牌展会文化服务贸易促进效应、平台优势以及问题挑战的梳理，结合国际知名品牌展会发展的经验，为更好地发挥三大品牌展会支撑和推动北京与全球文化服务贸易发展的作用，本文提出以下建议。

（一）合理发挥政府的引导作用

品牌展会的良性发展既需要政府的支持又需要充分发挥市场机制的资源配置作用，政府从"台前"走到"幕后"有着重要意义。借鉴会展业市场化程度较高的国家的办展经验，政府在办展过程主要从兴建场馆和交通等基础设施、提供公共服务、营造宽松的产业政策等方面为会展业提供支持，侧重于加强宏观管理，一般不直接介入办展。如德国政府投资建设展馆，将展馆的经营管理权以长期租赁或者委托运营的方式交由大型会展公司，会展公司成为展会策划和组织的主导者。

目前，北京三大品牌展会虽然是由政府主导完成，但是各板块均交由行业协会、会展企业以及知名公司承办，未来仍须进一步探索展会组织的新形式，如设立专门机构进行管理，引入更多市场机制等。政府专注于宏观的统筹性工作，主办方通过招标的形式将具体工作内容外包，引入国际展览企业，在提高展会组织专业化水平的同时，提高展会服务质量。

（二）借助数字技术丰富展会内容，提升展会水平

物联网、3D打印、机器翻译、虚拟现实、人脸识别、大数据等数字技术的进步可以将文化资源转化为可以消费的文化产品，例如观众可以通过这些技术参观博物馆内的藏品和文物，突破文化资源传播的时空限制。三大品牌展会，尤其是服贸会可以通过引入文化资源展览数字化技术，建立文化资源数据库，推动文化产品的设计、品牌打造和交易，更好地发挥服贸会对于文化服务贸易发展的促进作用。

在疫情防控常态化背景下，三大品牌展会应充分运用新技术，推动展会智能化，更好地发挥服务于北京对外文化服务贸易的平台作用。第一，借助数字技术，广泛运用社会化媒体，实现与受众的有效沟通。第二，利用大数据采集及智能算法，通过对历届展会的数据采集，进行客流分析、人群画像，洞察目标客户的行为特征及偏好，实现线上线下精准投送。第三，探索

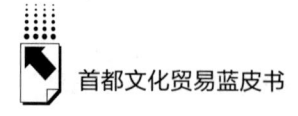

线上线下相结合的办展方式,打破传统展会的时空限制,提供更多的贸易机会。

(三)实施"引进来"与"走出去"办展战略

为更好地发挥品牌展会平台的文化服务贸易促进效果,三大品牌展会应当借鉴达沃斯论坛和博鳌亚洲论坛的相关经验,完善"引进来"机制与"走出去"模式,不断提升展会的水平和国际影响力。目前,三大品牌展会在"引进来"方面做出很多尝试,京交会引进的两大国际知名展会——"故事驱动中国"升级为"故事驱动亚洲","智能城市中国"升级为"智能城市亚洲"[①]见证了京交会的升级;2020年中关村论坛将北京科博会纳入技术交易板块融合举办,已经成为集科技创新交流、发布和交易于一体的国际化综合展会。但在"走出去"方面,北京三大品牌展会仍有很长的路要走。三大品牌展会可以借鉴博鳌亚洲论坛在英国、印度、法国、美国、澳大利亚、马来西亚等地举办专题会议的"走出去"方式,广泛征求主办和支持单位、专家智库等的意见,高质量策划议题和专题活动,让北京三大品牌展会走出国门,走向国际。

参考文献

陈琳:《数据的力量 大数据成就品牌会展活动》,《中国会展》2019年第10期。

方英、吴雪纯:《我国文化贸易数字化发展的正效应及推进方略》,《现代传播》2020年第11期。

陶树丰:《社会化媒体时代政府主导型展会的品牌建构研究——以"义博会"为例》,硕士学位论文,华东师范大学,2018。

王福秀:《世界知名品牌展会的特征分析》,《中国经贸导刊》(中)2019年第2期。

王起静:《我国政府主导型展会的市场化改革》,《北京第二外国语学院学报》2008

[①] 《2014年中国(北京)国际服务贸易交易会会议概况》,中国国际服务贸易交易会网站,2017年7月30日,https://www.ciftis.org/cn/gywm/wjhg/dsjjjhhg/hygk/index.html。

年第 7 期。

王胜、张东东：《借鉴达沃斯经验　推动博鳌论坛和海南双发展》，《今日海南》2016 年第 3 期。

朱永润：《打造政府主导型品牌展会——中国品牌展会圆桌会侧记》，《中国会展》2018 年第 11 期。

邹波：《中国对外文化贸易发展的特征变化及前景展望》，《价格月刊》2021 年第 2 期。

B.13
双循环格局下北京文化产品出口的影响因素研究*

——基于共建"一带一路"国家的分析

孙乾坤 刘冬雪 张宸妍**

摘　要： 本报告基于北京的全国文化中心地位和共建"一带一路"国家复杂的国际环境，剖析了北京文化产品出口共建"一带一路"国家的重要意义，指出北京文化产品的出口不仅可提升北京文化的影响力，助力更高水平的外循环，而且可开拓共建"一带一路"国家的文化市场，带动北京的对外文化投资。同时，本报告分别从政策环境、国际影响力、双循环格局以及多元文化差异、地缘政治制度和新冠肺炎疫情下的经济风险等角度考察了北京文化产品出口共建"一带一路"国家的有利和不利因素。最后，结合上述内容，针对性地提出了双循环格局下促进北京文化产品出口共建"一带一路"国家的策略建议，即北京应把握政策机遇，推动系列文化贸易政策在京先行先试，防范外循环风险，打造具有北京特色的文化品牌，调整文化产品出口结构矛盾，塑造北京城市形象，等等。

---

* 本报告是北京市社会科学基金研究基地重点项目"'一带一路'倡议下北京文化影响力评价研究"（项目编号：19JDYJA006）的阶段性成果之一。
** 孙乾坤，博士，北京第二外国语学院经济学院国际贸易系主任、讲师，硕士生导师，首都国际服务贸易与文化贸易研究基地研究员，研究方向为文化贸易、国际贸易；刘冬雪，北京第二外国语学院经济学院硕士研究生，研究方向为国际贸易；张宸妍（通讯作者），博士，首都经济贸易大学经济学院讲师，研究方向为文化贸易、国际贸易。

双循环格局下北京文化产品出口的影响因素研究

关键词： 双循环格局　文化产品出口　"一带一路"　北京

一　引言

近年来，随着全球化趋势的深入发展和"一带一路"倡议的稳步推进，我国文化产品出口越来越受到人们的关注与重视，且在国内国际双循环相互促进的新发展格局中正扮演着重要角色。党的十九大报告明确提出新时代应坚持中国特色社会主义文化发展道路，激发全民族文化创新创造活力，建设社会主义文化强国。"十四五"规划又进一步把积极发展对外文化贸易，开拓海外文化市场，鼓励优秀传统文化产品"走出去"，加强国家文化出口基地建设作为今后一段时间的重要安排之一。可见，文化产品出口已成为全方位对外开放的重要内容之一。北京作为全国的文化中心，不仅有着深厚的文化底蕴、丰富的教育资源和独特的人文优势，而且承担着引领全国文化发展的责任和使命，是代表国家参与国际文化交流、文化产业竞争与文化产业合作的重点城市。自2013年我国提出共建"一带一路"倡议以来，北京与共建国家的文化交流和文化贸易愈加频繁，在全国文化中心建设的各个方面皆取得了重要成就。目前，北京的"人文交流"指标位居全国前列，文化产品出口呈现高质量发展态势，在推动首都文化"走出去"、加速与共建"一带一路"国家的互联互通方面发挥着巨大作用。然而，随着当今多元文化的逐步渗透融合，在国际市场上文化产品的竞争越来越激烈，加之共建"一带一路"国家的数量众多、类别较广、文化差异大，不同文化之间的交锋和冲突不断凸显，使得北京在双循环新发展格局下文化产品的出口正面临着一定的机遇和挑战。鉴于此，本报告将着重结合国内国际双循环的发展背景，从政策环境、国际影响力、双循环格局以及共建"一带一路"各国的多元文化差异、地缘政治制度和新冠肺炎疫情下的经济风险等角度深入考察北京文化产品出口共建"一带一路"国家的主要影响因素，并提出相应的策略建议，以期为促进"一带一路"倡议下北京文

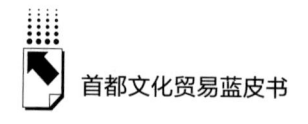

化的对外传播，推动双循环新发展格局下北京文化产品的高质量出口贸易提供思路借鉴和智力支持。

二 文献综述

目前，已有国内外学者基于不同视角对文化贸易的相关问题展开探讨。Acheson指出"海上丝绸之路"的发展不仅直接通过对外贸易促进了经济发展，而且在香料、陶瓷等带有中国文化烙印商品的传播中推动了中国贸易的进步。[1] 刘翠霞和高宏存考察了我国与共建"一带一路"国家文化产业合作的重点领域，提出我国不仅应优化文化产品和服务的出口结构，而且须进一步扩大文化服务的出口比重。[2] 陈波和林馨雨分析了中国文化产品的出口模式，认为我国应进一步调整文化贸易结构，拓宽文化产品类型，从以工业输出为主导的文化出口大国，向以价值输出为核心的文化出口强国转化。[3] 进一步地，齐玮和何爱娟对我国文化产品的出口竞争力进行了测度，发现我国文化产品的出口竞争力在不断提升，但不同文化产品的出口竞争力还存在着较大差异。[4] 此外，也有部分学者就北京市的文化贸易问题进行了研究。李小牧归纳了北京对外文化贸易的发展特点和发展机遇，并指出北京应积极顺应新时期文化产业和文化贸易的发展趋势，加强在数字贸易领域的政策标准制定，为企业开展数字贸易提供多方面保障。[5] 孙乾坤等分析了高质量开放背景下北京文化贸易发展的主要问题，认为在"一带一路"倡议下北京应加快对文化出口产业或产品的结构性调整，积极开拓共建"一带一路"国

---

[1] Acheson, C. Maule, "Culture In International Trade," Fourteenth Italian Symposium on Advanced Database Systems, Sebd 2006, Portonovo. DBLP, 2006: 309–320.
[2] 刘翠霞、高宏存：《"一带一路"文化产业国际合作的优势选择与重点领域研究》，《东岳论丛》2019年第10期。
[3] 陈波、林馨雨：《中国文化产品出口模式特征——基于偏最小二乘判别分析的实证研究》，《中国软科学》2019年第10期。
[4] 齐玮、何爱娟：《中国文化产品出口竞争力测度与国际比较》，《统计与决策》2020年第4期。
[5] 李小牧：《首都文化贸易发展报告（2020）总报告》，载李小牧主编《首都文化贸易发展报告》，社会科学文献出版社，2020。

家文化市场，实现文化出口产品和出口模式的多元化发展。①

通过对既有文献的梳理不难发现，以往文献分别从文化产业的合作领域、文化产品的出口模式以及文化产品的出口竞争力等方面对文化"走出去"的相关问题进行了剖析；随着研究对象的不断细化，还有文献针对北京市的文化贸易发展特征和北京市的文化贸易发展问题进行了深入考察。然而，结合双循环下的新发展格局背景和"一带一路"倡议，深入细化考察北京文化产品出口影响因素的文献还相对较少。鉴于此，本报告将立足于共建"一带一路"国家的特殊环境，全面探究北京文化产品出口共建"一带一路"国家的主要影响因素，从而对以往文献进行拓展和补充。

三 北京向共建"一带一路"国家出口文化产品的重要意义

（一）有助于提升北京文化的国际影响力，助力我国实现更高水平的外循环

民心相通是"一带一路"建设的重要内容，而提升文化影响力、增强文化认同则是实现民心相通的根基。北京作为同时具有"都"和"城"双重属性的国际化城市，承担着塑造文化影响力、引领全国文化对外传播的重要任务。由于北京独特的文化形象往往通过其具有特定内涵和特定魅力的文化产品展现出来，因而北京在向共建"一带一路"国家出口这些文化产品时，不仅可增强共建"一带一路"国家民众对北京文化及中华文化的欣赏力和认可度，也将进一步提高北京文化的对外传播能力，扩大北京文化的国际影响力、渗透力和感染力。此外，北京文化产品出口共建"一带一路"国家，有助于加深这些国家或地区民众对北京特色文化和中华优秀传统文化精髓的深层次理解，促进北京与这些国家或地区在文化企业发展、文化园区

---

① 孙乾坤等：《高质量开放背景下北京文化贸易发展的问题及应对》，载李小牧主编《首都文化贸易发展报告》，社会科学文献出版社，2020年。

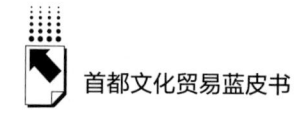

打造等多个领域开展合作,进而对这些国家或地区的文化市场和文化生活产生积极影响,助力我国实现更高水平的外循环,畅通国内国际双循环。

(二)有利于开拓共建"一带一路"国家的文化市场,带动北京文化企业对外投资,促进民心相通

作为全国的文化中心,北京不仅有着丰富的文化资源而且有着良好的文化产业发展优势,其对共建"一带一路"国家的文化产品出口有利于北京开拓更广阔的文化市场,推动北京的文化产业实现更高层次和更高水平的对外开放,参与更大范围、更广领域的文化合作和竞争。同时,北京向共建"一带一路"国家出口文化产品和服务的过程中,将通过不断开发文化创意产品和相关服务,打造更多的文化品牌,培育更多具有国际竞争力的外向型文化企业,进而加快北京文化企业"走出去"的步伐,这将有助于促进北京在我国高质量共建"一带一路"进程中更好地利用国内和国际两个市场、两种资源,实现文化产业和文化消费的多元化发展。此外,北京将更多的文化创意产品和服务出口至共建"一带一路"国家,还将推动北京的民间外交,能够为北京与共建"一带一路"国家民众带来一系列的多元互动和社会人文领域的交流合作,促进民心相通,增进双方的友好感情。

四 北京文化产品出口共建"一带一路"国家的影响因素

(一)有利因素

1. 良好的政策环境

2016年,文化部印发《文化部"一带一路"文化发展行动计划(2016—2020年)》[①],旨在推动我国与共建"一带一路"国家的文化交流和长效合

---

① 《文化部关于印发〈文化部"一带一路"文化发展行动计划(2016—2020年)〉的通知》,中华人民共和国文化和旅游部网站,2016年12月28日,http://zwgk.mct.gov.cn/zfxxgkml/ghjh/202012/t20201204_906371.html。

作，促进文化贸易的创新发展。自2018年以来，北京市发布了《北京市推进共建"一带一路"三年行动计划（2018—2020年）》①、《关于推进文化创意产业创新发展的意见》② 以及《北京市推进全国文化中心建设中长期规划（2019年—2035年）》③ 等多个政策文件和细化措施，一方面，强调北京市应充分发挥全国文化中心优势，着力打造具有较高影响力的特色文化品牌，对接"一带一路"建设，拓宽文化"走出去"渠道，拓展海外市场，扩大文化产品和文化服务的有效供给；另一方面，强调北京市应深度融入国家"一带一路"建设，出口更多的核心文化产品，不断丰富文化出口产品的形态，持续推出具有中国特色、高附加值的文化产品，将更多富含思想价值的文化产品推向国际市场，进一步融入全球文化产品体系，提升文化贸易的质量和水平。此外，2021年1月，《北京市国民经济和社会发展第十四个五年规划和二〇三五年远景目标纲要》④ 又明确指出北京市应实施文化产业数字化战略，积极搭建国际文化交流、展示和传播平台，组建文化产品和服务出口联盟。以上措施为北京文化产品出口共建"一带一路"国家创造了良好的政策环境，将为双循环背景下北京文化贸易的高质量发展提供重要的推动力量。

2. 北京国际影响力的进一步提升

近年来，我国的国际地位和影响力不断提高，尤其是疫情防控时期，由"中国效率"、"中国精神"和"中国担当"所展现出的大国形象更进一步提高了国际社会对我国的认可度，这在一定程度上也使首都北京的国际影响

---

① 《北京市推进"一带一路"建设工作领导小组关于印发北京市推进共建"一带一路"三年行动计划（2018—2020年）的通知》，北京市发展和改革委员会网站，2018年10月22日，http://fgw.beijing.gov.cn/fgwzwgk/ghjh/gzjh/xdjh/202003/t20200331_1751922.htm。

② 《中共北京市委 北京市人民政府印发〈关于推进文化创意产业创新发展的意见〉的通知》，北京市人民政府网站，2018年7月5日，http://www.beijing.gov.cn/zhengce/zhengcefagui/201905/t20190522_61321.html。

③ 《北京市推进全国文化中心建设中长期规划（2019年—2035年）》，北京市人民政府网站，2020年4月9日，http://www.beijing.gov.cn/zhengce/zhengcefagui/202004/t20200409_1798426.html。

④ 《北京市国民经济和社会发展第十四个五年规划和二〇三五年远景目标纲要》，北京市发展和改革委员会网站，2021年4月1日，http://fgw.beijing.gov.cn/fgwzwgk/ghjh/wngh/ssiwsq/202104/t20210401_2341992.htm。

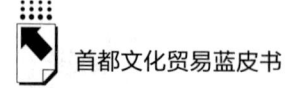

力提升到一个新的高度。与此同时，共建"一带一路"国家越来越多的民众希望通过富含北京元素的各种文化产品来了解北京和认识北京，从而使得北京文化产品的需求种类和需求数量大幅度增加。此外，自2013年"一带一路"倡议提出以来，北京还承办了诸多国际文化交流活动，如2014年的APEC峰会、2017年的第一届"一带一路"国际合作高峰论坛、2018年的中非合作论坛北京峰会、2019年的第二届"一带一路"国际合作高峰论坛、2019年的中国北京世界园艺博览会、亚洲文明对话大会、北京国际电影节、中国国际服务贸易交易会等，这些活动同样大幅度增强了北京的国际影响力，提高了共建"一带一路"国家对北京文化产品的认可度，促进了北京文化产品出口种类和出口数量的增加。

3. 国内国际双循环的新发展格局

党的十九届五中全会提出我国要加快构建以国内大循环为主体、国内国际双循环相互促进的新发展格局，这是我国应对错综复杂的国际环境的重要战略举措。这一新发展格局的提出不仅为我国构建文化产业开放新格局提供了指导方向，也为北京文化产品出口共建"一带一路"国家提供了重要动力。在疫情防控常态化和畅通国内国际双循环的背景下，北京的文化产业结构得以调整，数字经济带来文化产品出口形态的变化，进而丰富文化产品供给的表现形式，激发共建"一带一路"国家或地区对北京文化产品更广泛的内容需求，将为北京文化产品向共建"一带一路"国家出口开拓更大的国际潜在市场。

（二）不利因素

1. 多元文化并存且差异性较大

共建"一带一路"国家处于东西方多个文明的交汇处，拥有不同的历史文化和宗教信仰，意识形态差异较大，种族和宗教关系引起的矛盾冲突也较为严重，这不仅不利于各个国家之间的文化交流与合作，而且会对北京文化产品海外市场的拓展造成较大的阻碍。一方面，由于多元文化差异的存在，多数情况下，共建"一带一路"国家的民众对文化产品的需求习惯也存在较大不同，各地区的民众更加倾向于依据本地区对文化产品的传统需求习惯来判断国际市场上北京文化产品的使用价值和欣赏价值,这一主观意识形态的不同往往导致各国民众对北京文化产品的需求存在一定的差别。另一方面,多元文化差异还将导致市场信息的不对称,北京文化产品进入共建"一带一路"国家的市场时,由于买卖双方的决策都有较大的不确定性,加之共建"一带一路"国家多元文化产品的并存使民众在进行文化产品的消费过程中面临着更多的选择,这导致北京的文化产品在国际市场上从产品种类和产品质量上皆面临着较大的竞争压力,从而对北京的文化产品出口形成一定程度的制约。

2. 地缘政治和制度风险

共建"一带一路"涉及国家数量众多,范围较广。很多国家或地区位于国际能源的供应地带和地缘政治的敏感地带,彼此之间的关系较为复杂,且是美国、俄罗斯、印度、日本等大国角逐的重要区域,在此背景下,各个大国之间的地缘政治博弈会在很大程度上对北京文化产品走向共建"一带一路"国家文化市场形成阻碍。同时,共建"一带一路"部分国家政局持续动荡,一些地区武装摩擦和冲突较为频繁,也将会对北京文化产品的出口带来较大的不确定性风险和负面冲击。另外,共建"一带一路"国家多为发展中国家,其制度和法律环境相对较差,部分国家存在司法机关不独立、政府制度随政治环境变化而不断调整、政策不连续的现象,导致北京的文化企业在出口文化产品的过程中可能存在出口合同无法如约履行或无法按期收回货款的情形,以致降低了北京文化企业向共建"一带一路"国家出口文化产品的积极性。

3. 疫情下的经济风险

新冠肺炎疫情的全球蔓延和常态化疫情防控给世界经济增长带来了较大不确定性。从当前来看,新冠疫苗的研发和应用对全球疫情控制起到了积极作用。但作为人口大国的印度,2021年4月以来疫情几乎处于"失控"状态,这一情形不仅会对该国经济造成严重打击,还可能会中断共建"一带一路"诸多新兴经济体和发展中国家的生产网络,延缓共建"一带一路"国家文化市场的复苏,进而对北京文化产品国际市场的有效需求形成冲击。此外,共建"一带一路"国家多为发展中国家,经济社会发展水平相对不高,产业结构相对单一,债务偿还能力也较为低下,受疫情的影响,很多国家长期处于负债状态，容易带来金融风险，不利于国际文化市场的稳定发展。同时，在新冠肺炎疫情冲击下，共建"一带一路"部分国家为防止国外疫情输入，还采取了一定程度的贸易保护措施，在核酸检测、通关、商检、物流、结汇和监管等多个方面设置了更为烦琐的通关手续，致使北京文化产品在出口过程中的贸易便利化水平大幅度下降，从而增加了北京与这些国家开展文化贸易的交易成本。

4. 文化产品的供需结构存在矛盾

长期以来，共建"一带一路"国家形成了复杂的民俗习惯和较大的文化差异，部分北京文化产品在向这些国家出口的过程中往往存在着一定的供需结构矛盾，不利于北京文化产品走向国际市场。其一，北京文化产品出口至共建"一带一路"国家市场时目标针对性不强，缺乏面向传媒受众和新一代消费者特别是共建"一带一路"国家青少年的精品文化内容和文化产品等，造成了北京文化产品供给与共建"一带一路"国家民众对文化产品需求之间的部分脱节。其二，现阶段北京特色核心品牌文化产品、外向型文化产品、数字文化产品以及精品标志性文化项目等还相对较少，尤其是将共建"一带一路"国家的差异性文化元素融入其中的特色北京文化品牌更为缺乏，无法有效契合这些国家对外来文化产品的差异性需求，进一步导致北京文化产品在共建"一带一路"国家文化市场上供需结构的矛盾。

五 双循环格局下促进北京文化产品出口共建"一带一路"国家的策略建议

（一）把握政策机遇，推动国家出台的系列文化贸易政策在京先行先试

当前，世界经济面临百年未有之大变局，疫情导致全球经济明显衰退，国际贸易格局发生深刻改变。鉴于此，我国做出了加快构建新发展格局的战略部署。在此国际国内形势下，北京应紧抓政策机遇，结合国家"十四五"

规划，制定关于北京与共建"一带一路"国家开展文化产品出口贸易的优惠政策和实施细则，推动国家出台的系列文化贸易政策及文化产业发展扶持政策在京先行先试。应积极落实《北京市推进全国文化中心建设中长期规划（2019年—2035年）》，充分发挥北京作为全国文化中心的示范作用，加强北京与共建"一带一路"国家的文化交流合作及文化贸易往来。同时，北京市须建立健全由疾控、商务、宣传、外事、财税、海关、统计等部门组成的对共建"一带一路"国家文化产品出口贸易的工作联系机制，加强多部门之间的统筹协调，争取商务部、文旅部等部委的支持，整合多方资源，推动双循环格局和常态化疫情防控背景下国家文化领域的政策方案有效落地实施。

（二）防范外循环风险，加强对疫情对北京文化产品出口影响的监测研判

北京文化产品出口共建"一带一路"国家存在一系列的风险问题，疫情的全球化进一步给各国文化产品市场带来了不确定性风险。北京文化产品在出口过程中，应注重从多方面提高文化企业的风险应对能力，在实践中不断总结经验，完善北京文化产品向共建"一带一路"国家出口的风险预警和风险防控体系以及风险处置机制，尽可能地规避或减小北京文化企业参与外循环过程中可能面临的政治、制度或经济风险。此外，北京市还应进一步加大政府对文化产品出口企业的金融支持，建立有效机制，协同推进疫情防控与文化贸易便利化。排查化解北京文化产品出口过程中可能面临的潜在疫情风险，强化对疫情对北京文化产品出口影响的监测研判，积极拓展线上营销渠道，推动线上线下融合发展，适时调整北京文化产品出口共建"一带一路"国家的路径方案。同时，落实文化产品出口过程中疫情防控安全的工作责任制，建立具有首都特色的突发公共卫生事件应急管理体制，防范共建"一带一路"国家突发疫情可能对北京文化产品出口合同履行带来的风险。

（三）打造具有北京特色的文化品牌，调整文化出口产品的供需结构矛盾

北京市相关文化部门或文化企业应对共建"一带一路"国家对北京文

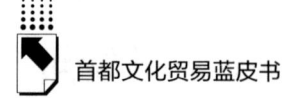

化产品的市场需求和民俗问题开展调研，为北京文化企业创造匹配共建"一带一路"国家民众有效需求的文化产品，制定差异化的文化产品出口策略提供实践依据。其一，应注重提升北京文化出口产品的创意品质，丰富北京文化出口产品的内涵，顺应数字产业化和产业数字化的发展趋势，扩大优质数字文化产品供给，培育新型文化业态，健全多层次文化产品市场，实施文化精品工程，针对共建"一带一路"国家，打造融合不同东道国文化元素的特色北京文化品牌。其二，应坚持统筹国内国际两个市场，两种资源。既要立足首都城市战略地位，充分利用北京市利好的文化产业发展扶持政策和丰富的文化资源，又要着眼全球，积极拓展共建"一带一路"国家中具有较大发展潜力的文化市场。同时，深化北京文化产品的供给侧结构性改革，提高北京文化产品的供给质量和效率，使北京供给的文化出口产品与共建"一带一路"国家民众对文化产品的差异化消费需求形成有效衔接，以调整北京文化产品出口的供需结构。

（四）塑造北京城市形象，提升北京文化影响力，助力文化产品"走出去"

在国内国际双循环的背景下，北京文化影响力的提升已成为有效带动北京文化产品走向国际市场的重要动力。作为全国的文化中心，北京应不断挖掘文化精髓，在文化、教育、旅游、体育等领域与共建"一带一路"国家开展多层次的人文交流。同时与更多的共建"一带一路"国家首都建立友好城市关系，拓展交流平台，增进民间交往，让国际社会更多地认识北京、了解北京，塑造北京城市形象，打造北京城市名片，进而提升北京文化产品在国际市场上的知名度。此外，北京应积极推进国际交往中心功能建设，传承保护民族传统文化，创造性地转化民族优秀文化，增强文化自信，持续推动北京特色文化向共建"一带一路"国家的传播，提升北京文化在共建"一带一路"国家的影响力和认可度，助力北京文化产品开拓更大的共建"一带一路"国家出口市场。

B.14
泛动画时代的动漫国际传播新途径*

李中秋　李洪新　Li Pei-Hong**

摘　要： 数字技术推动传统的动漫产业进入泛动画时代，成为数字创意产业的一个部分。科技助力和新的商业模式促进了动画的全球化，但仍然很难打破国际动画主流市场的格局和规则。近几年来，在美国单边主义影响下，贸易保护主义等逆全球化趋势逐渐加强，而新冠肺炎疫情又给国际贸易带来更多新的困难。疫情制造的阻碍，人为推动的意识形态冲突，使得文化产业领域的国际贸易更是困难重重。中国动画在进入竞争激烈的国际市场的过程中，尽管道路艰难，还是迈出了成功的一步。本文剖析中国动画在海外的市场状况及商业规则，探析中国动画企业进入海外市场的成功路径。

关键词： 动漫产业　泛动画时代　海外市场　全球化　数字创意产业

动漫产业自 2004 年以来，在一系列国家政策的支持下，逐渐成为文化产业的热点。经过十多年的努力，终于扭转了几乎被外国动画片充斥屏幕的

---

* 本文依托北京市宣传文化高层次人才培养资助项目。
** 李中秋，国际动画协会副主席，北京数字创意产业协会会长，研究方向为动画和数字创意产业、泛动画本体论、数字技术；李洪新，北京迪生数字娱乐科技股份有限公司总经理，北京影视动漫协会副会长，中国计算机图形图像学会数码艺术专业委员会秘书长，研究方向为计算机图形图像技术、动漫产业；Li Pei-Hong, Golden Bridge Animation Inc. 执行总监，加拿大 Sheridan College 国际部主任，国际动画协会 ASIFA-Lifetime Achievement Award 联络人。

文化被动局面。但动漫作品进军海外市场成效却不如人意。尽管媒体上常有动画"走出去"的"捷报频传",深入了解会发现,很多是出口到鲜有收益的东南亚、中东、非洲、拉美的边缘市场,更有甚者还有文化出口补贴奖励驱动下的"自说自话"。

一 为什么动漫出口海外这么难呢?

动漫出口海外受两个重要因素的影响,一是文化保护。显而易见,任何一个国家都会注重自己文化的建设和保护,都会自觉的限制外来文化的侵入。特别是像欧洲国家,其语言相近,历史相互交融,更容易受到外来文化的影响,各国政府对保持文化的独立性也更加敏感。再加上近年来,受地缘政治的影响,意识形态方面也出现保守和排他的倾向。

事实上,从20世纪80年代开始,欧盟就启动了文化资助计划,对欧盟内部成员国的电视作品进行补贴扶持,2001年实施的Media Plus动议更是在人力资源培训、产业环境提升以及欧盟作品发行三个方面直接进行补贴。2007年,欧盟委员会《视听媒体服务指令》(Audiovisual Media Services Directive,以下简称《指令》),替代了此前的欧洲《电视无国界指令》(Television without Frontiers Directive),并于2010年3月编入欧盟法典。《指令》规定,各成员国应确保在可行的情况下,通过适当的手段,保证欧洲作品占广播电视除新闻报道、体育赛事、游戏、广告、电视文字广播和电视购物之外的节目播出时间的大部分比例(超过50%)。另外,考虑到广播公司对其观众负有提供资讯、教育、文化和娱乐的责任,欧洲作品的占比应当根据适当的标准逐步提高。对于互联网、手机这样的非线性视听媒体服务,《指令》要求各成员国应确保其管辖范围内提供点播类视听媒体服务的媒体服务提供者,在其可选目录中至少有30%的欧洲作品,并确保这些欧洲作品处于突出地位。①

---

① 《欧盟〈视听媒体服务指令〉的主要内容及对我国的启示》,"腾讯研究院"搜狐号,2021年3月15日,http://www.sohu.com/a/455751676_455313。

这个《指令》的缘起是对美国影视节目内容入侵的抵制和对本土文化产品的保护。但由于美国的动画节目已经有美国市场和全球市场的摊销，出口海外的动画节目边际成本非常低，事实上，在剩余的50%市场份额中，美国的动画节目从语言、文化到节目价格上都有绝对优势。因此这个《指令》对于中国的影视节目出口影响更大。

二是随着媒介技术和数字内容产业的发展，动画产业进入泛动画时代。网络传媒的爆发对传统影视产生了巨大的影响，甚至颠覆了电视节目传统的商业模式。今天的动画行业、漫画行业的核心价值已经从媒体节目营销售卖转换为动画、漫画形象的IP价值推广了。迪士尼自2006年用74亿美元收购皮克斯动画之后，又连续收购了漫威、卢卡斯影业、21世纪福克斯，其主要意义是将这些收购对象的形象IP收入囊中，再利用迪士尼遍布全球的媒介资源和市场渠道，滋养并推高这些IP价值。在这种商业模式下，传统的播放渠道变成了IP流量渠道，而IP形象在有限的播放渠道中是互为竞争关系的。因此，现在的国际动画节目市场是不会轻易为别人的IP提供流量通道的。换言之，媒体平台已经不是采购动画节目播出，而是卖流量给内容商养成动画IP。

当然，优质的IP资源也会给媒体平台带来更大的流量，这也是媒体平台不可放弃的核心利益。因此，对播出平台来说最好的做法就是和内容商共同投资动画节目，共同经营IP，共享IP价值。这样一来媒体平台播出的都是自己版权利益相关的节目，不仅保证动画IP的长效利益不会流失，更不会培养自己竞争对手的IP。目前，这种模式在国际动画市场已经成为主流，也是中国动画作品进入海外市场的主要方式。

二 成功案例

近期一个中国动画成功进入海外市场的案例就是《无敌鹿战队》。这是一部面向3~7岁儿童的三维动画系列片，由爱奇艺原创出品，广州艺洲人品牌管理股份有限公司参与联合投资，维亚康姆哥伦比亚国际传媒集团尼克儿童频道进行内容及创意监制，后者曾经成功地制作发行了《海绵宝宝》《汪汪队立大功》《忍者神龟》等家喻户晓的动画片，并在全球范围以尼克儿童频道建立了完整的线性和非线性播出网络，而广州艺洲人品牌管理股份有限公司则是这些著名IP的中国品牌营销人，拥有经验丰富的品牌营销和管理团队。

2020年7月15日，《无敌鹿战队》在爱奇艺儿童频道上线。凭借平台的强大流量支持和作品的精良制作，开播首日以明显优势取得高居爱奇艺儿童频道上新榜及飙升榜第一、热播榜第二的好成绩。

仅间隔18天，《无敌鹿战队》登陆尼克国际儿童频道亚洲市场，覆盖中国香港、中国台湾、新加坡、马来西亚、泰国、印度尼西亚等地；2020年10月，《无敌鹿战队》陆续登陆欧洲、拉丁美洲、澳大利亚、日本及韩国等国家和地区。

在英国及澳大利亚首播当日，《无敌鹿战队》收视率均排名尼克频道第一；在新加坡首播当日，收视率是其他动画新片首播收视率的3倍；在菲律宾，《无敌鹿战队》开播后就呈现强劲势头，首周末创下收视率新高。《无敌鹿战队》受到海外观众的热烈追捧，算得上是在全球发行最成功的国产动画片。[1]

国际市场与国内市场有着不同的文化和市场环境，因此，在创作流程上，从前期阶段就邀请尼克团队参与意见反馈，在制作过程中全程监制，及时避免因中外文化差异导致创作盲区，助力国产IP动画顺利"走出去"。

事实上，在国际动画市场，《无敌鹿战队》并不是单一的成功案例。而与国际传播市场的多方合作共同出品，也不是爱奇艺、广州艺洲人和尼克频道独有的特殊资源。

---

[1] 《中国原创动画〈无敌鹿战队〉在美播出收获国际口碑》，中国新闻网，2021年1月30日，http://www.chinanews.com/cul/2021/01-30/9400401.shtml。

三 解决方案：平台与通道

Kidscreen 是一个有二十多年历史的全球儿童节目交易平台，目前已经成为全球最受瞩目的动画节目合作平台，每年吸引世界各地近 1600 名动画从业者出席。其内容涵盖动画项目创作、融资、合作制片、节目选购和播出、新媒体应用以及动画品牌授权管理等。Kidscreen 的数据库中有来自全球多达 15000 名儿童娱乐产业的从业人员资料，他们分布在电视电影、数字内容以及消费产品等各个领域，在行业中拥有广泛的影响力。为应对迅速成长的亚太动画内容市场，以及亚太内容进入全球市场需要，Kidscreen 针对亚太地区儿童娱乐内容专门设立了商务资源整合峰会——亚洲动画峰会（AAS，Asian Animation Summit）。亚洲动画峰会采取动画项目路演形式向世界介绍亚太地区儿童动画项目，2012 年第一次在马来西亚吉隆坡举办，迄今为止已经举办 9 届了，即使在疫情防控常态化时期，也在线上照常进行。

亚洲动画峰会的主要目的是使路演项目获得投资，协助动画工作室和制片人获得国际资源，搭建国际合拍和合作渠道。亚洲动画峰会专门针对亚太地区儿童动画娱乐项目的合拍与融资，采取集中路演形式来介绍最新的系列动画项目。内容上，亚洲动画峰会聚焦国际市场最稳定、产业链最牢固的青少年动画节目的合作开发（Co-Production），邀请包括迪士尼，Netflix，Cartoon Network 等巨头制片经理作为评审嘉宾，入选项目可以直接对接商业合作。目前为止超过 50% 的项目通过路演引起了国际播出平台商的兴趣，如美国 Netflix，英国 BBC，特纳卡通等，现在已经投入制作或发行；超过 88% 的制片人表示其在亚洲动画峰会上与关键的播出平台商或投资方建立了联系；超过 95% 的制片人表示亚洲动画峰会对他们认识重要的国际制片人极有帮助。很多优秀的儿童动画系列项目通过亚洲动画峰会找到了重要的合作伙伴。例如澳大利亚 Cheeky Little 动画工作室，该工作室成立于 2011 年，已经在亚洲动画峰会上进行了 3 次路演项目。这 3 个项目目前均已投入制作，其中的 Bottersnikes and Gumbles 项目已与美国 Netflix、英国 BBC 和澳大

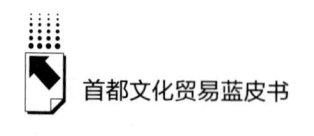

利亚七网络达成合作。

亚洲动画峰会的主要目的是促进亚太地区儿童动画系列片项目的开发与动画行业合作，搭建国际合拍和合作渠道，因此其在各个国家的合作伙伴皆为国家级别的对外商务或文化组织，包括韩国的文化振兴院（KOCCA）、马来西亚数字经济发展机构（MDEC）、澳大利亚昆士兰展映局（Screen Queensland）、印度尼西亚创意经济产业局（BEKRAF）、泰国商务部国际贸易促进厅（DITP）等。可见亚太各国政府对其动画作品进入国际市场都高度重视。

目前亚洲动画峰会分配给中国的参选额度是四部动画系列片，由亚洲动画峰会的中国合作伙伴国际动画协会中国分会（ASIFA CHINA）组织征集、遴选和提交。提交成功后，亚洲动画峰会首先会派出具有丰富路演经验和国际合作经验的业界高手作为导师，对有意参加提案大会的作者进行专业的培训、辅导。辅导期间导师会就路演思路、逻辑及使用材料等多方面对提案人进行专业化指导，针对处于初创阶段的项目，从剧情、造型设计等方面对项目进行引导，从而在IP成熟之前就能够参与IP的制作，这有利于培养可持续发展的IP从而不断产生价值。同时帮助提案人充分发现提案项目的潜在价值，并在有限的路演时间内充分表述，以使提案项目对于买家和投资人来说更具有吸引力。

需要说明的是，这种国际版权合作的前提是原创作品仅处于剧本创作和美术设计的初级阶段，必须允许合作方对其做出面向全球市场的内容修改，并同意出让一定比例的版权给国际市场投资合作方，这是获得入场券的通常代价。这一点与我们的原创作者视作品为生命的艺术态度产生强烈冲突，也是艺术家进入国际市场必经的抉择与妥协。

四　全球化制片

动画出口海外市场，除了发行和播出的通道外，成功与否还要看内容是不是受海外市场欢迎。中国市场与海外市场不仅市场规律、商业模式有很大不同，更重要的还有巨大的文化差异。此外，美术风格、制片流程等技术、艺术层面也有很大差别。尽管我们说中国的才是世界的，但那是我们在进入国际市场之后才需要的。而这个入场券，还是需要了解必要的市场规律。

新媒体带来媒介生态的改变让电视台交出了制片主动权，而手持强大资本的网络新媒体平台正忙着收割国内市场红利，在国内市场厮杀，无暇顾及海外市场。随着国内市场竞争日益激烈，哔哩哔哩等海外探索初获成功，各大媒体平台也纷纷将市场目光从国内市场转移到海外市场。

但是"罗马不是一日建成的"，业内人士忽然发现，国内当年分钟补贴催生起来的"动漫产业"，动辄年产十几万分钟的产量，很大部分都是"闪播一现""见光死"的"政绩数量"，无论创作水平还是制作水平，不要说与国际市场，与商业市场的要求都相去甚远。尽管在网络平台的资本驱动下，涌现出一批走红市场被称为"国漫时代"代表的优质国产动画番剧和大电影，但其多数是平台大数据和人工智能指导下的面向国内市场的"定制优品"，与国际市场的需求既有"差距"又有"差别"。

如何提升高质量动画产能，解决国内外对接困境？一些制片公司在国产动画番剧的制作中，为寻找更多的创作和制作资源，找到日韩的动画企业，从初期的小工作室到大动画公司，他们发现中国动画市场由于资本的驱动造成需求的提高，中国动画制作成本很多时候已经高于国际动画市场的制作价格，这样一来使得过去中国动画公司为外国动画代工的局势逐渐反转，形成中国动画公司外包给外国动画公司代工的局面。而且这种代工逐渐从中期制作加工向前期创作发展，国际化的前期创作带给国内动画多元化的艺术风格。

海外外包合作带来的产量和质量的提升同样也是惊人的。受疫情影响，国内动画公司大量减员减产，不少动画企业处于歇业状态。北京迪生动画制作公司不仅没有减员减产，反而动画创作生产比疫情前实现成倍提高，不仅创作了央视、爱奇艺、腾讯、哔哩哔哩的高质量作品，同期还顺利完成了上海美术电影制片厂的动画电影。迪生动画之所以能逆势增长，其秘诀就在于

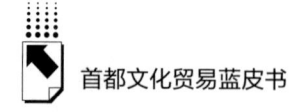

迪生动画除了在国内多个省市的本土团队外，还有一个巨大的海外军团。疫情防控时期，韩国、日本、马来西亚都有迪生的制作团队在工作，而进入2020年下半年，由于国际疫情逐渐紧张而开始减产停产，国内随着疫情稳定又恢复产能并开足马力扩充产能。

与单纯的境外OEM发包不同，北京迪生动画制作公司在多年前就凭借30多年的行业资源、技术和艺术积累，建立了泛动画协同生产体系，将动画的创作和生产的每一个工序环节，浮动于国际高速网络平台，每一个生产节点都可以根据资源特点承担任何一部分生产工序。这样就可以根据制片需要和海外制作公司能力，既可以利用日韩等海外团队参与创作设计，丰富国产动画的艺术风格和满足国际化、多元化需要，又可以利用劳动资源密集的国家和地区实现产能。真正的全球一盘棋。而在这一体系的背后，是迪生经过多年的磨砺实现的从生产制作到协同制作管理的生产模式转化。

与此同时，我们看到国外一些动画公司，也开始沿着全球化制片合作的路径与中国动画市场相向而行。

享受"早鸟红利"的美国梦工厂在上海开办东方梦工厂，吸收大量的人才、文化资源和甚至金融资本，推出一系列中国题材的动画片进入国际市场。

2021年日本东京电视台又宣布为其今年年初独资成立的杭州都之漫文创公司注资20亿日元，这家公司主要从事动画制作，面向全球发行。东京电视台董事川崎由纪夫表示，非常看好中国市场，希望与中国同行合作，共同开发作品。

五 结语

可以预见，随着国际市场氛围改变以及传播模式的变迁，新的商业模式逐渐形成迭代。尽管国际政治环境日益复杂，单边主义给全球化带来一定的威胁，但市场的全球化需求不但没有逆转反而愈发加强。中国的动漫进军海外市场已经势不可当。中国的动漫企业将利用数字技术带给产业的革命性飞跃，借助国际化平台，提升中国动漫的创意水平和内容质量，还要与时俱进的学习国际市场的新规则、新模式。因此，中国动漫和数字创意产业对外贸易的道路也将越走越宽。

B.15 "一带一路"背景下首都演艺品牌国际化策略研究[*]

宫月晴[**]

摘 要: "一带一路"倡议的持续推进为首都演艺品牌的国际化之路提供了历史机遇,全球新冠肺炎疫情却对演艺行业造成极大冲击。本文基于对"一带一路"与首都演艺品牌国际化内涵及关系的梳理,系统分析"一带一路"背景下2020年首都演艺品牌国际化的时代特征及现实困境,并相应提出首都演艺品牌实现国际化的发展路径,包括增强文化自信,打造特色首都演艺品牌;推动演艺交流,搭建数字化国际传播平台;借助演艺外交,拓展多领域的对话合作。

关键词: "一带一路" 演艺品牌 国际化

一 "一带一路"与演艺品牌国际化的内涵及关系

(一)文化传播的重要意义

在众多国际合作中的途径中,文化担负着不可取代的桥梁作用。2016

---

[*] 本文得到福建省高校人文社科研究基地新媒体传播研究中心年度项目(FJMJ201802)支持。
[**] 宫月晴,广告学博士,北京第二外国语学院文化与传播学院新闻系副系主任、讲师,研究方向为国家形象建构、媒介融合传播等。

年12月，文化部发布《文化部"一带一路"文化发展行动计划（2016—2020年）》，提出要打造"一带一路"文化交流品牌[①]，为加强国际沟通与合作夯实民心力量。"一带一路"倡议的文化意义承载着古代丝绸之路的不朽精神，随着时代的发展不断产生新的内涵与外延，在不同的文化领域有着丰富多样的解读和演化。现阶段文化的国际传播进程，具有语种多样化、用户多元化、传播扁平化等特点，技术成为国际传播的重要影响因素。与之同等重要的文化软实力的建构与传播，是推进"一带一路"倡议的重要工作，具有重要的历史意义与现实价值。

（二）演艺品牌国际化的内涵

演艺产业链是一个成熟、完整的产业链条，包括剧目生产、排演计划、场地管理、广告宣传、衍生品研发与销售等多个工作环节。[②] 本文所提的演艺品牌，是指以从事舞台演出和实景演出为主的从事演艺工作的组织和团体。演艺品牌国际化，是指演艺品牌契合国际化趋势，演艺作品在表演、创作、营销等各方面与世界接轨的一种国际演艺模式，生产具有中国特色的文化品牌产品，让世界人民了解、喜爱中国演艺品牌，最终形成具有品牌美誉度和品牌忠诚度的国际化知名品牌。

（三）"一带一路"与演艺品牌国际化的关系

在"一带一路"推进过程中，文化传播可以通过文艺演出、书画展览、文化产品贸易合作等方式实现，随着网络技术的不断发展，线上图书、影音等形式也逐步成为传递"一带一路"文化内涵的重要途径。文化的传播可以通过上述多种渠道进行，文化品牌则是多种文化传播渠道的价值凝聚，文

---

① 《文化部着力打造"一带一路"文化交流合作平台和品牌》，"中国文化管理协会"微信公众号，2017年5月12日，https://mp.weixin.qq.com/s?src=3&timestamp=1629169468&ver=1&signature=qbBzhJvmpZt78nO7HGyOrrYT*c8j0VJZHriGG5bY7lPipiePLjqmAcdN7OAE2K9-mhCTVB8eGgDAXvFBLx2za6lQmawbyKr4jsYp70-85TIKAWox3PanZL7D-Z6AVFZDd0b59VjdUpJ1CICmzLtM2A5qfyATK0s2YZHInF6R85E=。

② 曹晋彰：《演艺产业链的构建研究》，硕士学位论文，山东大学，2012。

化产业品牌化的价值包括思想和经济两个维度,能够不受时间和空间的限制,潜移默化地促进文化的交流与融合。① 由此,本文将以首都"演艺品牌"为研究对象,探究其在国际化进程中对中华民族文化的投射与传达。

二 "一带一路"背景下首都演艺品牌国际化的时代特征

"一带一路"倡议在一定程度上为世界各地的文化交流提供了一个国际化平台,多个国家和地区的文化作品都可以借助这个平台展现出来。中国文化历史悠久、博大精深,"一带一路"作为中国文化走出中国走向世界的载体,不仅联系了相关城镇,促进其经济发展、文化沟通,还打破了各国在空间上的限制,促进国际社会的经济交往与文化交融。

(一)讲好中国故事,提升文化自信

"一带一路"文化交流为世界范围内的戏剧文化的发展与创新提供了契机与动力,自2013年,以"一带一路"为创作主题的演艺产品不断增多,首都演艺行业也推出了很多在国际演出市场获得赞誉的优秀作品。例如,由国家大剧院出品、多家演出单位联合制作的原创舞剧《马可·波罗》,就是一部展现丝路精神,传播"美美与共,世界大同"的传统文化理念的优秀作品。这部作品以时空跳跃的方式,讲述了一个意大利青年梦回古代中国的故事,他带领观众一次次感受与探索古代中国的文化,传达出中华民族自古以来对于和平生活的向往与祝福。

《丝路国香》是中国杂技团积极响应"一带一路"倡议,以杂技艺术的形式传播丝路文化而打造的重点剧目,2019年首演,至今已在国内多地巡演。《丝路国香》以"丝路文明"中敦煌飞天的形象为基础创造角色,通过

---

① 马哲明、肖艳:《文化品牌研究文献综述》,《北华大学学报》(社会科学版)2014年第6期。

敦煌舞，挖掘"丝绸之路"的本意，将其同杂技节目融合，从"瓷器香料"的输送往来中，展现中西方文化的交织。

2021年3月17日，建党百年献礼舞剧和北京援疆重要作品《五星出东方》，在北京歌剧舞剧院举行了项目创排进度汇报会。该剧由北京演艺集团制作、北京歌剧舞剧院演出，以在古丝绸之路新疆和田段出土的文物"五星出东方利中国"汉代织锦护臂为题材，通过舞剧的形式，演绎、诠释在"一带一路"倡议背景下，各民族同生共荣的时代主题。

演艺作品由于演出形式的限制，多在剧场进行，"场"的概念使得演员与观众具备一种特殊的仪式感，观众能最大限度地投入与解读。这种观演关系在很大程度上有利于作品的情感传递与主题表达，因此，相比于借助技术媒介进行传播的文化作品，近距离获得感受的演艺品牌是传播"一带一路"精神的直接方式。但是由于剧场场地限制，以及演出这种艺术形式的特殊盈利模式，大多数的演艺作品很难在短时间获得盈利，政府支持是推动相关交流的主要方式之一，这点也是阻碍演艺作品国际传播的因素之一。

（二）促进文旅融合，增强行业优势

戏剧源于生活而高于生活，精良的戏剧创作能够促进文旅融合，并带来广泛而深远的影响。在"一带一路"语境下，探讨文旅融合戏剧创作的步骤和方法，对中国文化的国际传播具有重要的意义。正如习近平主席所说，"让中华文明同世界各国人民创造的丰富多彩的文明一道，为人类提供正确的精神指引和强大的精神动力"。[①] 我国文化和旅游部于2018年3月成立，这是国家层面促进文化与旅游深度融合的重要举措。文化与旅游和人民生活密切相关，其深度融合意味着国家不断探索两者融合的新特征和新方式，而文化演艺活动在这个进程中展现出多样的合作可能与发展潜力。

---

① 《出席第三届核安全峰会并访问欧洲四国和联合国教科文组织总部、欧盟总部时的演讲》，人民出版社，2014，第17页。

《只此青绿》是 2020 年 11 月演出的舞蹈诗剧，该剧由故宫博物院与中国东方演艺集团有限公司合作创排，其创作蓝本是一幅北宋时期的传世之作——《千里江山图》，目前被收藏于故宫博物院。《只此青绿》以时间为主轴，以"青绿"为视觉主色调，站在历史时空的视角，以舞蹈的语言绘制一幅精妙的《千里江山图》。舞蹈和绘画等艺术形式的创新融合，让观众透过演出感受中华文化的深刻与美丽，体悟中国古典艺术的精美与华丽。[①]

西挽陆上丝绸之路，东接海上丝绸之路的大运河是古代中国人民创造的一项伟大工程。2020 年 12 月由北京文化艺术基金资助、北京市文化和旅游局出品的《京城大运河》进行首演，《京城大运河》将中国传统戏曲与西方交响乐融会贯通，通过中西合璧的艺术语言，抒写京城大运河之独特风貌，带领观众走近千年大运河的前世与今生。《京城大运河》聚焦于大运河北京段，层层演绎出京城大运河的文化内涵，展示出北京城别具特色的文化底蕴。

演艺产品的购买在大多情况下是消费者的自发行为，消费者受到产品内容或形式的吸引，关注并实施购买行为，最终在预计时间到剧场获得演出体验。文旅融合的演出更贴近消费者自身的文化需求与精神享受，这些演出让每个消费者都拥有平等接收文化涵养的机会，消费者在文旅演出的观赏时间里接收大量的文化信息，通过个体的吸收与转化，形成符合自身特点的认知，这个概括性的认知既包括了对作品的评价，也在不同层次上渗透出对于作品背后文化的了解与感受。受到演出作品的影响，每个消费者都有机会成为作品文化内涵的二次传播者，他们或通过自媒体发布信息，或与朋友家人进行人际传播，种种行为都更能促进不同国家、民族的文化交流。可以看出，演艺产品的品牌化，不仅能够通过购买行为实现经济效益，而且能以精神交流实现民族文化的传播与发展。

---

① 《连线千年静与动　舞绘〈千里江山图〉》，中国东方演艺集团网站，2020 年 11 月 30 日，http://www.dfyanyi.com/xxdt/2021/0408/598.html。

（三）重视技术赋权，开拓国际视野

科技的迅猛发展改变了许多行业的生产与销售规则，社会生态以前所未有的速度发生变化。人们认识世界的方式不断被技术影响，表达思想的方式也不断受技术左右，这些变化不仅影响技术本身的发展，而且变相重塑当下人们的世界观与价值观。演艺行业自然也在这科技的洪流中前进，网络技术、大数据技术、智能传播技术等都为演艺文化创新提供技术支持，丰富多样的全媒体传播手段为消费者提供了精准选择艺术作品的便利渠道。

国家大剧院自 2020 年 4 月 11 日起，每周六晚通过线上直播的方式，为观众带来"零距离"、可视化的视听盛典——"春天在线"等系列音乐会。据介绍，音乐会现场特别使用了 KXWELL"智简"轨道机器人拍摄系统，该拍摄系统具有轨迹自学习功能，方便后台工作人员更好地控制拍摄，更便捷、快速地筛选和呈现镜头，该系统还支持后台一键操作拍摄，无须摄像师现场跟机，节省人力成本的同时又不干扰现场音乐家的演奏，保证最佳演出效果。

2020 年 5 月 18 日，国家大剧院特别策划了一场荟萃古今中外、融合传统现代的音乐会——"奇妙的和谐：国家大剧院 2020 国际博物馆日主题音乐会"。该音乐会尝试全程使用电影的摄影机拍摄，由央视网提供独家 5G 传输的线上播出技术支持。这次盛大的"线上艺术节"，总计 12 个小时，同时在三十多家网络平台传播，更有多家国际平台进行了全程直播。截至 5 月 19 日，音乐会在线播出点击量 2040.38 万次。[①]

2020 年 8 月 9 日至 18 日，国家话剧院与国家京剧院、中国歌剧舞剧院、中国国家交响乐团等 50 余家文艺院团，通过中央广播电视总台文艺节目中心和央视频 5G 新媒体平台"云展演""云游院团"等，让观众能够零距离接触每个演艺院团的台前风采和幕后故事。这次"云展演"创新性地

[①]《"奇妙的和谐：国家大剧院 2020 国际博物馆日主题音乐会"奏响》，国家大剧院网站，2020 年 5 月 20 日，http://www.chncpa.org/zxdtxlm/jyxw_2994/202005/t20200520_216114.shtml。

运用丰富多样的艺术形式，以艺术院团独有的视角讲述中国故事，塑造中国形象。50余家文艺院团的通力合作，向国内外受众传递了新时期的中国声音，展现出当前中国繁荣蓬勃的文艺景象。

演艺产品借"一带一路"文化传播的有利推动，能够有更多的机会走向世界的舞台，而中国的优秀文化也会随之到达更多的国家和地区。在演艺产业品牌化的进程中，需要适当调整产品的创作立意和艺术风格，以适合多个国家和地区的不同受众的艺术品位和消费需求。在跨文化传播的过程中，语言是阻碍文化传播的重要因素，其他国家和地区的受众对中国历史文化的了解程度也有很大区别，他们理解演艺作品的程度也不尽相同。因此，演艺品牌国际化要尤其注重艺术化的表达，同时重视本土化策略的调查和应用，以便更好地获得当地受众的了解和喜爱。除了创作环节和演出环节，还有一个需要快速适应国际演出市场的环节——宣传，国内外对演艺产品市场营销工作的投入和理念有很大区别，中国演艺品牌在走出国门后会遇到很多不适应之处，因此，工作团队需要重视品牌传播策略和媒介组合方式，运用丰富多样的媒介手段和广告创作，保证演出效果的最佳反响。

三 "一带一路"背景下首都演艺品牌国际化的现实困境

（一）产品力层面：演艺品牌形象建设仍需加强

演艺产品的品牌形象是消费者经过长期积累，对某一演艺品牌形成的概括性的认知和评价，这种总体评价是品牌非常重要的无形资产，是产生品牌溢价、提升品牌价值的关键因素。[①] 当前，中国演艺主体品牌意识仍然不足，难以形成具有国际影响力的演艺品牌形象。究其原因主要有两个方面，一是演艺品牌本身的品牌特性，不同于其他消费类产品以满足消费者物质需

---

① 袁清：《浅论塑造企业品牌形象》，《企业经济》2006年第11期。

求为主，演艺品牌需要能够满足消费者精神层面的需求，这对于品牌而言则需要投入更多的精力，拥有更加全面的品牌战略思想；二是国际受众的文化基础差异极大，其文化喜好、文化消费习惯、文化认知能力都受到诸多因素影响，而演艺作品的创作与演出流程是一套特殊化的工作流程，并具有很强的个性化艺术主张，如何适应多种文化背景的艺术需求是一项难度较高的挑战。

（二）传播力层面：国际化传播渠道尚未成熟

据艾利艾智库的研究，随着网络技术的普及，当前国际传播的主要方式是以社交媒体为主的微传播，Facebook 和 Twitter 等海外主要社交媒体，已逐渐成为中国品牌开启国际化进程的重要途径。例如中国东方演艺集团与人民网合作打造"中国东方"海外社交媒体账号，建设中国艺术海外传播平台，目前已注册 YouTube、Facebook 和 Instagram 三个海外社交媒体账号。北京歌剧舞剧院、中央芭蕾舞团、国家大剧院注册了部分海外账号，其他首都演艺主体的海外账号注册情况都不理想。尽管注册了账号，但是传播效果并不乐观。例如中国东方演艺集团 Instagram 账号关注数仅 512，发帖数仅 119 篇。北京歌剧舞剧院 Instagram 账号粉丝数为 669，帖子数为 38 篇。可见，首都演艺品牌的海外传播之路任重道远。

（三）影响力层面：演艺市场国际化进程受阻

2020 年，受全球疫情影响，几乎所有人员密集型产业都暂停营业。为响应疫情防控要求，演艺院团均停业休整，2020 年第一季度的演出几乎全部取消或延期。根据中国演出协会的调查，第一季度全国已取消或延期的演出近两万场，直接票房损失超过 20 亿元。不仅国内演出受限，全球疫情的蔓延阻断了各个国家的文化交流活动，首都演艺院团在推进"一带一路"主题上的创作和演出也都受到很大限制，已筹备或签订演出合同的项目均在不同程度上暂停进程。国际交流的演出机会少之又少，首都演艺的国际化进程遭受很大阻碍。

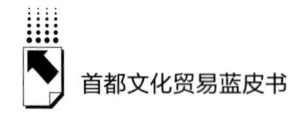

四 "一带一路"背景下推动首都
演艺品牌国际化策略

(一)增强文化自信,打造特色首都演艺品牌

截至2020年末,在中国文化和旅游系统里可统计的艺术表演团体共2027个,当年全国规模以上文化及相关产业企业营业收入达98514亿元。[1]虽然从总体规模上看,中国文化产业已具有较大体量,但与国际文化与旅游市场相比,中国的文旅服务产业不具有较强竞争优势。因此,要努力打造首都演艺品牌,通过科学有效的国际化品牌策略,彰显首都演艺品牌的文化自信和文化担当。

首先,积极开展与共建"一带一路"国家和地区多层次多视角的演艺活动。根据不同国家和地区的文化消费背景,制定不同视角、不同形式的演艺作品。考虑到演艺作品创作与制作的特殊性,可以将一部作品做不同版本的变化,也可增加演出过程的表演空间,根据现场观众的互动和交流随时调整演出内容。其次,可以充分利用数字技术进行艺术创作和推广,打造网络演艺产业链互动平台是打造特色首都演绎品牌的重要方式。例如2020年中国东方演艺集团与中科院自动化研究所共同成立"全息演艺实验室",与阿拉丁控股集团组建"文化演艺社群经济实验室",勇于在"艺术+互联网"领域大胆创新。[2] 再次,加强文旅融合,拓展演艺业务板块。积极进入旅游领域与旅游行业密切合作,以文塑旅、以旅彰文,推动文化和旅游深度融合。[3] 文化的魅力源于文化自觉和民族特色,首都演艺品牌需要让受众在感

---

[1] 《统计局最新公报:2020年文化和旅游大数据》,"首都文化智库"搜狐号,2021年3月1日,https://www.sohu.com/a/453427415_120058682。
[2] 《文化引领,融合发展,开创国有院团新格局》,中国东方演艺集团网站,2020年12月25日,http://www.dfyanyi.com/xxdt/2021/0408/630.html。
[3] 《文化引领,融合发展,开创国有院团新格局》,中国东方演艺集团网站,2020年12月25日,http://www.dfyanyi.com/xxdt/2021/0408/630.html。

受演艺产品的观赏性之外,还能获取首都演艺品牌背后所代表的文化诉求与民族精神。

(二)推动演艺交流,搭建数字化国际传播平台

受新冠肺炎疫情影响,线下演出全部暂停,线上演出成为演艺院团探索市场机遇的主要途径,丰富多样的"云剧场""云演出"成为2020年满足人们艺术需求的重要形式。据统计,"互联网+文化"新业态保持快速增长,文化新业态特征较为明显的16个行业小类实现营业收入31425亿元,比上年增长22.1%。① 线上直播让高雅艺术飞入寻常百姓家,让不同地域、层次的受众进行艺术素养的提升,普惠大众的同时与活跃在网络的年轻人对接,给予年轻人艺术滋养和熏陶。

自2020年4月11日推出线上演出,从最初的"春天在线",先以室内乐和小型交响乐的形式开辟了新的演出阵地;到"声如夏花""华彩秋韵"加入了歌乐舞剧戏多种演出形式,如8月8日"华彩秋韵"系列演出首场音乐会"繁华众声",张艺、陈悦与国家大剧院管弦乐团使用了"8K+5G"直播技术,成为艺术传播领域的革命性、标志性事件;再到11月恢复75%售票率的"冬日之约"系列演出,国家大剧院在各大直播平台共推出了36场线上演出,在线总点击量累计超10亿次。②

2020年8月8日至9月6日,在文化和旅游部的指导和倡议下,国家京剧院与湖北省京剧院作为主办方,联合全国共18家京剧院团举办为期30天的"京剧的夏天——全国京剧院团线上抗疫展演月"活动,演出采用线上直播方式,与广大观众"云端"相见。另外,艺术院团的领导、从业经验丰富的艺术家、主创团队的核心成员等,为观众带来不同视角的分析与介绍。展演开幕式演出开播10分钟内人气就极速飙升,实时观看人数达18万余,点赞数破

---

① 《2020年规上文化企业营收同比增长2.2% 新业态保持快速增长》,中国经济网,2021年2月2日,http://www.ce.cn/culture/gd/202102/02/t20210202_36282324.shtml。
② 《揭秘:大剧院如何奉献36场线上演出》,国家大剧院网站,2020年11月17日,https://www.chncpa.org/zxdtxlm/mtsj_2993/202012/t20201203_223613.shtml。

100万。截至8月31日,活动累计观看人次近6000万,点赞超2334万。活动宣传前,账号快手粉丝量仅30人,2020年11月已达12.4万。①

对于未来线上演出如何发展、需要和线下演出进行怎样的互动,很多演艺主体有了一定的经验和方法,国家大剧院副院长朱敬认为:"线上演出有天生的传播基因和独特的优越性,有看不到的角度、特写、解读和观众,但是线下也有它无法取代的现场观演互动感受。线上线下演出的不同定位、功能和属性,要求我们打造差异化内容,既要变更求新,又要做好内容策划。"② 未来首都演艺市场应借助网络技术优势加强国际传播,以互联网为平台增进与共建"一带一路"国家与地区之间的文化交流与思想碰撞,逐步增强国际受众对首都演艺作品的认知与理解。

(三)借助演艺外交,拓展多领域的对话合作

《文化部"一带一路"文化发展行动计划(2016—2020年)》主要推动以"一带一路"为主题的国际艺术节、展览、艺术论坛等国际交流合作平台的发展。目前,已有比较成熟的合作模式,例如国家大剧院于2020年9月9日、10日在线上举办"2020世纪剧院北京论坛"。在此期间,世界剧院联盟正式成立,共7家机构为联盟理事会成员(其中阿曼马斯喀特皇家歌剧院为共建"一带一路"国家的剧院)。该联盟旨在搭建国际化的交流平台,促进多边文化合作与发展。③ 再如中国东方演艺集团计划打造"一带一路"艺术团,在北京设立总部。"一带一路"艺术团的设立,在促进民心相通、架设文明桥梁、整合国内外艺术资源、探索文旅融合背景下的国际艺

---

① 《京剧线上展演 推进数字艺术(一)》,"中国国家京剧院"微信公众号,2020年9月1日,https://mp.weixin.qq.com/s?src=11&timestamp=1627365827&ver=3215&signature=lbnkQq4WkQ8wkqNCbdgKHjB94XMW3NW2cG8swhrgQl*RwgYUyaW-v8z5dZKk3qdKK3NDlYosCs55biVrIfCgsKXMqEKsGLGBuUr16FxEjHiEQ-mFgqwb9OQE6YVLImgF&new=1。
② 《揭秘:大剧院如何奉献36场线上演出》,国家大剧院网站,2020年11月17日,https://www.chncpa.org/zxdtxlm/mtsj_2993/202012/t20201203_223613.shtml。
③ 《打造剧院命运共同体,世界剧院联盟北京成立》,香港文汇网,2020年9月12日,https://www.chncpa.org/zxdtxlm/mtsj_2993/202009/t20200914_220487.shtml。

交流模式等方面具有重要意义。① 这些平台和联盟的设立,是促进演艺行业国际化的有效机制保障,也是具有长远规划的多行业协同合作发展的策略布局。演艺外交是提升文化软实力的有利方式,首都演艺品牌可借助这些多边合作的平台,充分利用"一带一路"倡议所构建的多边、多元、多层次的合作机制,从单一演艺品牌逐步发展成连锁品牌、系列品牌再到品牌联盟,最终成为涉及多领域对话合作的演艺品牌产业链。有计划有步骤地与共建"一带一路"国家建立有效沟通机制,定期交换、分享演艺项目发展经验,打造多领域对话合作的国际化演艺平台。

参考文献

《推动共建丝绸之路经济带和21世纪海上丝绸之路的愿景与行动》,《人民日报》2015年3月29日。

---

① 《打造"一带一路"艺术团,搭建音乐舞蹈国际交流平台》,中国东方演艺集团网站,2021年3月7日,http://www.dfyanyi.com/xxdt/2021/0408/671.html。

B.16
移动短视频助力对外贸易研究
——以新冠肺炎疫情背景下移动短视频在信息传播中的作用为例

李嘉珊　荆　雯*

摘　要： 移动短视频在对外信息传播中作为新兴媒介发挥了自身的优势，对中国形象在国际上的树立产生了积极影响，成为我国对外贸易过程中的助推器。但同时移动短视频在生产、发布和传播环节存在内容价值度不高、缺乏相关约束性条例、审查机制不规范、违规传播等问题。这需要短视频平台明确自身责任，严加审核视频内容；行业协会根据实际制定执行性强的具体条例；立法机关进行专项立法，并鼓励反映中国企业真实面貌的短视频的制作与传播；监管部门加大对专业人员的培训力度；短视频用户进行辅助监督，通过各方联动来更好发挥短视频对外信息传播的作用。

关键词： 移动短视频　信息传播　对外贸易

一　引言

在信息全球化背景下，经济的竞争已经超出传统生产要素的范围，国家

---

* 李嘉珊，北京第二外国语学院教授，中国服务贸易研究院常务副院长，国家文化发展国际战略研究院常务副院长，首都国际交往中心研究院执行院长，首都国际服务贸易与文化贸易研究基地首席专家，国家文化贸易学术研究平台专家兼秘书长，研究方向为国际文化贸易、国际服务贸易等；荆雯，北京第二外国语学院国际文化贸易专业2020级硕士研究生，研究方向为西语国家文化贸易研究。

之间的贸易往来也不单单是经济层面的问题，信息传播在对外贸易中发挥重要作用，贸易双方都希望尽可能全面了解对方在政治、经济、文化等方面的信息，而这种全方位的信息传播需要通过一定的方式，移动短视频以其特有的优势在对外信息传播过程中发挥着重要作用。

短视频在生产、内容、传播方面的特征极大迎合了互联网时代用户的媒介使用习惯，在互联网用户间越来越受欢迎，截至2020年6月，中国短视频行业的用户规模已达到8.18亿。[①] 据Sensor Tower的报告，2019年的四个季度中有三个季度Tik Tok（抖音海外版）位列"全球下载数量最多App榜单"的前三名。[②] 2020年受疫情影响，民众大都减少外出，这段时间人们对信息的需求量剧增，《2020年中国移动互联网"战疫"专题报告》显示，一些移动短视频App如抖音、快手等在疫情防控时期经历了一个下载高峰，平均用户增量超过4000万。[③] 疫情使移动短视频"异军突起"，在众多信息传播媒介中尤为突出，引起一定的关注。短视频集图像、文字、音乐等多种元素为一体，满足了人们在信息表达、传递及获取方面的需求[④]，在信息传播、引导舆论、科学普及等方面发挥了重要作用，尤其在对外信息传播中作为媒介发挥了其自身的优势，成为对外贸易的助推器，但同时其在信息传播过程中也存在一些问题，需要各方力量来共同解决。

二　移动短视频的特征

（一）生产流程简单，创作门槛低

传统的视频拍摄对内容编排、拍摄技巧和设备的要求较高，通常由专业

---

① 《2020中国网络视听发展研究报告》，网易网站，2020年10月13日，https：//www.163.com/dy/article/FORCVB510519BPB6.html。
② 王鑫铁：《短视频在国际传播视域的效果探析与对策》，《新闻研究导刊》2021年第3期。
③ 《QuestMobile2020中国移动互联网"战疫"专题报告——热点关注行业发展报告》，QuestMobil网站，2020年2月12日，http：//www.questmobile.com.cn/research/report-new/81。
④ 李勇图：《疫情防控中"小"视频的"大"能量》，《思想理论教育导刊》2020年第7期。

人员运用专业的设备进行拍摄,且在视频剪辑及包装等方面花费大量时间。而诞生于互联网时代的移动短视频,依托于技术的不断发展,用户仅靠一部智能手机就可以独自进行短视频的拍摄和发布。诸如美拍、抖音等短视频平台,功能多样,用户可以一次性完成拍摄、剪辑、美化和发布的操作,平台也人性化地为用户提供多种特效选择,让短视频的拍摄既快捷,也不失精美。如今,短视频的拍摄甚至跟用手机拍摄一张照片然后进行修图一样简便,这种简单的生产流程使越来越多的普通用户参与到短视频制作中来,随时随地进行视频拍摄,满足了用户的参与感和体验感。

(二)题材丰富,内容涵盖范围广

由于移动短视频平台上的用户有着不同的生活环境、年龄、学历和职业,来自全国不同的地区,所以每个人关注的领域也会有所不同。移动短视频平台就像一个"百宝箱",用户总能在其中找到自己感兴趣领域的视频。此外,如今移动短视频平台通过大数据等技术,依据用户选择的兴趣领域、浏览的短视频内容和所在地理位置等条件实现"个性化"推荐,增加用户的黏性。除了娱乐、美食、旅行、美妆等一些休闲领域,资讯类内容的短视频也颇受用户的喜爱。截至2020年8月,在"时事"标签下,粉丝量超过1000万的主流媒体账号已达31个。不同于以往严肃的传统媒体视频,资讯类短视频围绕热点话题,根据传播平台的属性和用户习惯进行有针对性的制作,更贴近生活,更具有故事性。

(三)内容简洁,便于传播

短视频的时长一般在五分钟以内,这对于生活在快节奏社会中的视频用户来说提升了他们运用碎片化时间进行信息获取的效率。短视频的时长限制使视频开门见山、直奔主题、内容集中。相对于纯阅读方式的文字加图片形式,短小精悍的短视频更便于用户传播和分享信息,其简洁明了、生动形象的特点更符合大众的媒介接触习惯。

（四）传播平台多样，受众范围广

移动短视频借助短视频平台、微博等社交平台及新闻客户端等实现多渠道传播。① 字节跳动、百度、腾讯旗下的短视频平台在短视频领域表现突出，在用户规模前 20 的短视频平台中，字节跳动公司占据 6 款。抖音、快手二者的用户规模很大，而西瓜视频、微视等腰部平台也占据部分用户。② 短视频用户年龄分布在各个阶段，但主要集中于 25～34 岁的年轻群体。此外，除了一二线用户，短视频下沉用户③规模接近 4 亿，其中快手的三线及以下城市用户比例远高于全网水平。④ 短视频通过各类渠道进行全方位传播，覆盖不同年龄段、各线城市。在面对公共突发事件时，短视频提高了信息传播效率和到达率。

我国最大的短视频平台——抖音，其海外版目前全球已覆盖超过 150 个国家和地区⑤，可以看出短视频已经成功走出国门，实现无国界传播，受众范围进一步扩大。

二 移动短视频在新冠肺炎疫情信息传播中的作用

近年来，国内许多学者对移动短视频在信息传播过程中的作用研究主要集中在具体的作用方面，鲜有人从"作用"本身出发进行研究。本节对移动短视频在新冠肺炎疫情信息传播中的作用研究主要集中在作用时间的长短、作用程度的强弱以及作用的积极和消极方面。

---

① 黄楚新、朱常华：《短视频在突发公共事件中的功能与作用——以新冠肺炎疫情信息传播为例》，《视听界》2020 年第 2 期。
② 《Mob 研究院：2020 中国短视频行业洞察报告》，中文互联网数据资讯网，2021 年 1 月 28 日，http://199it.com/archives/1147583.html。
③ 三、四、五线城市短视频用户。
④ 《Mob 研究院：2020 中国短视频行业洞察报告》，中文互联网数据资讯网，2021 年 1 月 28 日，http://199it.com/archives/1147583.html。
⑤ 王超：《短视频在中国周边文化传播渠道的效用》，《中国传媒科技》2021 年第 1 期。

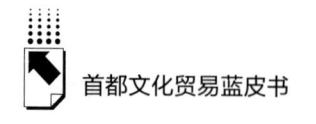

（一）作用时间长短的不同

作用的长短是指移动短视频内容对观看短视频的主体及主体所在的大环境产生作用的时间的长短。纯娱乐内容的移动短视频的观看只给用户带来短暂的作用，即短暂的心情放松，且对大环境没有太大影响。而跟纯娱乐内容的移动短视频不同，与新冠肺炎疫情有关的短视频内容对主体和大环境产生的作用是长久的，具体体现在防疫知识、心理慰藉和引导正面舆论方面。

在防疫知识方面，用户通过科普类短视频获得的知识是会一直留在大脑里的，且短视频由于时长的限制，所呈现的都是简洁明了的精华内容，便于牢记。"丁香医生"在抖音客户端发布了一系列短视频，累计播放量超过4000万[1]，其中《疫情防护合集》《疫情科普合集》《疫情辟谣：这些谣言你听过吗？》这三个视频通过场景再现和对话交流方式，使用户在短短一分钟内了解到具体的科学防疫措施。移动短视频以其生动形象、简洁明了、直观表达的特点将枯燥难懂的科学知识生动形象地传达给用户。

在心理慰藉方面，疫情突袭而至，传播速度快、传播范围广，民众一开始的焦虑心理大都因为对病毒的不了解。通过科普类短视频，用户对新型冠状病毒有了初步的了解，并学习到相关的防疫知识，在一定程度上缓解了初期的焦虑心理。此外，移动短视频"随拍随发"的特点使用户能够几乎实时接收一线消息，仿佛亲临现场，足不出户就可以在短时间内了解周边及其他地区的实时情况，在一定程度上缓解了持续的焦虑心理。如央视新闻在抖音平台上发布《"战疫"Vlog》短视频合集，拍摄记录武汉金银潭医院隔离病房的救治情况及火神山医院、方舱医院的实景；澎湃新闻在抖音平台上推出《武汉人日记》短视频合集，直观呈现疫情防控时期真实的市民生活[2]；梨视频从2020年1月22日起日更《抗疫日记》，全景式记录中国抗疫实况，包括"抗疫动态""驰援武汉"等栏目；浙江日报温州分社发布总长度为

---

[1] 杨俊峰：《短视频站上新风口》，《中国报业》2020年第11期。
[2] 黄楚新、朱常华：《短视频在突发公共事件中的功能与作用——以新冠肺炎疫情信息传播为例》，《视听界》2020年第2期。

66秒的短视频《最新！温州首例确诊新型肺炎患者今天出院！为浙江省首例治愈出院患者》，实地记录了出院的新闻现场，在视频发布短短1小时内点击量就已超过35万人次；温州分社发布的《书记在"疫"线》系列短视频，真实记录了温州市、区、县领导干部抗击疫情的工作现场情况[①]。

在引导正面舆论方面，主要包括国内和国际两方面。在国内，短视频通过传播有关奋战在防疫一线的各领域工作者以及民间爱心人士的事迹，体现相关工作者及民众守望相助、众志成城抗击疫情的信心和决心，使观看短视频的用户产生强烈的情感共鸣，激发了全民抗疫的斗志，不仅振奋人心，还有助于引导正面舆论，避免负面的舆论环境。如浙江日报温州分社推出的长度为2分26秒的《温州"疫"线的24小时》短视频，浓缩了抗疫战线上工作人员一天的工作生活，此外，其发布的93秒名为《爱从世界涌来！有一种精神，叫温州人》的短视频记录了温州海外侨胞参与国内支援的过程。[②] 潇湘晨报发布的短视频《抗疫一线95后女护士的双手》揭示出医护人员的艰辛；央视新闻在抖音平台推出《有你真好》短视频合集，致敬支援武汉的防疫工作者。[③]《人民日报》于2020年1月23日在抖音官方平台发布题为《武汉86岁老专家全副武装坚持坐诊，他说不能辜负了病人的信任！你愿意为他点赞吗？》的短视频，并获得1163.1万的点赞量。[④] 在国际舆论方面，疫情突袭而至，我国积极采取措施进行抗疫工作，但在我国抗击疫情的同时，一些西方媒体借机歪曲报道、颠倒是非，企图抹黑中国形象，在国际上散播有毁中国形象的负面舆论。我国主流媒体利用短视频这一国际传播媒介积极应对国际负面舆论，及时发布中国抗疫信息，讲好中国故事，向世界展示中国负责任大国的形象。中国国际广播电视台推出多语种视频博

---

① 蒋超：《全媒体短视频让"硬新闻软表达"——以浙江日报温州分社新冠肺炎疫情报道为例》，《传媒评论》2020年第2期。
② 蒋超：《全媒体短视频让"硬新闻软表达"——以浙江日报温州分社新冠肺炎疫情报道为例》，《传媒评论》2020年第2期。
③ 黄楚新、朱常华：《短视频在突发公共事件中的功能与作用——以新冠肺炎疫情信息传播为例》，《视听界》2020年第2期。
④ 王超：《短视频在中国周边文化传播渠道的效用》，《中国传媒科技》2021年第1期。

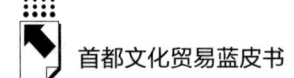

客短视频，以普通人的视角带领观众了解武汉普通群众和各领域抗疫工作者的工作和生活情况，同时介绍抗疫经验，科普相关知识，获得国外观众的好评。① 中国国际电视台在 YouTube 平台发布《延时摄影：武汉火神山医院建设完成》视频，展现了火神山医院从开建到完工的全过程，为世界展现了中国速度。② 中国日报在 TikTok 平台发布 14 集微纪录片《英雄新传》，讲述武汉抗疫一线群体的故事，全球总播放量近 3000 万人次。此外，自 2020 年 5 月 9 日，中国日报推出 6 期系列短视频《词解中国：中国抗疫热词》，向世界介绍中国抗疫经验，海外传播量达 4446 万人次，获得许多国外网友对中国抗疫工作的认可。③

短视频虽然仅仅只有短短几分钟，甚至有的不到一分钟，但是高传播率和高播放量使短视频在疫情防控时期迸发出巨大的能量，对主体和大环境产生长久的影响。

（二）作用程度强弱的不同

作用程度的强弱主要针对移动短视频作用的主体，短视频用户作为直接作用主体，受短视频作用的程度较强，而非短视频用户则受短视频作用的程度较弱。

短视频用户既是短视频的直接接收者，也是创作者。短视频用户通过一部手机，进行简单的操作就可以随时随地向各地人民分享自己亲身经历的或所见所闻的抗疫故事。姥爷"无情"拒绝孙子登门拜年的视频《大年三十给姥爷送吃的竟被姥爷关在门外》让人忍俊不禁④，河南村干部"硬核"喊

---

① 胡正荣、田晓：《新媒体时代突发公共事件的国际传播——以新冠肺炎疫情报道为例》，《对外传播》2020 年第 4 期。
② 沈斌、刘亚奇、周敏：《如何做好突发公共卫生事件国际舆论引导——以新冠肺炎疫情的对外宣传报道为例》，《新闻战线》2020 年第 6 期。
③ 刘东成：《如何做好热点话题的对外传播——以中国日报社关于新冠肺炎疫情的对外传播实践为例》，《对外传播》2020 年第 9 期。
④ 黄楚新、朱常华：《短视频在突发公共事件中的功能与作用——以新冠肺炎疫情信息传播为例》，《视听界》2020 年第 2 期。

话村民不要外出的短视频在平台迅速走红。2020年1月24日至2月7日,有10.7万武汉人在抖音平台上发布了25.9万条记录他们日常生活的短视频,让其他人身临其境地感受到疫情防控期间不同人的不同境遇,了解到武汉市民视角下的疫情生活。① 作为短视频的直接接收者,用户是短视频生动、丰富内容的直接感受者,同时,作为创作者,用户通过短视频与其他人搭起了沟通的桥梁,共同谱写抗疫故事。从这两方面来说,短视频对视频用户的作用程度是最强的。

虽然短视频用户涵盖不同的年龄阶段,但仍存在非短视频用户群体,对于这些主体来说,有可能通过他人转发或直接观看他人手机上的短视频等途径接触到短视频,但频率较少,存在偶然性,所以在作用程度上较弱。还有一些人,比方说老年人群体,他们获取疫情信息的渠道可能就是传统的信息获取途径,如电视和广播,所以对他们来说短视频的信息传播并没有起到任何作用。

(三) 作用的积极和消极方面

移动短视频除了在科普防疫知识、提供心理慰藉、引导正面舆论等方面发挥积极作用外,也起到抵制虚假信息、及时制止谣言传播的作用。在这方面,主流媒体及各地方新闻媒体的权威信息发布作用较大。2020年2月9日,针对此前"气溶胶传播"就是"空气传播"的谣言,《人民日报》抖音官方平台发布了题为《华中科技大学公共卫生学院副院长徐顺清:气溶胶传播不是空气传播》的辟谣短视频。② 2月中旬,有人造谣宁夏石嘴山市1例确诊病人周边都被感染,有关方面为避免恐慌而掩盖事实等,石嘴山市新闻传媒中心记者及工作人员迅速联系相关部门,到这一患者(已治愈出院)家中进行现场短视频拍摄,传递真实情况,及时澄清谣言。③ 相比于媒体传统的信息传播方式,移动短视频能更及时、快速地传播事实真相,及时辟谣。

---

① 李勇图:《疫情防控中"小"视频的"大"能量》,《思想理论教育导刊》2020年第7期。
② 孙菡忆:《短视频助力主流媒体夯实战"疫"宣传阵地——以〈人民日报〉抖音官方平台为例》,《新闻传播》2020年第4期。
③ 张宇强:《助力战"疫",短视频有大作为》,《中国记者》2020年第3期。

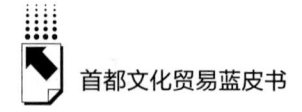

短视频平台是信息辟谣的场所，同样也是滋生虚假信息的温床。疫情初期的人们在面对陌生情况时普遍呈现焦虑等心理状态，对信息的需求量也激增。由于移动短视频创作门槛低且传播速度快，一些人为了获取所谓的关注度，利用民众在这一时期的心理状态，通过移动短视频进行谣言的传播，如曾经有人以《新闻联播》为视频模板，非法制作、发布了虚假短视频①，给民众的造成了心理的恐慌和认知的混乱，在一定程度上扰乱了抗疫的决心。②

此外，信息内容浓缩在短短几分钟，甚至以秒为单位时间的移动短视频里，有利于用户在碎片化时间里迅速了解、传播和分享信息，满足了在疫情发生初期人们对信息的极大需求，同样也在疫情防控时期对更新信息的传播起到了推动作用，但是移动短视频的时长同样限制了对事件的起因、经过和结果进行全面的展示，对用户的观看体验和信息捕捉产生不利影响。有的短视频为了尽可能向用户传递最大信息量，仅通过提倍速来达成目的，在倍速的效果下，声音和画面同时加快，有的用户可能需要重复播放好几遍才能够明白视频所讲内容，而且一些细节或关键性的信息并没有捕捉到，这导致用户的体验感并不是很好，移动短视频在信息传播中的优势并没有发挥出来。移动短视频虽然在新闻类报道的时效性上有一定优势，但是因时长的限制难以实现全面且深入的报道，只能选取某一方面进行展开。③ 有的时候用户单凭一个短视频很难获得对某一事件的完整认识，只能通过观看海量的短视频来拼凑整体，但难免漏掉一些重要信息，从而导致自己的认识与真相间存在一定程度的偏差。④ 有的时候一些内容或事件并不适合用移动短视频来展示，反而适合用文字报道或长视频等其他形式。对于用户来说，要结合不同渠道获取信息。

---

① 张宇强：《助力战"疫"，短视频有大作为》，《中国记者》2020年第3期。
② 孙菡忆：《短视频助力主流媒体夯实战"疫"宣传阵地——以〈人民日报〉抖音官方平台为例》，《新闻传播》2020年第4期。
③ 石佳磊：《短视频新闻的传播特点和发展策略探究——以新京报"我们视频"为例》，《传媒论坛》2020年第17期。
④ 黄楚新、朱常华：《短视频在突发公共事件中的功能与作用——以新冠肺炎疫情信息传播为例》，《视听界》2020年第2期。

国际贸易是广义的国际传播,在对外贸易中中国需要了解世界的实时信息,而世界同样也需要了解中国的信息,这种需求不仅包括经济方面,也包括文化、政治等社会的其他方面。移动短视频虽然具有一定局限性,但其自身具有的及时、高效等多种优势在对外信息传播中发挥了重要作用,尤其是疫情防控时期许多国外用户通过短视频了解到中国的真实抗疫工作,在一定程度上减轻了国际上诸多负面舆论对中国产生的不良影响。

目前"讲好中国故事,传播中国声音"多以官方媒体通过传统途径进行正面宣传为主,虽然具有权威性,但传播的渠道和范围有限,而且不能保证效果。在中国人日常的视频内容中,避不开中国的文化符号和发展背景,中国短视频平台近七成用户是城市用户,在视频中必然带有中国城市建设和现代化的符号,有利于国外受众实时、真实地了解中国目前的生活样态和文化理念,帮助他们完成完整的中国形象搭建[1],从心理上拉近他们与中国的文化距离,从而使他们在面对中国的产品和服务时减少出现排斥心理的可能性。

三 移动短视频在信息传播中存在的主要问题分析

由于移动短视频的对外信息传播涉及国家形象,所以短视频的生产、发布和传播各个环节都需要严格把关,而移动短视频作为新兴媒介,其在生产、发布和传播各个环节还存在一些问题。

(一)移动短视频在内容生产环节存在的主要问题

如今国内短视频平台上的视频内容主要存在同质化现象严重、泛娱乐化现象严重、价值度不高、社会效益低的问题。

短视频由于制作非常简便,生产门槛低,所以很受用户欢迎,如今普通用户贡献了80%以上的平台内容[2],占据了半壁江山。但是普通的用户缺乏

---

[1] 王鑫轶:《短视频在国际传播视域的效果探析与对策》,《新闻研究导刊》2021年第3期。
[2] 田斌:《移动短视频应用的内容生产及传播模式研究》,硕士学位论文,河北经贸大学,2018。

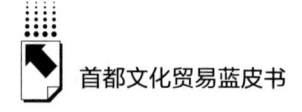

一定的专业制作素养，在内容和创意上显示出不足，所以有的用户为了吸引流量，跟风模仿某一时间段内获得很高流量的短视频内容，同类型产品在一段时间内数量激增，同质化现象严重，对观看者来说也产生了"视觉疲劳"甚至厌烦心理。

从疫情发生以来移动短视频所体现出的积极作用可以看出，短视频平台不仅是线上休闲娱乐的场所，也是信息传播的重要渠道，但是大部分平台看重短视频供用户在碎片化时间消遣娱乐的功能，片面、一味地主推娱乐类短视频，追求短期内的经济效益，导致泛娱乐化现象严重，单纯追求娱乐性而轻视内容的价值，致使短视频没有发挥出其应有的实际效益。这从侧面反映出如今高素质专业短视频人才的短缺以及人才定位存在偏差的问题。

前文提到如今短视频在国外也拥有广泛受众，在国际传播中发挥着重要作用，而短视频的对外传播首先涉及语言翻译问题，目前的短视频对外发布语言以英语为主，缺乏多语种的传播。此外，当前短视频对外发布内容多以信息报道为主，虽然内容上有不少新意，但模式过于单一，仍然是传统新闻模式。①

（二）移动短视频在发布环节存在的主要问题

1. 相关行业规范条例不完善

2019 年中国网络视听节目服务协会同时发布《网络短视频内容审核标准细则》和《网络短视频平台管理规范》，其内容加起来超过 100 条，虽然内容数量很多，但是面对短视频行业复杂多变环境中不断涌现的新问题，一些政策仍需继续完善和细化。例如《网络短视频平台管理规范》中规定，按上传违法节目行为的严重性将禁播人员的禁播期分为一年、三年、永久三个档次，但是对行为的严重性并没有再进行详细说明，这导致各个平台惩罚标准不一，甚至有的为了利益进行宽松惩罚。此外，管理规范中只规定

---

① 王超：《短视频在中国周边文化传播渠道的效用》，《中国传媒科技》2021 年第 1 期。

"对不遵守本规范的，应当实行责任追究制度"，但是对具体追究的责任和主体并未进行详细说明。① 在发布环节涉及的版权问题方面，《网络短视频平台管理规范》中的相关规定仅涉及不得未经授权剪切、改编视听作品的内容，而对违反规定的处罚标准及措施并未详细说明。

2. 短视频平台审查机制不规范

目前短视频平台对内容的审核不够及时，没有从源头遏制违规短视频，而短视频的高效率传播会导致这些"漏网之鱼"的快速传播，等发现时很可能已经造成一定的负面影响。此外，虽然短视频平台有技术过滤，但是仍有一些"聪明人"利用各种手段钻技术的空子，成功发布有违管理规范的短视频内容，这时人工审核的优势就体现出来了。虽然《网络短视频平台管理规范》规定审核人员应经过培训，但是仍存在审核人员水平不够，难以判断某些内容是否算违规，而使一些违规短视频顺利发布的问题。

虽然《网络短视频平台管理规范》中规定要落实账户实名制管理制度，但现在仍有很多短视频平台的注册方式为手机号、QQ或微信等便捷方式，未涉及如支付宝一样的严格实名认证程序，这会导致一些人"戴着面具"随意发布违规的短视频内容。

（三）移动短视频在传播环节存在的主要问题

1. 个别短视频平台缺乏社会责任感

政府对其发布的政策条例的具体落实情况进行监管，短视频平台是这些政策条例的最主要的执行者，如果短视频平台能及时制止违规短视频的传播，即使这些违规短视频发布了也能将负面影响降到最低，但是短视频平台的逐利本质使其不仅对这些短视频的传播无动于衷，甚至为了流量通过智能推送主动将一些博人眼球但违法违规的短视频推荐给用户②，足以看出短视频平台缺乏社会责任感。

---

① 林浩冰：《网络短视频的监管问题研究》，硕士学位论文，汕头大学，2020。
② 林浩冰：《网络短视频的监管问题研究》，硕士学位论文，汕头大学，2020。

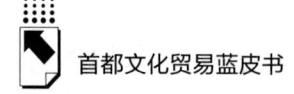

2. 部分监管部门监管不到位

政府监管部门基本为行政人员，缺乏掌握网络监管技术的人才，所以对短视频行业里存在的不良现象无法及时应对，往往等违规短视频积攒到一定数量，形成一定传播规模，引起社会强烈的舆论风潮及普遍关注和担忧时才对相关短视频平台进行约谈并依法问责。

3. 相关行业规范条例不完善

涉及移动短视频传播环节的相关行业规范条例也留有漏洞，仍待完善。如在传播环节中涉及的版权问题，和发布环节一样，仅涉及不得转发的各类内容，对违反规定的处罚标准及措施并未详细说明。

四 针对移动短视频信息传播中已出现问题的相关建议

移动短视频是重要的对外信息传播渠道，针对移动短视频信息传播过程中的问题，移动短视频平台、行业协会、立法机关、监管部门及用户各方需要共同努力，为移动短视频创造健康良好的发展环境，使移动短视频在对外信息传播中更好地发挥自身优势。

（一）移动短视频平台

政府虽然对其发布的政策条例的具体落实情况进行监管，但是短视频平台是最主要的执行者，是防止违规视频流传的第一道防线。虽然短视频平台具有商业属性，但它也肩负着媒体的责任，是信息传播的媒介。

短视频平台要明确平台应肩负的责任，并对用户和视频内容信息严加审核。第一，面对大量缺乏专业知识和素养的普通用户，平台一方面可以不定期的发布视频创意拍摄指南[①]，帮助用户获取简便但又不失创意和价值的

[①] 田斌：《移动短视频应用的内容生产及传播模式研究》，硕士学位论文，河北经贸大学，2018。

好的视频内容的拍摄技巧，提供一些切实可行的建议。平台也可以举行拍摄指南主题投票活动，根据大家最希望学习的拍摄视频类型而进行相应的指导，这样拍摄指南更具有针对性。另一方面平台可以自行培养或与相关机构、单位合作，共同培养一些复合型专业短视频拍摄人才，在培养的过程中把技术培养作为辅助，重点培养拍摄者专业化、优质内容的生产意识。第二，平台在进行智能推送时不仅要考虑用户的个人喜好，还应根据实际情况适当推送有关时事热点领域的内容，如在疫情突袭而至时，用户对相关信息的需求激增，这时短视频平台应履行自己作为信息媒介的责任，主动推送一些官方的短视频，满足用户的需求。第三，短视频平台应严加实行全体用户实名制，如上传身份证信息等，不能单靠无法确认用户真实身份的手机或QQ、微信等注册机制，同时也要防止用户个人真实信息被泄露。第四，针对内容审核问题，短视频平台一方面应遵循《网络短视频平台管理规范》中对审核人员的有关规定，同时定期自行组织培训，如通过分析、讨论具体案例等形式帮助审核人员提高辨别能力，另一方面加强视频信息抽取、大数据、云计算等技术的开发，提高平台对视频内容的甄别、过滤、监测、跟踪的能力[①]，内容审核是最重要的一个环节，尤其对于海外版短视频App来说，应避免不当的短视频内容对树立国家良好形象产生不利影响。第五，平台可以与中国国际电视台、中国国际广播电视台等国内官方的外语媒体合作，利用新闻国际传播机构的多语种优势和平台对内容创作的经验优势共同推出以不同语种为载体的优质、新颖的短视频内容。

（二）行业协会

行业协会在制定相关条例时应注重质量而不是数量，否则条例看似比以前更多了，但存在可操作性差、不全面等问题，不利于短视频平台执行，也不利于政府监管。

---

① 林浩冰：《网络短视频的监管问题研究》，硕士学位论文，汕头大学，2020。

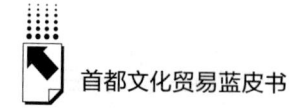

许多短视频从业主体为私企，并不是国有独资或国有控股的法人单位，针对这些从业主体，行业协会可以考虑适当扩大许可证申请主体的范围[①]，为其量身制定专门的市场准入许可证规定，规范短视频行业的市场准入标准，避免出现监管漏洞。

针对相关规范条例不完善的问题，行业协会可以与相关专家、企业、部门等一起探讨条例细节，尽量保证条例的可执行性。此外，由于短视频行业的问题不是一成不变的，会出现越来越多的新问题，所以可能某些规范条例需要及时根据实际情况进行更新。

（三）立法机关

移动短视频的信息传播具有速度快、信息量大、覆盖面广的特点，由于其本身自带价值输出与舆论导向功能，所以必须受到法律法规的约束[②]，避免大量不良内容的病毒式传播对社会舆论和秩序造成不良影响。

国家立法机关应不断健全相关法律法规，进行专项立法，细化法律规定，明确行业内各个主体的权利与义务，建立相应的惩罚机制，确定政府监管部门的职责和权限，做到有法可依。

（四）监管部门

政府监管部门可以对相关监管人员进行定期技术培训，分析具体案例，更好地应对瞬息万变的短视频行业里出现的违法违规行为，提高自身职业素养，更好地把控大局，避免不良之风盛行。此外，也可以考虑通过公务员考试等形式，加大力度选拔法律、计算机方面的人才[③]，增强监管部门里专业人员的占比，让更多的专业性人才负责监管工作。

[①] 林浩冰：《网络短视频的监管问题研究》，硕士学位论文，汕头大学，2020。
[②] 武汶霞、梁宇、曹三省：《网络视听政策监管下的短视频重整》，《广播电视信息》2018年第11期。
[③] 林浩冰：《网络短视频的监管问题研究》，硕士学位论文，汕头大学，2020。

（五）移动短视频用户

短视频用户作为众多互联网用户中的一员，理应遵守短视频平台的相关规则，守住网民的道德底线。为了博人眼球、赚取粉丝和流量而制作的虚假甚至不良、低俗的短视频虽然可能会满足自己所谓的虚荣心，获取一定的利益，但是这种违背道德底线的短视频的受众只可能是一小部分人。俗话说，"人心向善"，在这类短视频的评论里我们看到的大部分都是谴责、劝告的话语，可以看出大部分用户的价值观是正向的。这类哗众取宠的短视频最后只能狼狈收场，制作者甚至还为此付出一定的代价，真正获得持续性高粉丝量、高流量、高传播率的都是有优质内容的短视频，并不是投机取巧、违背道德规范的短视频。

短视频平台每天会产出海量的短视频，难免会有平台监管的"漏网之鱼"，所以大量的用户应肩负起监督者的责任，来弥补平台管理的不足，帮助平台进行监督。目前的短视频平台都设有简单易操作的举报功能，不会浪费用户太多时间，如果每位用户都愿意在观看视频的同时顺便花掉一点时间进行监督，短视频平台的整体治理水平和环境将会得到很大改善。

综上所述，虽然短视频行业涉及的主体为短视频平台本身，但是整个短视频行业健康良好的发展需要行业协会、立法机关、监管部门和用户之间的联动。从法律法规、政策条例的制定到落实，再到规则条例执行情况的监管，这个过程离不开任何一个与之相关的主体，短视频行业复杂多变的环境要求各个主体根据实际情况进行调整应对，这种调整不单只涉及某一主体，而是全部与短视频行业相关的主体，某一主体根据实际情况进行调整后，其他主体应该默契配合，根据其对应的职能做出相应调整。

习近平总书记就加强我国国际传播能力建设进行第三十次集体学习时强调，讲好中国故事，传播好中国声音，展示真实、立体、全面的中国，是加强我国国际传播能力建设的重要任务。在此背景下，移动短视频的发展正当其时，但短视频本身只是对外传播的媒介，最重要的还是内容的支撑，基于此，我们建议国家有关部门支持并鼓励拥有强烈愿望、具备国际视野、具

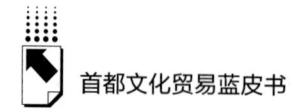

备精良制作能力的企业和机构，以中国企业发展为内容核心，创作出一批特色鲜明、制作精良，能够全面、真实、客观反映中国特色社会主义发展的市场主体的短视频，并配以外文解说和字幕，通过企业主体向外推介和传播。一方面促使企业深入挖掘自身的价值和内涵，另一方面了解企业在全球中的位置，客观、立体、全面地展现中国企业真实的样貌，彰显中国企业的发展潜力。

B.17
北京市文化企业知识产权
发展状况报告

董涛 郭剑*

摘　要： 本报告通过搜集2008～2018年北京市重点文化企业名录以及企业相关信息，开展文化企业调查，分析首都文化产业的知识产权发展状况。这包括企业数量、企业类型、成立年份、经营状态、行业分布、规模分析、知识产权特征、基本经济数据、企业经济状况与知识产权相关关系分析。数据显示，北京文化企业知识产权活动主要集中在著作权与商标两个领域，总体实力还略显不足，需要进一步加强和提升。

关键词： 文化企业　知识产权　北京

自2003年文化体制改革试点到全面展开，我国文化产业从探索、起步、培育的初级阶段，进入快速发展的新时期，文化产业对国民经济的贡献度快速增长。国家统计局数据显示："2018年我国文化产业实现增加值38737亿元，比2004年增长10.3倍，2005～2018年文化产业增加值年均增长18.9%，高于同期GDP现价年均增速6.9个百分点；文化产业增加值占GDP比重由2004年的2.15%、2012年的3.36%提高到2018年的4.30%，

---

* 董涛，北京第二外国语学院教授，研究方向为知识产权法律、政策与战略；郭剑，中国专利信息中心副研究员，研究方向为知识产权政策与技术转移转化。

在国民经济中的占比逐年提高。2004~2012年间,文化产业对GDP增量的年平均贡献率为3.9%,2013~2018年进一步提高到5.5%。"[1]

创意创新是文化发展的源泉,知识产权保护是保护创意创新的重要法律工具。随着国家知识产权战略的推进,知识产权在推动文化产业发展方面的重要性日益凸显,推进方向包括:如何充分挖掘文化产业的知识产权价值;如何鼓励文化产业开发具有自主知识产权的产品,努力形成拥有知名品牌的文化产品;针对文化系统知识产权工作薄弱环节和各个领域的不同需求,进一步提升文化产业知识产权意识,提升知识产权保护与运用能力,完善知识产权管理水平,构建文化产业中良好的知识产权公共服务体系建设,以促进文化产业的国际竞争力的提高。

笔者通过搜集2008~2018年北京市重点文化企业名录以及企业相关信息,开展文化企业调查,形成企业经济数据库,分析首都文化产业的知识产权发展状况。本报告分别采用企业数量、企业类型、成立年份、经营状态、行业分布、规模分析、知识产权特征、基本经济数据、企业经济状况与知识产权相关关系等口径进行分析。

一 北京市重点文化企业知识产权活动状况

(一)北京市重点文化企业基本概况

北京市重点文化企业共计187家,占全国文化出口重点企业[2]的18.2%,是文化企业最集中的地区。其中,重点文化企业150家,占比为80.2%,承担重点项目的文化企业37家,占比为19.8%(见图1)。

---

[1] 《文化事业繁荣兴盛 文化产业快速发展——新中国成立70周年经济社会发展成就系列报告之八》,国家统计局网站,2019年7月25日,http://www.stats.gov.cn/tjsj/zxfb/201907/t20190724_1681393.html。
[2] 参见文化贸易公共信息服务平台网站,http://tradeinservices.mofcom.gov.cn/TradeGuide_CMS/cultureTrade/importantEnter。

北京市文化企业知识产权发展状况报告

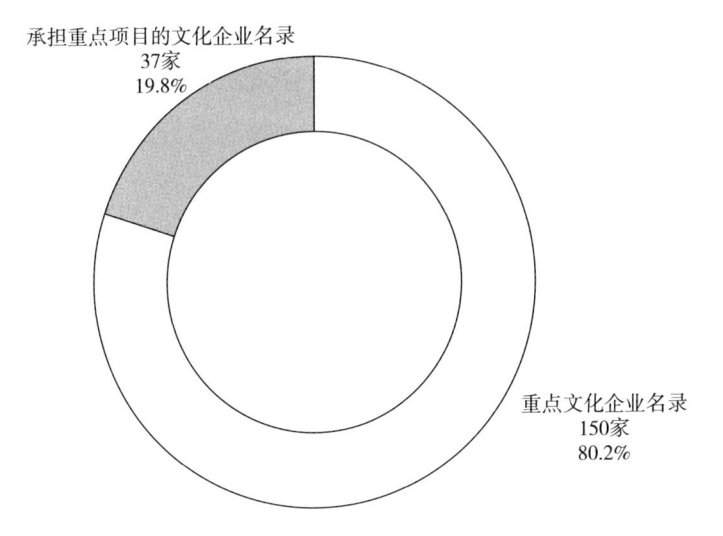

图1 北京市重点文化企业名录库构成

(承担重点项目的文化企业名录 37家 19.8%；重点文化企业名录 150家 80.2%)

数据显示，北京市重点文化企业中，近九成企业为内资企业，占比为89.3%。而港澳台商投资企业占比为2.1%，外商投资企业占比为1.6%。登记注册类型未知的企业占比为7.0%（见图2）。

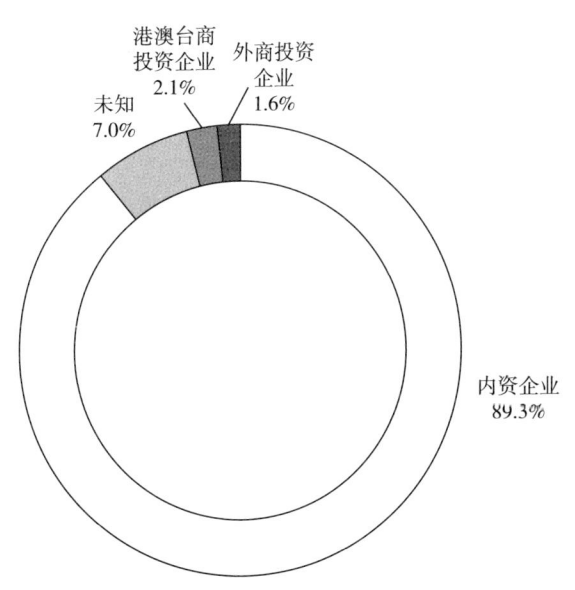

图2 北京市重点文化企业登记注册类型分布状况

(内资企业 89.3%；未知 7.0%；港澳台商投资企业 2.1%；外商投资企业 1.6%)

北京市重点文化企业中，超过八成企业种类为有限责任公司和股份有限公司。其中，有限责任公司占比为65.2%，股份有限公司占比为17.6%（见图3）。

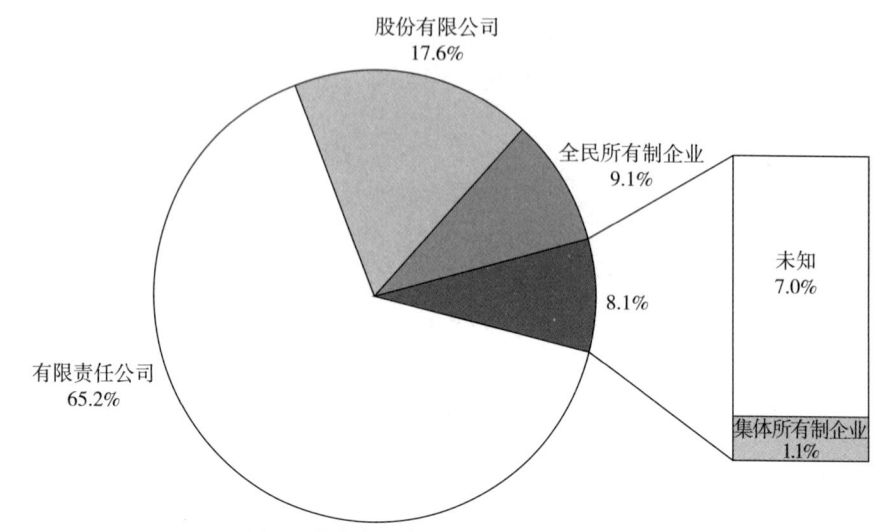

图3 北京市重点文化企业种类分布状况

北京市重点文化企业中，上市企业占4.8%；国有企业占13.4%，其中，全民所有制企业占9.1%，国有独资企业占2.1%，国有控股企业占2.1%（见图4、图5）。

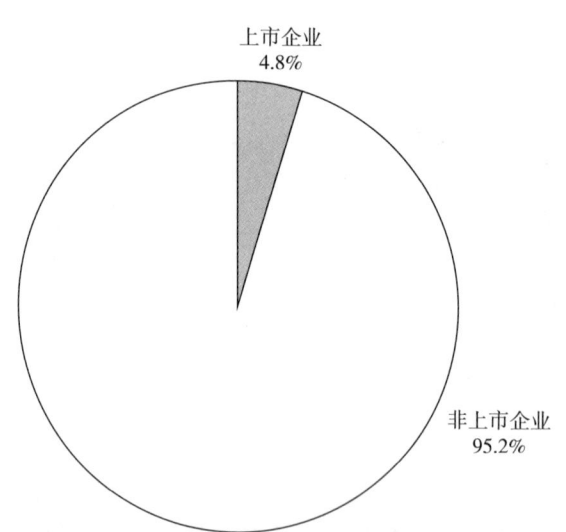

图4 北京市重点文化企业的上市企业分布状况

北京市文化企业知识产权发展状况报告

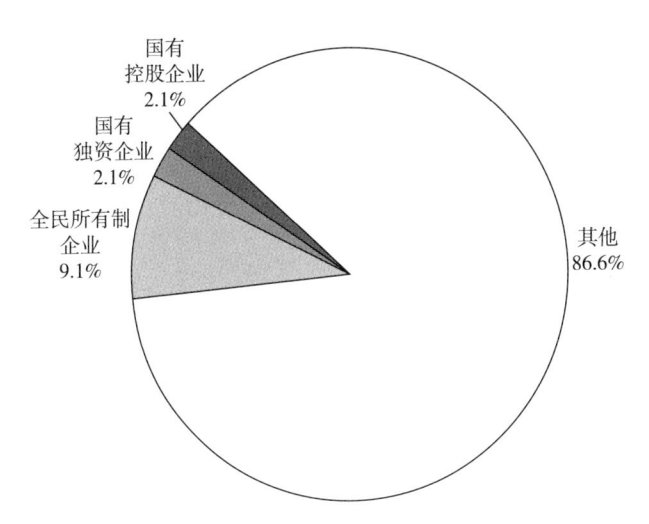

图5 北京市重点文化企业的国有企业分布状况

从北京市重点文化企业的成立年份来看,成立企业数量的局部峰值分别在2003年、2004年、2006年和2010年,企业数量依次为13家、12家、15家和12家(见图6)。

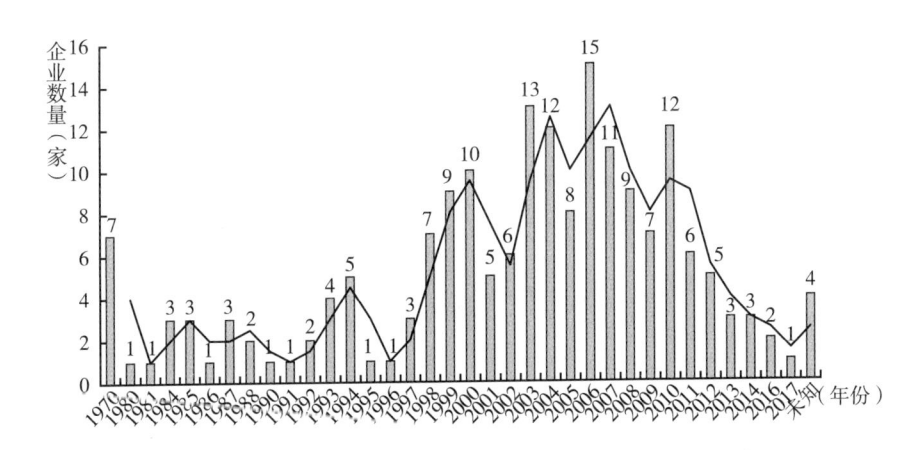

图6 北京市重点文化企业按成立年份划分的企业数量分布状况

北京市重点文化企业中,经营状态显示为"在业"的占比为90.9%(见图7)。

北京市重点文化企业中,按所属行业划分,占比超过8%的有4个行

241

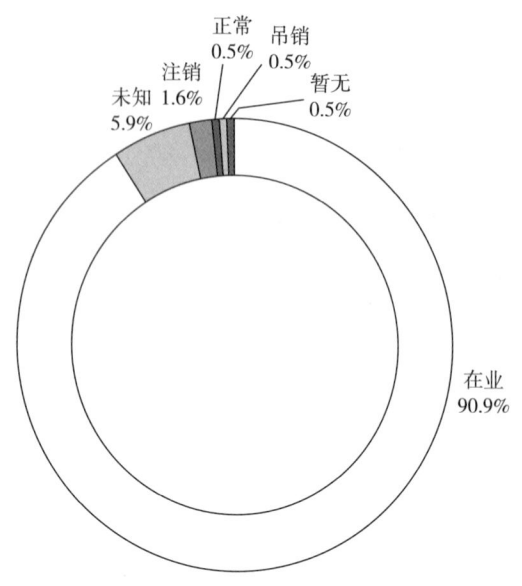

未知 5.9%
注销 1.6%
正常 0.5%
吊销 0.5%
暂无 0.5%
在业 90.9%

图7 北京市重点文化企业经营状态分布状况

业，分别是文化、体育和娱乐业（52.4%）、科学研究和技术服务业（16.6%）、租赁和商务服务业（8.0%）、信息传输、软件和信息技术服务业（8.0%），合计占比达85.0%（见图8）。

科学研究和技术服务业 16.6%
租赁和商务服务业 8.0%
信息传输、软件和信息技术服务业 8.0%
其他 15.0%
未知 6.4%
批发和零售业 4.8%
制造业 3.7%
文化、体育和娱乐业 52.4%

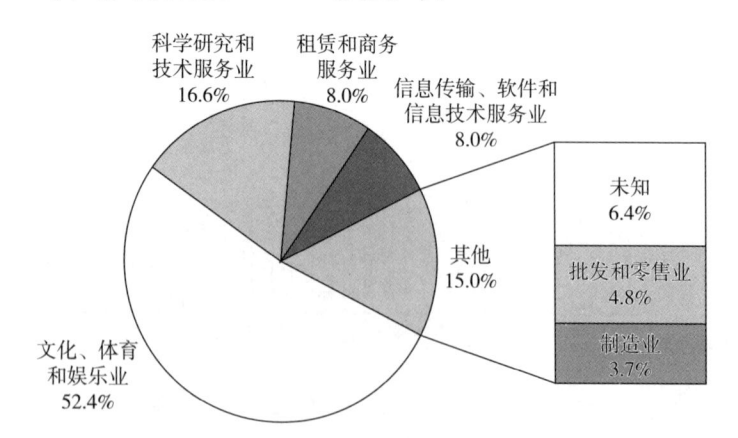

图8 北京市重点文化企业行业分布状况

北京市重点文化企业中，按注册资金货币类型划分，以万元人民币为单位的占比为93.6%，以万美元为单位的占比为1.6%，情况未知的占4.8%（见图9）。

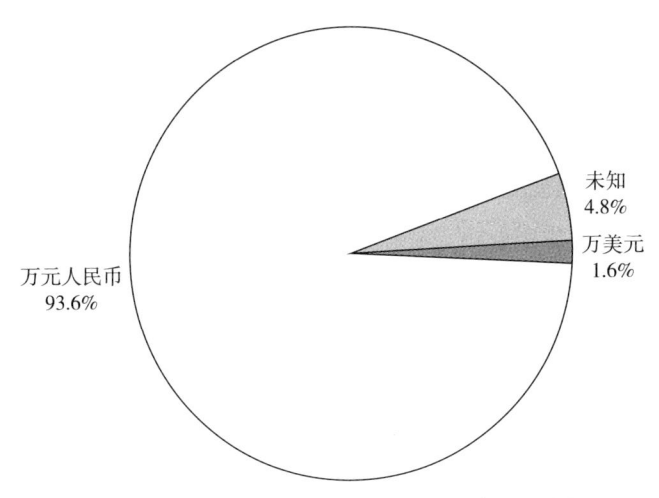

图9 北京市重点文化企业注册资金货币类型分布状况

注册资金为人民币的175家企业中，注册资金平均值为29818万元人民币〔图10纵坐标为$\log_{10}(29818)\approx4.5$〕，注册资金中位值为3600万元人民币〔图10纵坐标为$\log_{10}(3600)\approx3.6$〕，注册资金下四分位数为1000万元人民币〔图10纵坐标为$\log_{10}(1000)=3.0$〕，注册资金上四分位数位18222万元人民币〔图10纵坐标为$\log_{10}(18222)\approx4.3$〕（见图10）。

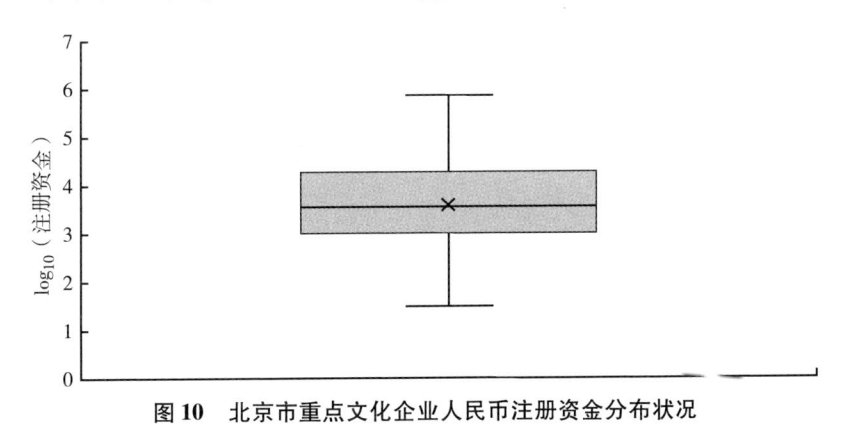

图10 北京市重点文化企业人民币注册资金分布状况

（二）北京市重点文化企业知识产权活动情况

考察2008～2018年，以授权专利、注册商标、登记作品和软件著作权合计数量 N 作为衡量企业知识产权活跃度的指标，可以将北京市重点文化企业划分为以下类型：无任何知识产权活动企业（N=0）、低频知识产权活动企业（0<N<50）、中频知识产权活动企业（50≤N<100）、高频知识产权活动企业（100≤N<200）、超高频知识产权活动企业（N≥200）。

北京市重点文化企业中，超高频知识产权活动的企业数量为22家，占比为11.8%；高频知识产权活动的企业数量为18家，占比为9.6%；中频知识产权活动的企业数量为19家，占比为10.2%；低频知识产权活动的企业数量为89家，占比为47.6%；无任何知识产权活动的企业数量为39家，占比为20.9%（见图11）。

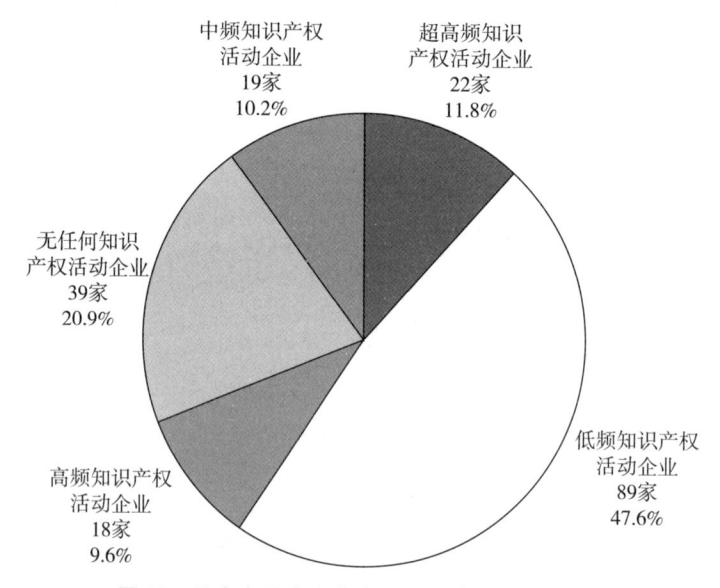

图 11 北京市重点文化企业知识产权活跃度情况

再考察2008~2018年，按照是否发生授权专利（P）、注册商标（M）、登记作品著作权（L）、登记软件著作权（S）等活动，可以将企业划分为多个类型。例如：1P0M0L1S表示企业拥有专利活动，没有注册商标活动和登记作品著作权活动，但是拥有软件著作权活动。数据显示，在187家北京市重点文化企业中，无任何知识产权活动的企业（0P0M0L0S）最多，有39家，占比为20.9%；只拥有注册商标活动的企业（0P1M0L0S）数量为33

家，占比为 17.6%；拥有注册商标和登记软件著作权活动的企业（0P1M0L1S）数量为 25 家，占比为 13.4%；拥有注册商标和登记作品著作权活动的企业（0P1M1L0S）数量为 17 家，占比为 9.1%；拥有授权专利、注册商标、登记作品和软件著作权活动的企业（1P1M1L1S）数量为 15 家，占比为 8.0%；拥有注册商标、登记作品和软件著作权活动的企业（0P1M1L1S）数量为 14 家，占比为 7.5%；拥有授权专利、注册商标和登记软件著作权活动的企业（1P1M0L1S）数量为 13 家，占比为 7.0%；只拥有登记软件著作权活动的企业（0P0M0L1S）数量为 10 家，占比为 5.3%；拥有其余知识产权活动类型的企业数量占比均小于 5%（见图 12）。

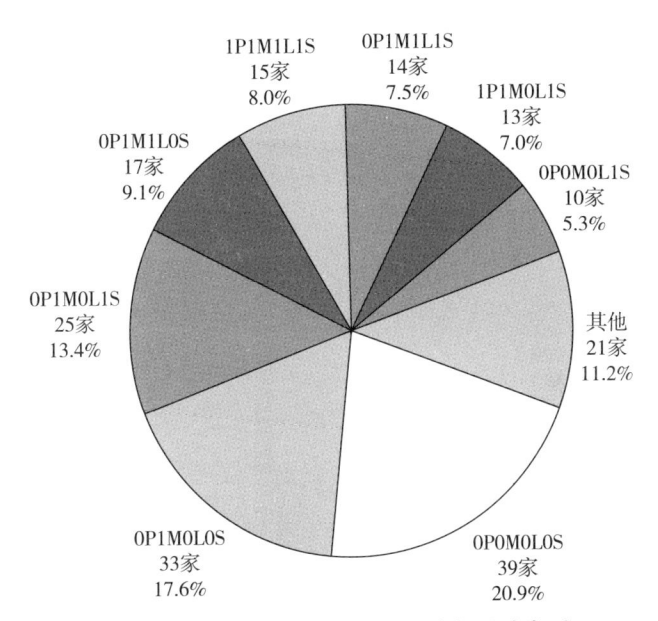

图 12　北京市重点文化企业知识产权活动类型

北京市重点文化企业的知识产权活动频度分布并未受到企业登记注册类型的影响（见图 13）。

北京市重点文化企业中，知识产权活动较为活跃企业所处行业为信息传输、软件和信息技术服务业，文化、体育和娱乐业，科学研究和技术服务业（见图 14）。

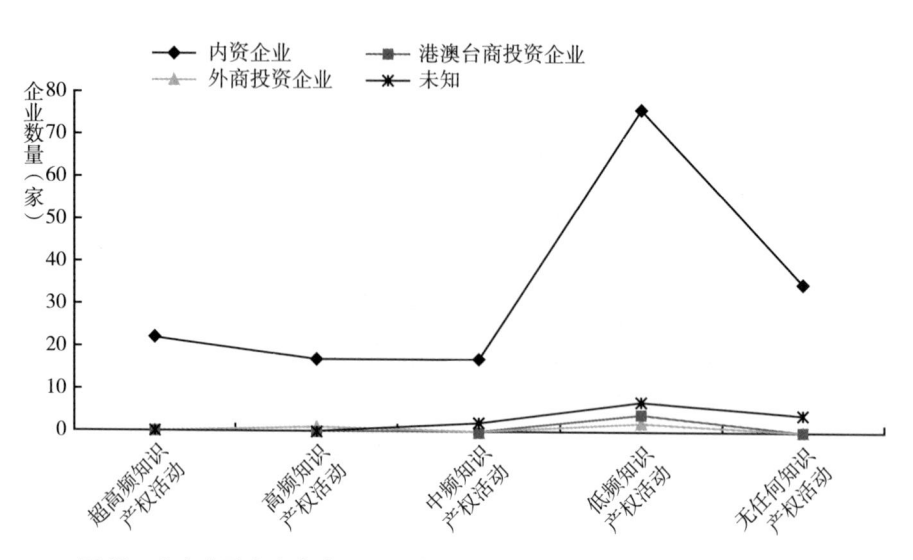

图 13 北京市重点文化企业知识产权活动频度与企业登记注册类型的关系

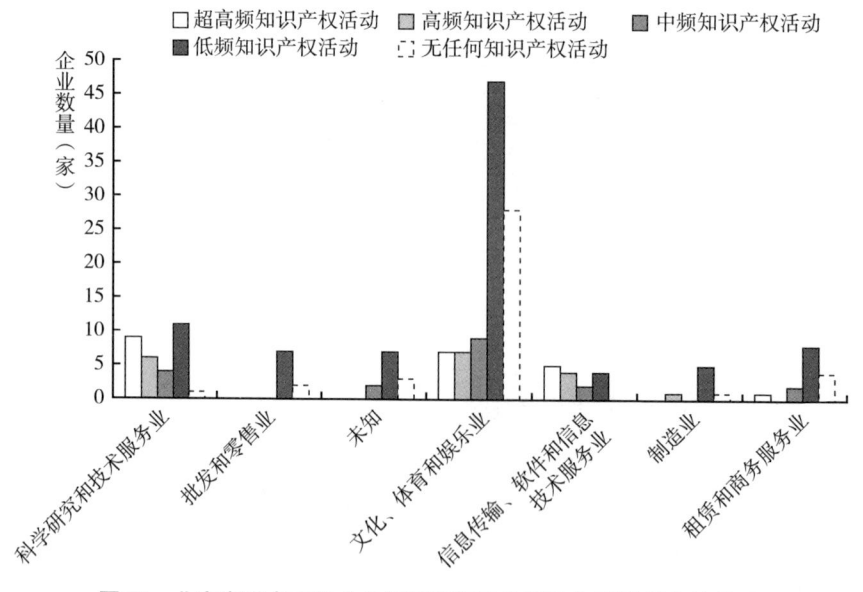

图 14 北京市重点文化企业知识产权活动频度与所属行业的关系

信息传输、软件和信息技术服务业，文化、体育和娱乐业，科学研究和技术服务业中的重点文化企业，拥有超高频知识产权活动的比例最高（见图 15）。

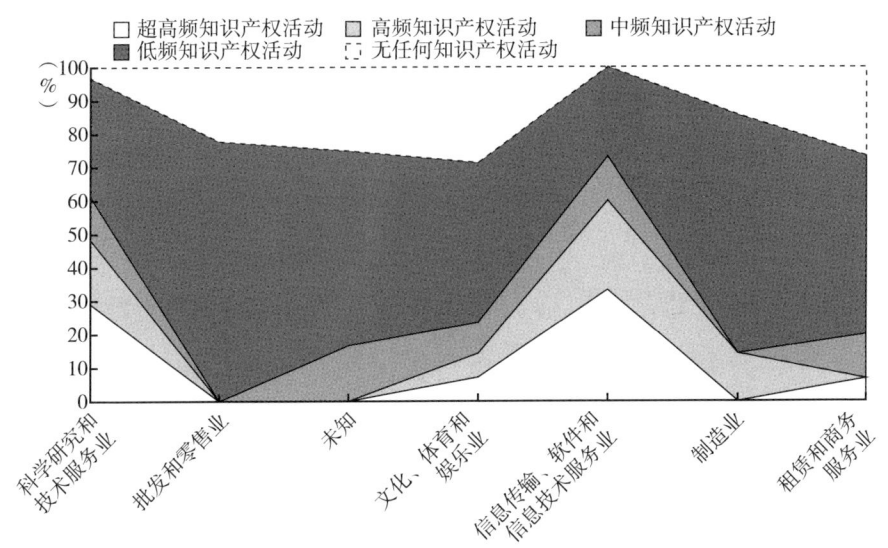

图15 北京市重点文化企业知识产权活动频度与所属行业的累积分布

北京市重点文化企业以内资企业为主。在拥有知识产权活动的企业中，最常见的依然是拥有注册商标活动的企业。外商投资企业更多拥有授权专利和登记软件著作权（1P0M0L1S）类型的知识产权活动，而港澳台商投资企业更多拥有授权专利、注册商标和登记作品著作权（1P1M1L0S）类型的知识产权活动（见图16）。

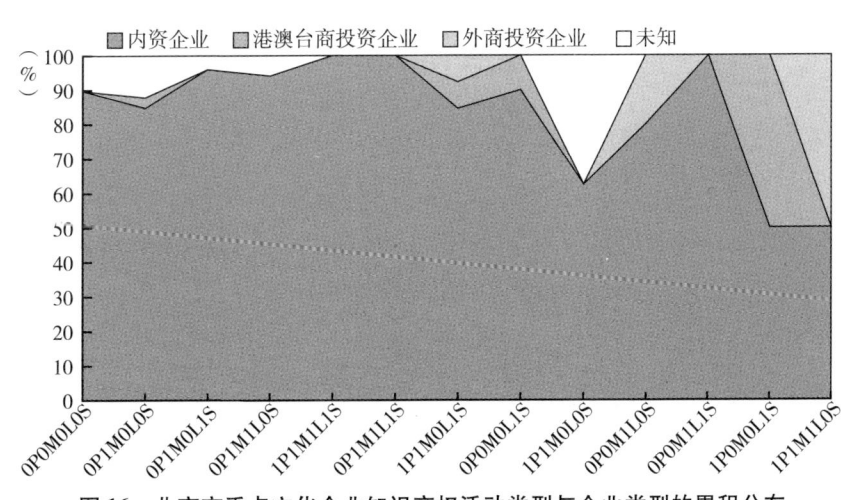

图16 北京市重点文化企业知识产权活动类型与企业类型的累积分布

北京市重点文化企业中，科学研究和技术服务业的企业，知识产权活动类型更多为0P1M0L1S、1P1M1L1S、1P0M0L1S等；文化、体育和娱乐业的企业，知识产权活动类型更多为0P1M0L0S、0P1M1L0S、0P1M1L1S等（见图17）。

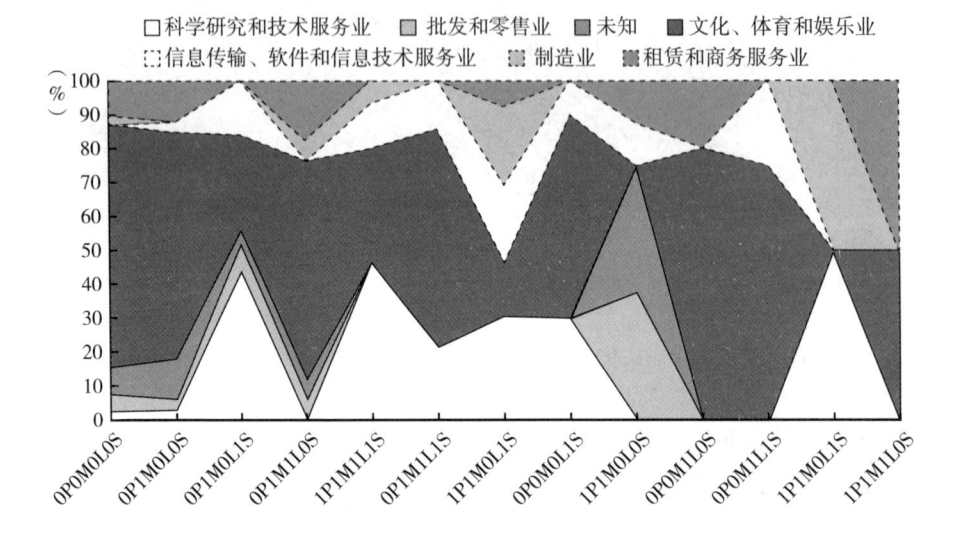

图17 北京市重点文化企业知识产权活动类型与所属行业类型的累积分布

二 北京市文化企业知识产权调查情况

笔者还通过调查问卷的形式，对2009~2010年、2011~2012年、2013~2014年、2015~2016年文化企业进行调查，获得了参与调查企业的相关经济数据以及知识产权活动情况。其中，参与调查文化企业有94家，文化出口项目包括167个（涉及84家企业）。

1. 北京市参与调查文化企业基本情况

调查显示，参与调查的文化企业共计94家，按照入选国家文化出口重点企业和拥有重点项目名单的年度划分，2015~2016年度入选或有重点项目入选的企业数量最多，有80家（见图18）。

北京市文化企业知识产权发展状况报告

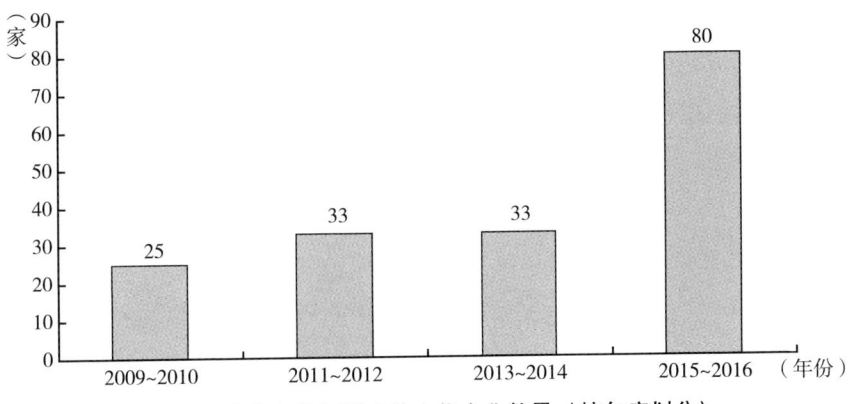

图 18 北京市参与调查的文化企业数量（按年度划分）

北京市参与调查的新闻出版类企业有 45 家，占了全部参与调查文化企业的 47.9%。调查显示，综合服务类文化企业随着年度增加，参与调查的意愿更高，或意味着综合服务类的文化企业数量在快速增长。综合服务类文化企业包括文化产品数字制作及相关服务、专业文化产品设计、调试等相关服务、游戏、动漫、网络文化服务、创艺设计服务等类别（见图 19）。

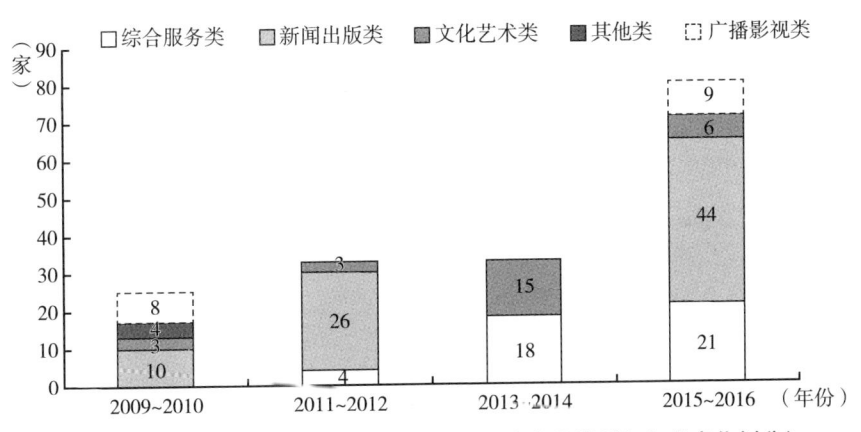

图 19 北京市参与调查的文化企业数量（按企业类别与年份变化划分）

调查中问及企业是否有控股公司，从实际填答情况来看，参与调查的文化企业并没有区分"被其他公司控股""自身为股份公司""自身有控股公司"三种情形。不过，笔者注意到 2013～2014 年度才开始出现

"股份公司"或与"股份公司"关联的情形，2015～2016年度的数量快速增长。这或许表明，北京市文化领域企业改革、并购重组，发生在2013年之后，并呈现井喷状态（见图20）。

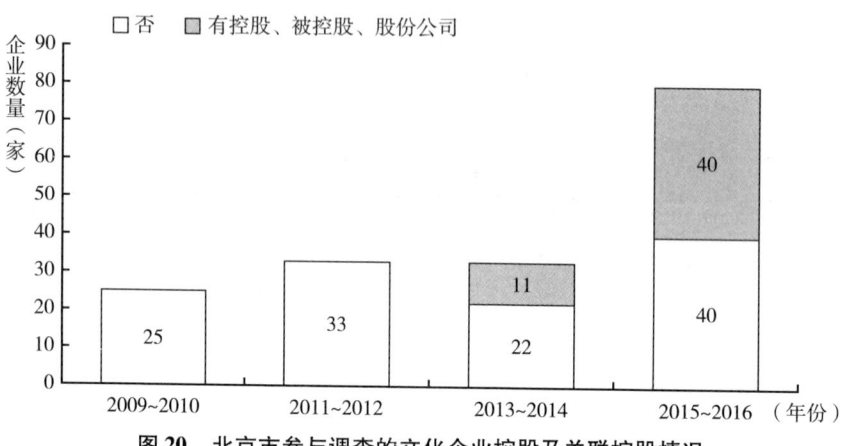

图20 北京市参与调查的文化企业控股及关联控股情况

调查显示，北京市文化企业在2013～2014年度普遍遇到了一定的经营问题。数据显示，参与调查文化企业固定资产的中位值在1600～3800万元，2009～2010年度到2011～2012年度呈现上升趋势，2013～2014年度出现快速下降，2015～2016年度又有所回升，已经恢复到2009～2010年度的水平（见图21）。

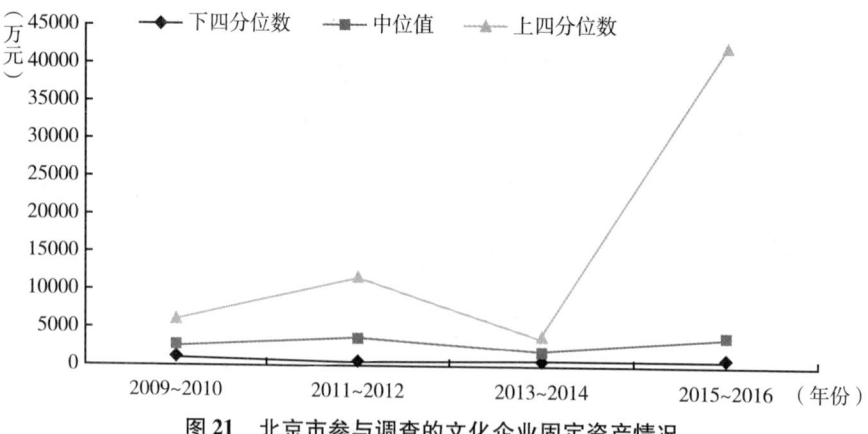

图21 北京市参与调查的文化企业固定资产情况

数据显示，北京市参与调查文化企业的销售收入的中位值在3000万元~3.4亿元。2009~2010年度为6800万元，2011~2012年度接近1.6亿元，2013~2014年度出现大幅下降，只有约3500万元，2015~2016年度又快速回升，接近3.4亿元（见图22）。

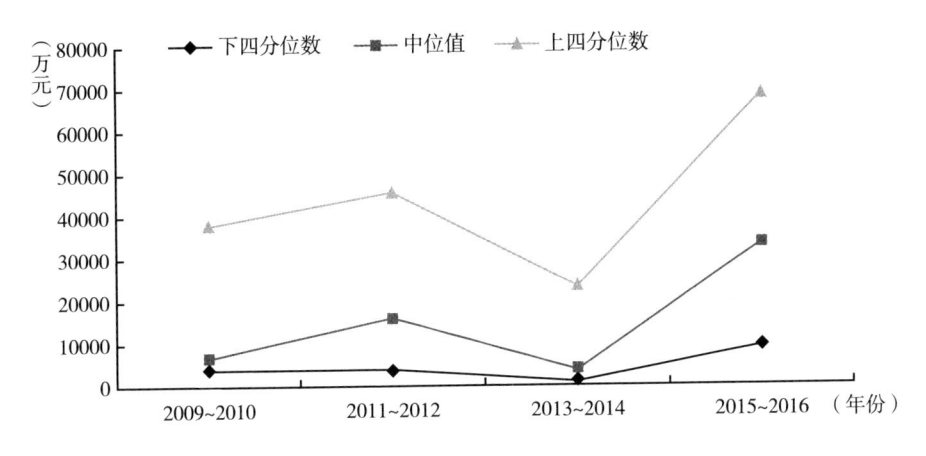

图22 北京市参与调查的文化企业销售收入情况

对于北京市参与调查的文化企业，若以销售收入中位值比上固定资产中位值来近似计算周转率，那么2009~2010年度为2.9（全国为2.6），2011~2012年度为4.7（全国为3.3），2013~2014年度为2.2（全国为2.9），2015~2016年度为9.1（全国为6.3）。总体而言，北京市文化企业的流动性普遍高于全国水平。

数据显示，北京市参与调查的文化企业纳税总额的中位值在204万元~2251万元。2009~2010年度为732万元，2011~2012年度为1180万元，2013~2014年度大幅下降，只有204万元，2015~2016年度又快速回升至2251万元。这一趋势与文化企业销售收入的趋势一致（见图23）。

数据显示，北京市参与调查的文化企业税后利润的中位值在175万元~4537万元。2009~2010年度为883万元，2011~2012年度为2317万元，2013~2014年度出现大幅下降，只有175万元，2015~2016年度又快速回升，达到4537万元（见图24）。

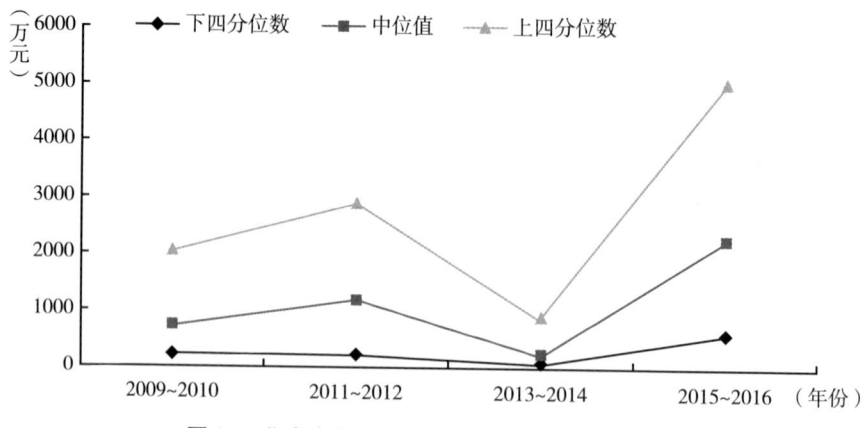

图 23 北京市参与调查的文化企业纳税总额情况

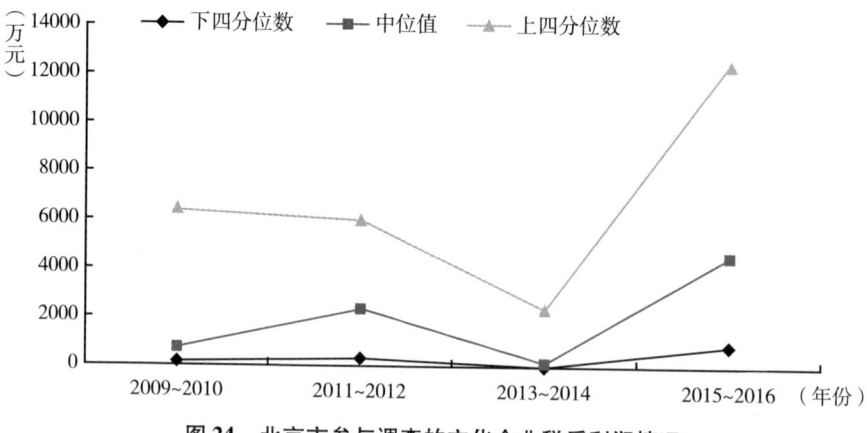

图 24 北京市参与调查的文化企业税后利润情况

对于北京市参与调查的文化企业，若以税后利润中位值比上销售收入中位值来计算净利润率，那么 2009～2010 年度为 12.9%（全国为 8.4%），2011～2012 年度为 14.6%（全国为 5.5%），2013～2014 年度为 5.0%（全国为 8.0%），2015～2016 年度为 13.5%（全国为 6.2%）。这表明，北京市文化企业的盈利水平明显高于全国平均水平。

北京市参与调查的文化企业在职员工人数的中位值在 2013～2014 年度出现了大幅下降，意味着企业员工在此段时间大量流失。其中，大型文化企业人员流失程度较为严重。数据显示，2011～2012 年度在职员工人数中位值为352人，2013~2014年度在职员工人数中位值为170人，2015~2016年度在职员工人数中位值为296人。

北京市参与调查的文化企业中，超过一半的企业没有雇佣外籍员工和驻外员工的情况。2011~2012年度，有一半的文化企业没有雇佣外籍员工，另有25%的文化企业雇佣外籍员工人数不超过2人；有一半的文化企业没有驻外员工，同时另有25%的文化企业驻外员工人数不超过5人。2013~2014年度，有一半的文化企业没有雇佣外籍员工，另有25%的文化企业雇佣外籍员工人数不超过6人；有一半的文化企业没有驻外员工，同时另有25%的文化企业驻外员工人数不超过17.5人。2015~2016年度，超过一半的文化企业没有雇佣外籍员工，另有25%的文化企业雇佣外籍员工人数不超过2人；超过一半的文化企业没有驻外员工，同时另有25%的文化企业驻外员工人数不超过4人。

分年度来看，北京市参与调查的文化企业新招员工人数的中位值一度有所下降，但是保持了基本的稳定，2015~2016年度稳定在37.5人。大型文化企业在新招员工人数规模呈现缓慢下降趋势。而小型文化企业在2011~2012、2013~2014、2015~2016年度保持了稳步的增长，从7.0人上升至12.8人（见表1）。

表1　北京市参与调查的文化企业员工情况

单位：人

年度	统计值	在职员工	外籍员工	驻外员工	某年新招员工
2009~2010	下四分位数	—	—	—	—
	中位值	—	—	—	—
	上四分位数	—	—	—	—
2011~2012	下四分位数	142.0	0.0	0.0	7.0
	中位值	352.0	0.0	0.5	34.0
	上四分位数	1065.0	1.3	4.3	86.0
2013~2014	下四分位数	80.0	0.0	0.0	12.0
	中位值	170.0	0.5	4.0	21.0
	上四分位数	504.0	5.5	17.5	81.0

续表

年度	统计值	在职员工	外籍员工	驻外员工	某年新招员工
2015~2016	下四分位数	113.8	0.0	0.0	12.8
	中位值	296.0	0.0	0.0	37.5
	上四分位数	574.0	2.0	4.0	78.3

调查显示，北京市参与调查的文化企业产品出口额的中位值呈现下降趋势，2011~2012年度为114.4万美元，2013~2014年度为30.1万美元，2015~2016年度超过一半的企业没有出口。同时，文化企业产品出口额的上、下四分位数也呈现类似的趋势。而文化企业服务出口额在2013~2014年度出现了爆发性增长，中位值达到58万美元，上四分位数达到165.9万美元。然而这种增长并不稳定，2015~2016年度，中位值下降较快，只有2.7万美元，上四分位数也有较大下降，回落至44.5万美元。因此，初步判断，相较于文化产品出口，文化服务出口具有更大的潜力。

另外，出口合同协议数和出口银行收汇凭证数在2013~2014、2015~2016年度呈现明显的增长趋势。产品出口额和服务出口额的中位值走低，可能的解释是新兴文化产品和服务不断涌现，以往由大企业主导的出口，让位于中小型文化企业（见表2）。

表2 北京市参与调查的文化企业出口情况

单位：万美元，件

年度	统计值	产品出口额	服务出口额	出口合同协议数	出口银行收汇凭证数
2009~2010	下四分位数	—	—	—	—
	中位值	—	—	—	—
	上四分位数	—	—	—	—
2011~2012	下四分位数	47.3	0.0	—	—
	中位值	114.4	3.4	—	—
	上四分位数	310.9	9.0	—	—

续表

年度	统计值	产品出口额	服务出口额	出口合同协议数	出口银行收汇凭证数
2013~2014	下四分位数	0.0	30.4	3.3	11.3
	中位值	30.1	58.0	5.0	23.0
	上四分位数	173.6	165.9	9.0	42.8
2015~2016	下四分位数	0.0	0.0	6.0	13.0
	中位值	0.0	2.7	19.0	45.0
	上四分位数	63.2	44.5	53.0	92.0

2. 北京市参与调查的文化企业知识产权活动情况

通过分析北京市参与调查的文化企业的知识产权情况，笔者注意到，上四分位数的值几乎都为0，这意味着，至少有75%的企业并不拥有授权专利、注册商标、作品及软件著作权等。因此，使用中位值来反映企业知识产权的平均情况，就失去了统计意义，只好用常规的算数平均值来估算。这里没有采用知识产权的申请数量，而是采用了授权、注册、登记数量，一方面是为了避免申请数据的波动性，另一方面可以更真实地反映企业实际知识产权状况（见表3）。

表3 北京市参与调查的文化企业知识产权情况

单位：件

年度	统计值	发明授权量	实用新型授权量	外观设计授权量	商标注册量	作品著作权登记量	软件著作权登记量
2009~2010	下四分位数	0.0	0.0	0.0	0.0	0.0	0.0
	中位值	0.0	0.0	0.0	0.0	0.0	0.0
	上四分位数	0.0	0.0	0.0	0.0	0.0	0.0
	平均值	0.7	0.1	0.0	4.3	0.1	0.6
2011~2012	下四分位数	0.0	0.0	0.0	0.0	0.0	0.0
	中位值	0.0	0.0	0.0	0.0	0.0	0.0
	上四分位数	0.0	0.0	0.0	1.0	0.0	0.0
	平均值	0.8	0.4	0.1	4.0	0.5	1.0
2013~2014	下四分位数	0.0	0.0	0.0	0.0	0.0	0.0
	中位值	0.0	0.0	0.0	0.0	0.0	0.0
	上四分位数	0.0	0.0	0.0	1.0	0.0	0.0
	平均值	1.0	0.4	0.0	3.1	0.8	3.2

续表

年度	统计值	发明授权量	实用新型授权量	外观设计授权量	商标注册量	作品著作权登记量	软件著作权登记量
2015~2016	下四分位数	0.0	0.0	0.0	0.0	0.0	0.0
	中位值	0.0	0.0	0.0	0.0	0.0	0.0
	上四分位数	0.0	0.0	0.0	2.0	0.0	1.0
	平均值	1.8	0.2	0.1	6.6	0.9	3.4

同时，由于参与调查的大多数文化企业拥有的知识产权数量为0，无法按照单个企业进行比较，为了展现北京市文化企业知识产权与销售收入、税后利润、在职员工及出口情况的关系，我们采用参与调查的文化企业知识产权算数平均值和经济数据的中位值比较，来反映企业知识产权与经济状况的关系。同时，使用企业的经济数据的中位值排除异常值的干扰（见表4~7）。

表4 北京市参与调查的文化企业的经济状况

年度	统计值	销售收入（万元）	税后利润（万元）	在职员工（人）	产品出口额（万美元）	服务出口额（万美元）
2009~2010	下四分位数	3615.9	131.8	—	—	—
	中位值	6836.0	883.0	—	—	—
	上四分位数	37959.1	6359.8	—	—	—
2011~2012	下四分位数	3612.0	303.9	142.0	47.3	0.0
	中位值	15896.3	2316.9	352.0	114.4	3.4
	上四分位数	45466.0	6000.0	1065.0	310.9	9.0
2013~2014	下四分位数	1161.0	43.6	80.0	0.0	30.4
	中位值	3500.0	175.0	170.0	30.1	58.0
	上四分位数	23056.0	2340.2	504.0	173.6	165.9
2015~2016	下四分位数	9171.2	850.8	113.8	0.0	0.0
	中位值	33700.8	4537.1	296.0	0.0	2.7
	上四分位数	68954.5	12418.4	574.0	63.2	44.5

实际上，企业经济数据的中位值只能反映年度趋势变化，并不能反映真实的情况。知识产权数量使用了算数平均值，高于中位值，此外，北京市文

化企业在2013~2014年度出现了经济状况普遍下行的情况，导致知识产权与经济状况的关系更为复杂。

数据显示，北京市文化企业每亿元销售收入、税后利润的专利授权、商标注册、著作权登记数量同时在2013~2014年度出现峰值或局部峰值。2013~2014年度，每亿元销售收入的专利授权量为4.0件，每亿元税后利润的专利授权量为79.9件；每亿元销售收入的商标注册量为8.8件，每亿元税后利润的商标注册量为176.3件；每亿元销售收入的著作权登记量为11.3件，每亿元税后利润的著作权登记量为225.5件（见表5~7）。

表5　北京市参与调查的文化企业专利授权量与经济指标比较

单位：件

年度	每亿元销售收入的专利授权量	每亿元税后利润的专利授权量	每万名在职员工的专利授权量	每万美元产品出口额的专利授权量	每万美元服务出口额的专利授权量
2009~2010	1.1	8.3	—	—	—
2011~2012	0.8	5.4	35.6	109.5	3739.4
2013~2014	4.0	79.9	82.2	465.0	241.1
2015~2016	0.6	4.6	70.8	—	7715.8

北京市参与调查的文化企业每万名在职员工的专利授权、商标注册、著作权登记数量可能是偏高估计的，不过数据从侧面反映了企业各类知识产权活动的增长趋势。

表6　北京市参与调查的文化企业商标注册量与经济指标比较

单位：件

年度	每亿元销售收入的商标注册量	每亿元税后利润的商标注册量	每万名在职员工的商标注册量	每万美元产品出口额的商标注册量	每万美元服务出口额的商标注册量
2009~2010	6.3	48.5	—	—	—
2011~2012	2.5	17.4	114.4	352.0	12020.5
2013~2014	8.8	176.3	181.5	1026.6	532.2
2015~2016	2.0	14.5	222.1	—	24196.0

北京市参与调查的文化企业每万美元产品出口额的专利授权、商标注册、著作权登记数量反映了基于产品的知识产权活动呈现迅速扩张趋势。而每万美元服务出口额的专利授权、商标注册、著作权登记数量均在2013～2014年度出现低值,其原因并不是知识产权活动数量的波动,而是服务出口的爆发性增长。

表7 北京市参与调查的文化企业著作权登记量与经济指标比较

单位:件

年度	每亿元销售收入的著作权登记量	每亿元税后利润的著作权登记量	每万名在职员工的著作权登记量	每万美元产品出口额的著作权登记量	每万美元服务出口额的著作权登记量
2009～2010	1.1	8.6	—	—	—
2011～2012	0.9	6.3	41.5	127.8	4364.6
2013～2014	11.3	225.5	232.1	1312.6	680.5
2015～2016	1.3	9.5	145.5	—	15844.3

三 北京市重点文化企业知识产权对策建议

通过对北京市重点文化企业知识产权活动的数据分析,可以发现,北京市重点文化企业中,知识产权超高频活动的企业数量为22家,占比11.8%;高频活动的企业数量为18家,占比9.6%;中频活动的企业数量为19家,占比10.2%;低频活动的企业数量为89家,占比47.6%;无任何知识产权活动的企业数量为39家,占比20.9%。从知识产权活动的领域来看,主要集中在著作权登记与商标注册领域,专利授权与其他类型的知识产权活动还比较缺乏。知识产权活动较为活跃的企业所处行业为信息传输、软件和信息技术服务业,文化、体育和娱乐业,科学研究和技术服务业。

从总体数据来看,知识产权活动频度较低或基本上没有知识产权活动的企业还占有较大的比例,说明北京市重点文化企业的知识产权意识和能力还有较大的不足。为此，我们提出如下建议。

第一，企业要进一步提高自身认识。要充分认识在未来市场竞争中，知识产权可以成为文化企业的核心资源，也是文化企业能够顺利开展经营活动的重要保障。因此，文化企业要通过各种办法，提升知识产权保护意识与能力，以顺应现代竞争的需要。

第二，政府要进一步优化政策环境，加大对知识产权的宣传与保护力度，提供更好的知识产权公共服务体系，为企业提升知识产权意识，获取知识产权服务，提供更好的便利条件。

比较与借鉴篇

Comparison and Reference Reports

B.18
中国数字创意产业全球价值链的发展现状与趋势研究

刘 霞[*]

摘　要： 在5G、AI+等新兴数字技术迅速发展的背景下，中国数字创意产业作为国家重要的战略性新兴产业，其全球价值链的延伸和拓展正在突破传统模式，逐步实现转型升级并催生新的发展业态。目前中国数字创意产业全球价值链在创意与数字技术融合上、链条延伸与拓展的模式和态势上以及全球价值链嵌入方式上均呈现新的发展现状与趋势。未来数字技术将不断升级，与创意产业价值链各环节的融合度将进一步提高，同时国际分工与合作也日益频繁。因为，为了更好地实现中国数字创意产业全球价值链的生态网络化发展，不断提高中国数字创意产业嵌入全球价值链的地位，中国将更加注

---

[*] 刘霞，经济学博士，北京第二外国语学院经济学院讲师，首都国际服务贸易与文化贸易研究基地研究员，研究方向为国际文化贸易、世界经济等。

重数字技术的创新、数字创意企业的扶持、高素质专业人才的培养、社会基础设施的建设以及产业多元化的融合发展等。

关键词： 数字创意产业　全球价值链　生态网络化

数字创意产业是以数字技术为主要驱动力，围绕文化创意内容进行创作、生产、传播和服务而形成的新经济形态。2016年，国家首次将数字创意产业纳入《"十三五"国家战略性新兴产业发展规划》，与新一代信息技术、高端装备制造、新材料、生物、新能源汽车、新能源、节能环保并列为国家战略性新兴产业。随着全球数字化技术的快速发展，科技与文化的融合使得文化创意产业摆脱了传统形式，促进了数字创意产业的进一步发展。与此同时，数字技术不断渗透创意产业全球价值链的各环节和各层级，推动数字创意产业全球价值链不断延伸和拓展。2021年《中华人民共和国国民经济和社会发展第十四个五年规划和2035年远景目标纲要》中明确提到，"充分发挥海量数据和丰富应用场景优势，促进数字技术与实体经济深度融合，赋能传统产业转型升级，催生新产业新业态新模式，壮大经济发展新引擎"，而数字创意产业全球价值链的进一步延伸拓展对于中国现代产业体系的转型升级和模式创新的重要性更加凸显。在此背景下，重点分析目前中国数字创意产业全球价值链的发展现状、趋势及对策建议，对加快中国数字化发展进程和建设数字中国具有非常重要的现实意义。

一　中国数字创意产业全球价值链的发展现状

在数字技术迅速发展的背景下，中国创意产业全球价值链正不断突破传统的发展模式，逐步形成生态化的数字发展体系和态势，同时呈现新的时代特征和技术特色。

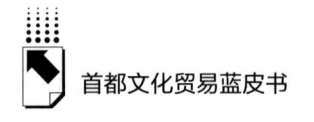

（一）"创意"在数字技术的协助下飞速发展

对中国而言，文化创意和文化内容自古就非常丰富，如古代的诗词歌赋都出自创作者的创意。根据文化经济学基础理论，中国农耕时代的文化创意主要通过纸张或者刻石等方式流传下来，因此很多创意作品难以保存，其包含的文化内涵也难以随产品而进行传播。然而，随着数字技术的不断发展，中国的文化创意内容能够以更加丰富的方式和途径呈现出来。当今各种文创产品在各个年龄阶层都受到了广泛的喜爱，基于中国文化传统和内涵的文创产品也被大量产出。近年来，中国文创产品借助电商平台实现了销量的大幅增长，在淘宝、天猫等电商平台的成交规模不断扩大，2019年的成交规模相比2017年增长了3倍。淘宝、天猫等电商平台博物馆旗舰店的累计访问量也远超线下博物馆的访问量，跨界衍生品在整体文创产品市场中的份额达72%，其在电商平台上的受欢迎程度高于博物馆自营店中的商品。由此可见，在数字技术迅速发展的趋势下，"创意"的创新性转换效率不断提升，中国创意产业也飞速发展。

同时，技术的发展在数字创意产业的全球价值链拓展中也起到了关键的作用，有利于克服全球技术贸易壁垒，促进链条的多元化延伸。第一，由于各国的技术发展水平不一，指定的技术标准法规都不一样，出口国往往难以适应进口国的规定，导致贸易难以发展，产业链条延伸难度大；第二，发达国家往往掌握着最新的数字技术，同时他们也掌握着制定技术标准的话语权。即使发展中国家具有一定的技术手段和一定数量的技术人才，还是会缺乏对技术进行检测的手段和设备。此时对发展中国家而言，技术的发展成为克服技术贸易壁垒、拓展数字创意产业全球价值链的关键途径。

此外，数字技术的发展能够帮助全球价值链更好地分解各个环节，深化传统价值链上的国际分工。在经济全球化的大背景下，在全球范围内能够更好地选择生产要素和劳动产品，各种要素能够更好地进行配置，使得国际分工更加深化。与此同时，数字技术和信息技术的发展也产生了许多新产业。一方面，电子商务和网络经济相关行业的兴起和发展，使得跨国经营和跨国管理更加快速有效，国际分工的深度和广度也得到了进一步的拓展。另一方面，新产业的兴起为传统产业结构和发展模式的改革创新带来新的动力，使这些传统行业也能够结合新兴技术得到更加专业和快速的发展，进而有利于创意产业全球价值链条的多元化拓展。比如李子柒通过互联网这个途径，将中国文化传播到国外，并且自己成立团队将这种创意形式变为能带来经济收益的形式，逐步拓展自己的产业链条。因此，数字技术给"创意"提供了可以飞速传播与发展的通道。

（二）突破传统创意产业全球价值链的固有态势

从传统创意产业全球价值链的视角看，根据"微笑曲线"理论，发达国家所参与和主导的环节位于"微笑曲线"的两端，而发展中国家则位于"微笑曲线"的中间，主要参与一些附加值较低的环节。而在国际市场上，处于全球价值链"上游"的国家可以获得更多的贸易利得。比如在创意产业的全球价值链条上，发达国家占据价值链的"上游"，因此发达国家的知识型服务贸易呈现贸易顺差，而货物贸易呈现贸易逆差。与之相反，发展中国家的货物贸易呈现贸易顺差，而知识型服务贸易呈现贸易逆差。在整个传统的全球价值链中，发达国家会提供技术含量较高的技术支持和研发设计，出口知识型服务也使得发达国家获得较多的利润，而发展中国家付出了更多的人力资源成本，消耗了大量的自然资源，但只获得了较少的利润。因此，若发展中国家要想改变自身在传统的价值链中的不利地位，扭转传统的发展态势，就必须对自身的产业进行升级，发展更具科技含量的产业。

对中国而言，在数字创意产业全球价值链不断发展和完善的过程中，有机会实现弯道超车。随着数字技术的迅速发展，中国已经拥有与发达国家竞争的机会和条件。互联网、大数据、云计算、人工智能等新技术正在深刻改变我国的经济结构，促进传统产业的升级。中国在科学技术上的飞速发展是改善传统价值链上下游地位和布局的有力武器，截至2020年9月，根据中国产业经济信息网资料，中国数字经济规模从11万亿元增长到35.8万亿元，占GDP比重达36.2%，已成为经济高质量发展的重要支

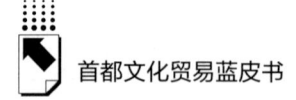

撑。同时，制造业数字化转型稳步前进，工业互联网公共平台超过70家，服务的工业企业超过40万家，为创意产业全球价值链的发展提供了重要的物质保障。对于数字创意产业而言，文化创意和文化内容的创造性转化已经成为国际竞争的一个重要焦点。对于那些在价值链优势地位来获取利润和收益并且已经处于边际递减状态的国家而言，嵌入全球价值链各环节以及参与国际竞争的焦点已经从产品的制造逐步转移到研发设计和创意的转化上。中国优秀的传统文化底蕴为文化内容和资源的创造性转化提供了重要的基础，有利于中国创意产业突破传统创意产业全球价值链的固有态势。

（三）数字创意产业嵌入全球价值链的方式发生改变

数字创意产业嵌入全球价值链的方式随着国际市场竞争方式的改变而发生了变化，服务创新和服务贸易成为延伸和发展价值链条进而占据市场的新手段，同时国际市场上也越来越注重服务的可贸易性。相比于创意产品贸易，创意服务所包含的创意内涵和文化内容更加广阔。创意服务在自身创造增加值的同时，还能够通过市场的转化来提升创意产品的价值从而创造利润。因此，对中国创意产业全球价值链的拓展而言，链条的延伸与服务创新和服务贸易相结合，不断提高与链条各环节相关的创意服务的可贸易性，为创意产业全球价值链的延伸和拓展争取更大市场和空间。

数字创意产业嵌入全球价值链的方式的变化还与国际市场的定价权以及技术标准等密切相关。目前市场已经由单纯的价格竞争过渡至技术博弈，国与国之间数字创意产业全球价值链的竞争归根到底是技术和标准的竞争，谁掌握了标准和技术，谁就掌握了定价权。为此，各国都在加快提高技术创新能力。想要占据价值链上游的国家都在尽快制定国内数字创意产业技术的标准，并且希望将该技术标准变为世界公用的标准。想要占据数字创意产业全球价值链上游的国家都在不断提高无形资产的价值创造能力，无形资产的价值能够提高服务创新水平，也能够帮助国家高质量发展。中国目前正积极促进传统行业与数字化产业的融合,努力发展数字产业链条。对于数字创意产业而言,全球价值链的延伸和拓展可以帮助产业增加商业价值,能够打造出更加专业、更加精细的品牌,并且各国会更加注重品牌、专利等技术,加强对各项知识产品的保护,帮助创意产品更好发展。

二 中国数字创意产业全球价值链未来发展趋势

伴随着数字化时代的到来,中国数字创意产业全球价值链已经在创意生成、发展态势和创新模式等方面体现出了新特征。随着技术发展水平的进一步提升,未来中国数字创意产业全球价值链的发展呈现以下三个方面的趋势。

(一)技术不断升级并与价值链各环节高度融合

随着数字技术的持续升级,数字创意产业与制造业的融合会变得更加明显,数字创意产业全球价值链的各环节都体现出了新的发展趋势。随着制造业与服务业之间的融合更加深入,传统生产产品的环节已不再只处于价值链的最底端,因为生产中的服务环节能够赋予生产更高的价值。基础的生产环节与高端的服务环节结合、服务环节与先进的制造环节结合,它们才能够共同在全球价值链上占据上游的位置。由于数字创意产业的数字技术和创意设计高度融合的特殊性,传统制造业的全球价值链条未来将通过与数字技术和创意设计的跨行业融合来实现产业的内涵提升和产品的质量升级。传统行业通过与数字创意产业或相关产业的融合,将数字创意融入传统的生产设计环节,帮助传统行业提升数字化和智能化水平。而数字创意产品的市场运行环节,未来将更加需要政府部门的严格把关。借鉴以往的经验,在文化体制改革的过程中,需要创新政府的职能,要将政府的定位从决策者转变为引导者和监管者,改变政府对文化、创意资源配置的决定性地位,强化政府对数字创意产业的规划、引导、服务及监管职能,政府应该与市场配合,共同助力数字创意产业的发展。

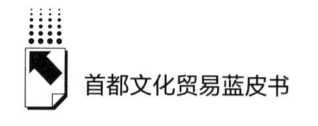

（二）更加注重国际分工与合作

未来中国数字创意产业全球价值链的进一步发展和完善，需要更多地推动和参与国际分工和合作进程。因为参与国际分工与合作能够使自己国家的市场更加国际化，也可以让各国内部的生产和产品市场变得更加多元化，同时国际分工与合作进一步深化，也是解决未来产品生产与销售、资源供应与需求之间矛盾加深的重要手段和途径。因为生产与销售、资源供应与需求之间矛盾的解决需要深入国际市场，投融资、技术开发以及信息传播等方面的国际化进程都将加快。因此，新时代中国数字创意全球价值链的拓展过程也将更加注重这种国际分工与合作。尤其是在这个数字时代经济全球化的背景下，国际分工与合作显得更加重要。

此外，数字创意产业全球价值链国际分工程度的不断加深可以更好地帮助中国企业解决境外发展遇到的难题。数字创意产业全球价值链发展过程中应该更加注重在国外的业务拓展。当然，数字创意产业全球价值链的拓展也离不开国家政府的支持和帮助。中国政府应该帮助数字创意企业开展国际交流活动，为企业提供更多机会和平台。随着中国"一带一路"倡议的推进和实施，中国企业应把握机遇，加强同共建"一带一路"国家的文化交流和合作。而数字创意企业应该发挥自身优势，在文化交流和合作中不断推进数字创意产业的国际合作。根据不同国家的文化和交流习惯，采用适应不同国家文化的传播形式和推广手段。在这个过程中，数字创意企业的对外话语的公信力将不断提升，进而为数字创意产业全球价值链的发展带来新的机遇。

（三）数字创意产业全球价值链呈现网络化特征

随着数字创意产业的不断发展，数字创意产业与其他的产业都开始产生关联，数字创意产业的业务边界也不断拓展。数字创意企业想要发展，就应该打破产业或者行业的发展局限，加强与其他相关的产业或行业的融合，抓住产业的关联机遇，将产业的关系网络继续延伸，构建生态化的产业网络，不断提升竞争力。如今，互联网已经得到快速发展，当各个行业都受到互联网影响且不断地转型升级的时候，网络化产品和业务体系的生成就成为企业的一种生存模式和思维模式。不管是什么企业或是行业发展都需要具备"互联网思维"。随着5G、互联网、大数据、人工智能等技术的快速发展，不仅数字创意产业全球价值链发展所需要的基础设施得到了改善，而且用户和品牌厂商之间可以通过网络技术进行沟通交流，用户可以在各个环节与企业获得联系，企业的服务人员不再只是面对终端用户，沟通交流和业务管理效率显著提高。在互联网时代，为了更好地满足客户需求，传统的价值链发展模式和态势将会被打破和重整，这样的价值链不会再是简单的链条模式。因此，在网络经济的时代，单向价值链会出现网络状的结构特征，逐渐向"价值网"转变。

三 推动中国数字创意产业价值链高质量发展的对策建议

数字创意产业全球价值链的完善和发展，需要着眼于数字创意产业本身，中国应努力提高数字创意产业竞争力，形成具有本国特色的产业结构，在全球价值链分工环节中找准自己的位置，不断提高数字创意产业创造经济和社会价值的能力。

（一）加快技术创新和产业转型升级速度

科学技术是第一生产力，数字创意产业的出现即是人类第三次工业革命的直接结果，其几十年来的发展亦是依托科技水平的进步才得以实现，况且数字创意产业的核心之一是基础技术设备的支持。因此要不断提高数字创意产业的生产效率，就必须加快技术创新速度。从国家层面来说，有非常多的促进技术创新的方式，例如降低市场垄断水平、提高各类型企业研发专利的补贴和奖励、促进国内企业与国外企业的合作交流、促进多产业融合发展、加强专利保护、加大创新型人才培养力度等，

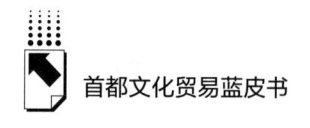

为产业提供良好的创新动力,利用市场机制的作用,形成需求拉动型科技创新需求。

同时,中国在数字创意产业方面的进出口贸易发展较快,进出口额、贸易总额已经超过大部分发达国家,在全球价值链的国际分工中占有重要地位,属于数字创意产业大国。但中国目前在数字创意产业领域与大部分国家相比,优势有待进一步提高,中国数字创意产业在全球价值链中处于中下游,国际分工地位有待进一步提升。因此,中国应该注重提高创新能力,尽量掌握先进科技,进一步向"中国智造"前进。中国虽然能利用数字技术创造出大量高质量数字创意产品,但难以独立研制并使用世界一流水平的高新设备和数字系统,因此这些核心部件几乎都由外国提供,发展命脉掌握在别人手中。目前华为、腾讯等通信技术领域的企业正在加紧研发国产数字设备和各种操作系统,力求获得发展主动权和创新领域的国际话语权,此时政府应注重为这些企业提供技术和适当资金支持,尽早在创新环节达到世界强国水平。

(二)加大数字创意企业扶持力度

对于数字创意产业及其全球价值链来说,最小的功能性单位是企业,如果企业没有能力参与全球价值链的分工,或者因为盈利空间小而选择退出市场,那么中国参与全球价值链的分工和国内数字创意产业的发展将是一纸空谈。因此中国应将数字创意企业的生存和扩张摆在最基本的位置,特别是中小型企业的生存和运营情况,应重视对这些企业的扶持工作。

对数字创意企业的扶持可以包括以下几个方面:数字创意企业的财务方面,通过降低企业资金流动压力来扩大它们的生存空间,例如提高政府补贴力度、降低企业税收、给予出口补贴、提高企业贷款额度等;数字创意企业的市场竞争方面,通过改善市场竞争环境来创造更多盈利可能,例如提高对大型企业的运营要求以适当降低它们的垄断地位、降低对内和对外投资门槛以扩大市场内需、对初创企业提供政策优惠等;数字创意产业的业务方面,通过创造更多业务的方式为企业提供更多可盈利点，例如利用公开招标将部分国家项目分给数字创意企业完成，举办对外合作项目对接市场以促成项目合作等。

（三）重视培养高素质专业人才

中国人口基数非常大，但数字创意产业人才供给存在很大缺口。以电子竞技市场为例，中国电子竞技领域从业人员数量极度稀缺，学历水平整体偏低，难以应对电子竞技产业的快速发展。部分高等教育机构很早就进行了教育改革，重点培养高素质复合型人才，但培养周期很长，经验较为不足，难以适应数字创意市场的快速变化；各地区发展水平存在较大差异，尤其是中西部地区，数字创意产业几乎刚刚起步，空有丰富的生产要素和有待开发的文化资源，无法形成强大的数字创意产业竞争力，在人才培养方面也处于劣势。数字创意产业对人才素质的要求较高，人才数量不足以完全匹配数字创意市场，使得人才缺口问题没有得到完全解决。从长期来看，虽然中国数字创意产业的发展速度在全球位居前列，但由于人才培养方面的问题，部分发展潜力难以被激发，对国内产业形成了一定的牵制。

目前国内培养人才的方式周期较长，难以满足数字创意产业全球价值链拓展的人才需求，人才市场缺口较大。因此，可以充分利用社会培训机构的优势和潜力，将部分培养任务交给社会培训机构完成，鼓励高质量专业性培训机构招收学员，并直接与数字创意企业进行对口人才输送。专业教育机构的培训模式具有周期短的优势，并且能紧跟社会发展，培养的人才对口性更强。政府可以为这些教育机构提供一定人才支援和资金支持，为教育机构和企业牵线搭桥，并严格进行市场监管，保障教育人才的可持续发展。特别是中国西部地区，充分发挥其人力资源优势，在加强基础设施建设的同时，政府应为这些地区提供更优质的教育服务资源和平台，提供配套的教育服务设备，并在高校教育中重点提高数字创意产业相关课程的比例，适当引导培养出的人才，确定他们的就业方向。

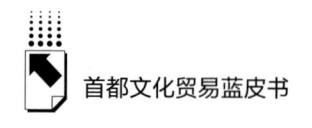

（四）加强社会基础设施建设

数字创意产业全球价值链的发展与互联网等数字技术联系紧密，在分销环节亦是如此。对于消费者而言，随着网络电商等渠道和平台的发展，数字创意产品的消费环节对网络技术和数字化平台提出了相当高的要求，有些数字技术落后的地区可能无法使消费者获得良好的消费体验，导致市场供需无法匹配，数字创意产业在这些地区的市场规模和收益均小于预期。与此同时，落后地区数字创意企业的发展也会受到基础设施建设限制，无法充分利用当地的其他资源。国家政府部门一方面要扩大数字创意产业的市场，扩大数字创意企业的发展空间，另一方面要提高落后地区居民生活质量，增进人们福祉，加大落后地区基础设施建设力度，实现全面、高质量、强稳定性的无线网络覆盖。

社会基础设施建设应主要分为两个方面。一是局域网建设，这直接影响数字创意产品的设计、制作、营销和消费各个环节，国家应该通过增加无线信号发出和接收站点数量、增强网络带宽、提高网络运算速度等方式铺设成本更低、质量更高、稳定性更强的网络。二是其他生活基础设施建设，虽然目前数字创意产品的消费价格和门槛普遍下降，越来越平民化，但对于很多落后地区的居民来说，它仍然属于高端消费品，只有当居民的基本生活需求被满足时，他们才可能会大量消费数字创意产品；同时数字创意产业与其他产业融合的可能性也会因其他基础设施的完善而进一步提高。所以政府应同时注重其他生活基础设施的建设，尤其是贫困落后地区，建设城市交通设施、购物场所、休闲娱乐场所等，全面提高居民生活质量。

（五）推动产业多元化融合

新时代数字创意产业与其他产业的融合、渗透将成为时代主流和未来的发展方向，无论企业还是国家的发展战略，都应该尽可能从产业融合角度寻找突破点。对于自然资源较充足、国民人数较多、国内市场需求量较大的国家来说，数字创意产业融合的潜力也会较大，因为上述的特点会增加数字创意产品与其他产业融合的可能性,如果国家能适当提高企业创新动力,并正确引导企业发展方向,那么可能呈现的产业融合形式将会比资源稀缺、人口较少的国家更为丰富。因此,发达国家虽然产业融合速度可能会比发展中国家更快,但融合的最终效果未必比发展中国家更值得期待。中国可以通过市场激励的方式推动数字创意产业与三次产业的多元化融合,促进数字创意产业的业务向其他领域扩展,为数字创意产业全球价值链的延伸和拓展寻求更多的发展空间。对于其他产业的企业来说,适当给予政府补贴、降低融资标准、加大专利研发奖励和保护力度等方式也可以促进它们主动与数字创意企业寻求合作,进行技术和业务方面的交流。

参考文献

刘子慎、沈丽珍、崔喆:《基于投资联系的中国文化创意产业网络特征》,《经济地理》2021年第2期。

张凯、汤洁文、张佳琪:《数字创意产业创新价值链驱动机制研究》,《科技创业月刊》2021年第2期。

李文军、李巧明:《"十四五"时期数字创意产业发展趋势与促进对策》,《经济纵横》2021年第2期。

陈能军、史占中:《5G时代的数字创意产业:全球价值链重构和中国路径》,《河海大学学报》(哲学社会科学版)2020年第4期。

臧志彭:《数字创意产业全球价值链重构——战略地位与中国路径》,《科学学研究》2018年第5期。

B.19
韩国电视节目出口对中国公民赴韩旅游的影响

李嘉珊　刘嘉瑶*

摘　要： 中韩两国同处亚太地区且地理位置毗邻，在社会、文化、经济层面都具有悠久的友好往来历史。在中国巨大的旅游需求和"韩流"复兴背景下，本报告力图探索韩国电视节目出口对中国公民赴韩旅游的影响。在查阅了与该话题相关的文献以及数据之后，本报告第二部分主要研究了韩国电视节目出口至中国的情况，包括出口的电视节目总额以及韩国电视节目在中国的收视情况；主要分析了韩国出口至中国的电视节目对中国观众的影响，探究出口至中国的韩国电视节目是否会影响中国观众赴韩旅游的意愿、动机、路线选择等。本报告第三部分设计了调查问卷来分析韩国电视节目出口对中国观众赴韩旅游意愿的影响。对回收问卷数据进行分析后，发现韩国电视节目能够影响中国公民赴韩旅游的意愿。针对上述结论，本报告对中国影视业与旅游业更好的更紧密的发展提出了建设性的建议和对策。

关键词： 电视节目　出口　赴韩旅游

---

* 李嘉珊，北京第二外国语学院教授，中国服务贸易研究院常务副院长，国家文化发展国际战略研究院常务副院长，首都国际交往中心研究院执行院长，首都国际服务贸易与文化贸易研究基地首席专家，国家文化贸易学术研究平台专家兼秘书长，研究方向为国际文化贸易、国际服务贸易等；刘嘉瑶，北京第二外国语学院2019级国际商务硕士研究生，研究方向为国际文化贸易。

一 电视节目对旅游的刺激作用不断凸显

经济的快速发展、国民收入的增多、和睦的外交关系、各项利好政策都推动了中国公民出境游的快速发展。中韩两国文化上的相似性、地理位置邻近等原因促使两国旅游市场交往日趋频繁。1997年,受到"文化立国"政策的影响,韩国政府鼓励本国文化产业的发展,韩国的电影、电视剧、音乐等文化产品形成"韩流"席卷中国。2000年以后有线电视的普及为以电视剧为主流的"韩流"提供了条件。因与中国文化背景、家庭伦理的相近性,《大长今》《蓝色生死恋》《冬季恋歌》《浪漫满屋》等电视剧"霸屏",获得了中国男女老少的喜爱。2012年一首《江南 style》风靡亚洲,2013年《听见你的声音》《继承者们》《来自星星的你》在各大平台爆火;同年《爸爸去哪儿》《我是歌手》等韩国版权的综艺节目被中国各大卫视引进,获得高收视率。这一股"韩流",从音乐、电视剧、综艺节目三方发力,又凭借互联网的力量飞速传播,迅速被人们知晓,迎来了另一个高峰。

随着电视节目内容的多样化及网络传播的发展,收看电视节目已成为人们日常文娱活动的形式之一。近年来,真人秀节目的兴起,不仅创新了综艺节目的模式,也创新了一种"造景"手段。真人秀节目平民化、实景化的特点,无形中宣传了旅游景点,也促使一些非旅游景点成为旅游景点。2013年开播的亲子类真人秀综艺节目《爸爸去哪儿》曾前往北京灵水村、宁夏沙坡头等旅游目的地取景;湖南省岳阳市平江县的白寺村原本只是南方地区一个不起眼的小村庄,但优美的环境、极具特色的建筑吸引了《爸爸去哪儿》节目组前去取景,节目一经播出,该村名声大噪,吸引了众多游客。韩国旅游与影视剧的成功结合也带来了韩国旅游业的繁荣,广大赴韩旅游者不会错过韩剧的取景地。花津浦海水浴场(《蓝色生死恋》取景地),南山塔(《我叫金三顺》取景地),济州岛、63大厦(《我的女孩》取景地)等地都是去韩国旅游必去的打卡地。节目的播出也先后带火了节目的拍摄地,电视节目对旅游的刺激作用不断凸显,各旅游管理部门也洞察了电视节目对

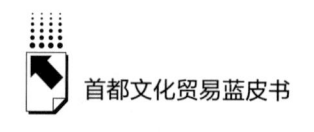

旅游业的带动作用,将"观众"转变为"游客"成为近年来新型影视旅游的营销策略。

本报告通过问卷调查、文献查阅等研究方法,以期回答以下几个问题:第一,韩国电视节目出口中国是否会对中国赴韩旅游人次、游客结构、旅游景点和路线等产生影响?第二,若有影响,影响效果如何?

中韩两国通过电视节目进行文化交流,电视节目也是推动两国经济合作的文化力量。本报告通过对韩国电视节目带动下的赴韩旅游的研究,期望能对中国如何用文化带动旅游,优化旅游资源宣传手段等问题有所启示。

二 中国从韩国进口电视节目及收视情况

(一)中国从韩国进口电视节目情况

1. 中国从韩国进口电视节目总额

2005年9月1日由湖南卫视引进的韩剧《大长今》首播,该剧首播当晚的收视份额达到8.6%,创下收视传奇。湖南卫视此举引发了进口韩剧热潮。

2010~2014年中国从韩国进口电视节目总额持续增长。2016年中国从韩国进口的电视节目总额为29450万元,2017年中国从韩国进口电视节目总额骤降,降至416万元,这种低迷态势一直持续到2019年(见图1)。尽管2019年中国从韩国进口电视节目总额提高至1527万元,较2017年有所增加,但与2014年的44295万元仍有较大差距。2015年因韩剧模式固化、吸引力降低,以及复杂的国际关系等因素,中国从韩国进口电视节目总额下降;2017年因"萨德"事件中韩关系紧张,进而影响了进口电视节目总额。

2016年中国从韩国进口的电视节目总额为29450万元,其中从韩国进口的电视剧总额高达28983万元,占从韩国进口的电视节目总额的98.4%。由以上数据可见,尽管中国从韩国进口的电视节目包含电视剧、纪录片、动画片等类型,但主要还是以电视剧为主。

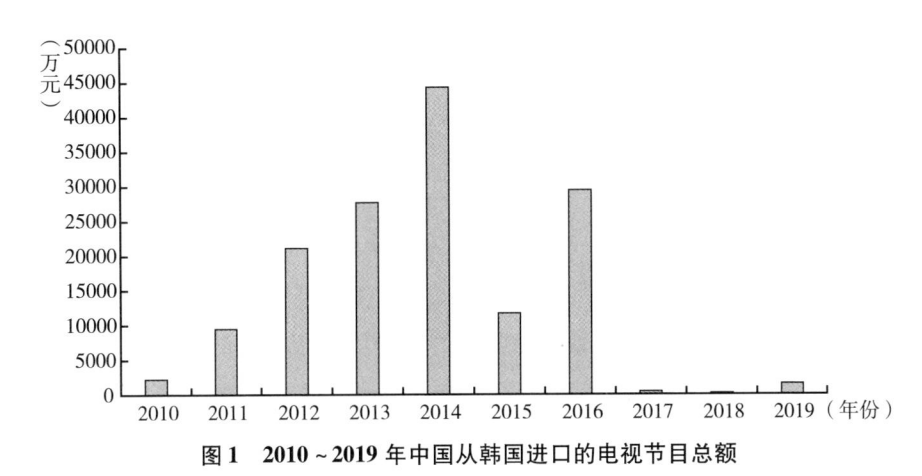

图1 2010~2019年中国从韩国进口的电视节目总额

资料来源：国家统计局。

在2017年之前，中国从韩国进口的电视节目的部数一直稳居亚洲地区的首位。2016年中国从亚洲地区进口164部电视剧，其中55部电视剧是从韩国进口，占亚洲地区电视剧进口总部数的33.5%。2014年从韩国进口186部电视剧，占从亚洲地区进口电视剧部数的42%（见表1）。但2017年受萨德事件等因素的影响，韩国电视节目进口总额、进口电视节目的时长和进口电视剧部数都呈现断崖式下降。2019年中国从韩国进口的电视剧部数发生巨大变化，中国从亚洲地区共进口109部电视剧，从韩国进口的电视剧仅有2部。

表1 2012~2016年中国进口电视剧情况

单位：部

年份	2012	2013	2014	2015	2016
从亚洲地区进口	99	140	443	93	164
从韩国进口	49	43	186	34	55
从日本进口	4	16	67	16	14
从东南亚进口	20	22	48	8	28

资料来源：国家统计局。

2. 中国引进的韩国综艺节目

近几年，韩国综艺节目在中国的反响较好，2013年湖南卫视从韩国电视台MBC引进亲子类真人秀节目《爸爸去哪儿》,该节目一经播出就迅速占领CSM48全国收视情况榜首。2013年10月11日,《爸爸去哪儿》第一期节目播出,就获得了1.423%的收视率,随后收视率不断攀升;2013年12月27日,该节目播出第一季的最后一期,收视率高达4.916%。从韩国引进的综艺节目《爸爸去哪儿》一炮走红,各大卫视相继模仿,开始大量引进韩国综艺节目。国家新闻出版广电总局为推动广播电视节目自主创新,要求每个电视上星综合频道每年新播出的引进境外版权模式节目不得超过1档,催生了中韩合作综艺节目形式,即韩国热门综艺节目的导演来到中国参与节目制作。中国近年引进的韩国综艺节目见表2。

表2 中国引进的韩国综艺节目

节目名称(中国版)	引进单位和开播时间	节目名称(韩国版)	出品单位
《两天一夜》	东方卫视引进,2014年11月开播	《2天1夜》	韩国KBS出品
《花样爷爷》	东方卫视引进,2014年6月开播	《花样爷爷》	韩国TVN出品
《奔跑吧,兄弟》	浙江卫视引进,2014年10月开播	Running Man	韩国SBS出品
《爸爸去哪儿》	湖南卫视引进,2013年10月开播	《爸爸去哪儿》	韩国MBC出品
《我是歌手》	湖南卫视引进,2013年1月开播	《我是歌手》	韩国MBC出品
《如果爱》	湖北卫视引进,2014年1月开播	《我们结婚了》	韩国MBC出品
《爸爸回来了》	浙江卫视引进,2014年4月开播	《超人回来了》	韩国KBS出品

资料来源:笔者根据公开资料整理。

中国版《两天一夜》由东方卫视投资引进,其原版节目为韩国KBS出品的《2天1夜》。中国版《花样爷爷》由东方卫视投资引进,其原版节目为韩国TVN出品的《花样爷爷》。在中国热播的综艺节目《奔跑吧,兄弟》掀起真人秀的热潮,其原版节目是韩国SBS出品的Running Man。中国版《爸爸去哪儿》第一季由田亮父女、张亮父子等人出演,其原版节目为韩国MBC出品的《爸爸去哪儿》。看似繁荣的景象背后实际暗藏危机,一味地引进韩国综艺节目,不利于中国原创综艺节目的发展。

通过中国从韩国进口的电视节目总额以及电视剧部数,可知中国从韩国进口的电视节目体量较大,且以电视剧为主,中国从韩国进口的电视节目的部数一直稳居亚洲地区的首位。

(二)韩国电视节目在中国的播出收视情况

关于韩国电视节目在中国的播出收视情况,本报告主要选取韩国电视剧以及韩国综艺节目在中国的播出收视数据来反映。

本报告通过对骨朵传媒、爱奇艺提供的数据进行统计,排出2019年综艺节目播放量、互动量(弹幕数以及评论数)、社交平台粉丝数三者排名前三的综艺节目。

2019年播放量排名前三的综艺节目中仅有《王牌对王牌》是中国原创,其他两个节目《奔跑吧,兄弟》《创造营2019》皆是引进韩国电视节目版权(见图2)。《奔跑吧,兄弟》这档节目的韩国原版为 *Running Man*,是韩国老牌真人秀节目。浙江卫视以300亿韩元(约1.8亿元人民币)的价格签约,向韩国SBS电视台购买了《奔跑吧,兄弟》第一季的版权。《奔跑吧,兄弟》第一季于2017年4月一经播出就反响颇好,创下了综艺界的神话。《创造营》是由腾讯视频推出的一款偶像养成类节目,是韩国Mnet电视台偶像选秀节目 *Produce101* 的中国版,《创造营》已于2019年和2020年播出两季。

2019年互动量排名前三的综艺节目中,《创造营2019》互动量为351万人次,《极限挑战》互动量为191万人次,《奔跑吧,兄弟》互动量为176万人次。

2019年社交平台粉丝数排名前三的综艺节目中,《快乐大本营》以2222万的社交平台粉丝数荣居榜首;其后是《奔跑吧,兄弟》,其社交平台粉丝数为665万。《快乐大本营》是中国原创的综艺节目。《快乐大本营》与《奔跑吧,兄弟》二者之间的社交平台粉丝数差距巨大,由此可见中国原创的综艺节目也是具有一定的潜质的,只是近几年创新不足,没能再次打造出一款像《快乐大本营》这般有情怀有品质的好综艺节目。

根据索福瑞调查数据,2019年省级卫视晚间综艺节目的收视情况显示,

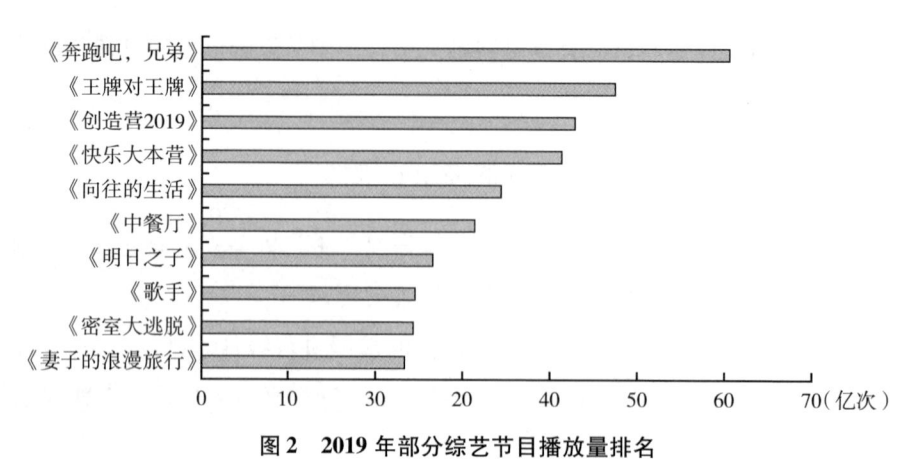

图 2　2019年部分综艺节目播放量排名

资料来源：骨朵传媒、爱奇艺。

从韩国引进的综艺节目收视率总体较高，排名靠前。《奔跑吧，兄弟》收视率为4.16%，排名第一，《歌手》收视率为1.8%。

由此可见，从韩国引进的综艺节目，其播放量、互动量以及社交平台粉丝数都不可小觑。从韩国引进的电视节目在中国观众基础较好，受到中国观众的喜爱。

三　韩国电视节目出口对中国公民赴韩旅游的影响分析

本报告从旅游意愿、游客结构特征、赴韩旅游参观景点和路线、赴韩旅游购买行为等四个方面分析韩国电视节目出口对中国公民赴韩旅游的影响。

（一）韩国电视节目出口对赴韩旅游意愿的影响分析

为了探究韩国电视节目是否会诱发中国公民赴韩旅游的动机，增强其旅游意愿，本报告设计了与之相关的调查问卷。问卷中包含此次参与问卷填写的人口特征、中国公民观看韩国电视节目现状、韩国电视节目对赴韩旅游意愿的影响、中国游客最期待的景点和旅游路线以及中国游客赴韩旅游目的等五个方面的内容。

1. 调查问卷设计

本报告的调查问卷为《韩国电视节目对于中国公民赴韩旅游意愿及动机的影响》。问卷包含18道题目，由单项选择题、多项选择题、李克特五级量表三种题型组成。本项问卷调查的目的是探究韩国电视节目是否会影响中国公民赴韩旅游的意愿，因此设置了"您是否曾经赴韩旅游？"这一问题，以此来剔除已经去过韩国旅游的这一人群。由于问卷调查填写过程中，可能会出现随意填写的情况，为了尽可能地保证研究数据的可靠性，该问卷设置了反项题目，最终排除了24份无效问卷。

2. 问卷调查与数据收集

排除24份无效问卷，本次共收集255份有效问卷，问卷有效率为91.4%。其中女性占比为58.4%，男性占比为41.6%。调查对象的年龄大多为18岁~35岁，18岁~25岁的调查对象占24%，26岁~35岁的调查对象占50%；36岁以上的调查对象总计59人，占23.1%。以上为数据初步总计分析结果。在对问卷调查进行信度分析和效度分析后，决定采用此次问卷调查的数据。

3. 问卷调查结果与分析

针对问题"是否收看过韩国电视节目"，有89%的调查对象收看过韩国电视节目，11%的人表示从未看过。在接近九成收看过韩国电视节目的观众中，有61%的人喜欢韩国电视节目（包括极喜欢、喜欢），不喜欢韩国电视节目（包括不喜欢、极不喜欢）的只有9%（见表3）。由此可看出，在收看过韩国电视节目的观众中有超过一半的人是喜欢看韩国电视节目的。

表3 喜欢韩国电视节目的程度

单位：%

	极喜欢	喜欢	一般	不喜欢	极不喜欢
百分比	6	55	30	7	2

针对问题"看完韩国电视节目后会不会对韩国有不一样看法"的调查情况显示，在近九成的观众中，有54.3%的人觉得看完韩国电视节目后对韩国的印象会变好；30%的人觉得没有什么影响；其余的15.7%则认为看完韩国电视节目后会对韩国的印象变差（见表4）。由此可以看出，看完韩国电视节目后有超五成的人对韩国的印象会加分。因此推论出韩国电视节目可以提升韩国形象，人们不仅可以借助韩国电视节目认识韩国，更可以借助韩国电视节目认识不一样的韩国，对韩国有所改观。

表4 观看韩国电视节目后对韩国的印象

单位：%

	项目	百分比
因韩国电视节目对韩国的印象	非常不喜欢	2.7
	有些不喜欢	13.0
	没有改变	30.0
	有些喜欢	43.3
	非常喜欢	11.0

在问卷调查中，"看完韩国电视节目后想参与的活动"的调查结果显示，观众最想参与的活动为去韩国观光旅游，占26%；其次为收看其他韩国电视节目，占23%（见表5）。韩剧中男女主角相会、约会的地点等剧中出现的地点都会变成韩剧迷追逐的焦点，会促使观众去韩国观光旅游。由喜爱的明星所担任主演的另一部韩剧，或相同类型的韩剧都会促使观众有动力再收看下一部韩剧。韩剧不仅可以改变观众对韩国的看法，更可以进一步使观众有意愿参与与其有关的活动。

表5 看完韩国电视节目后想参与的活动

单位：%

	到韩国旅游	收看其他韩剧	购买韩剧相关产品	学韩文	阅读韩剧相关简讯	其他
百分比	26	23	13	12	10	16

通过对数据的整理分析发现，韩国电视节目会对赴韩旅游的意愿产生影响。此次调查对象中有72%的人想去韩国旅游，有28%的人不想去韩国旅游。在72%想去韩国旅游的人中有90%的人看过韩国电视节目，仅有10%的人没有看过韩国电视节目。在近九成收看过韩国电视节目的人中有55%的人会因为看完韩剧而想去剧中拍摄地观光，另外45%的观众则相反。从中可得出结论，看过韩剧的人比没有看过韩剧的人想去韩国旅游的意愿高很多。换而言之，观看韩国电视节目会使中国公民赴韩旅游的意愿提高。

本问卷调查的结论为韩国电视节目不仅可以为韩国树立正面的形象，也可以增强观众赴韩旅游的意愿，从而促进赴韩旅游人数的增长。

（二）韩国电视节目出口对赴韩旅游游客结构的影响分析

2020年受新冠肺炎疫情影响，赴韩旅游人次不具有代表性，因此本报告选取2010~2019年各国赴韩旅游人次的数据。

"韩流"促进了韩国旅游业的发展，极大地推动了全球重新定位韩国的国家形象。随着电影、音乐乐队和戏剧的流行，许多国家的人们纷纷涌入韩国亲身体验韩国文化。

2010~2019年中国和日本两国是韩国的两大主要客源国，2013年中国赴韩旅游人次首次超过日本并持续增长，2016年达到近几年赴韩旅游人次的峰值（775万人次）（见图3）。2016年之后中国赴韩旅游人次骤降，从2016年7月的近92万人次降至2017年4月的22万人次。在这一期间中韩关系发生了微妙的变化，萨德事件等对中国赴韩旅游的人次产生了影响。中国赴韩旅游人次与中国从韩国进口电视节目总额的走势相同，不论是赴韩旅游人次还是从韩国进口电视节目总额都在2017年出现明显的减少。

中国赴韩旅游游客中女性游客居多（见表6）。2013年韩剧《来自星星的你》《继承者们》热播，并被爱奇艺以及上海森宇文化公司购买播放权。2013~2014年出现赴韩旅游人次暴涨的现象。2014年赴韩旅游人次较2013年增长51%，而其中女性游客旅游人次的增长率更是高达54%，可见女性游客在赴韩旅游中的巨大贡献。

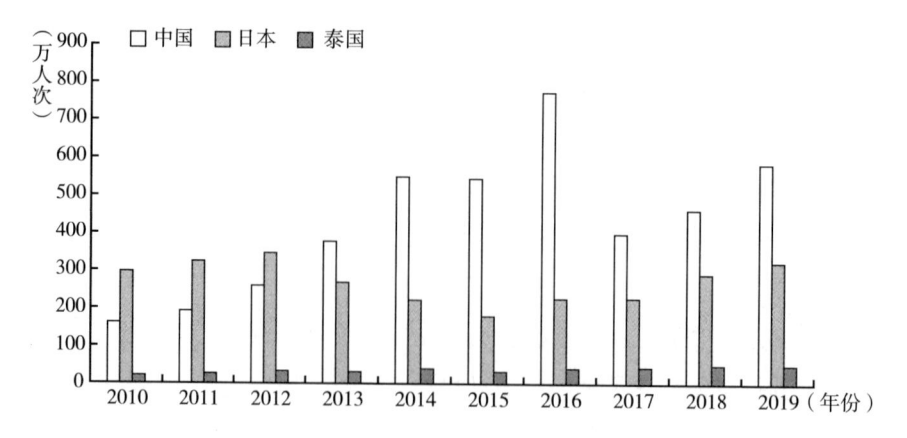

图3 2010～2019年部分国家赴韩旅游人次

资料来源：KOSIS（韩国国家统计局）。

表6 2010～2019年中国赴韩旅游游客

单位：万人次

年份	男性	女性	总计
2010	81	82	163
2011	94	99	193
2012	115	145	260
2013	155	223	378
2014	206	345	551
2015	206	341	547
2016	280	494	774
2017	171	229	400
2018	191	273	464
2019	224	362	586

资料来源：KOSIS（韩国国家统计局）。

中国赴韩旅游的游客年龄集中在21～40岁（见图4），而这又恰巧与中国热衷收看韩国电视节目的观众的年龄相符。这意味着电视节目这一媒介，吸引了大量中国青年赴韩旅游。可以发现当中国赴韩游客人次逐年增加的同时，中国青年游客的人次也呈现增长趋势且青年游客的占比也不断提高。由此可见，韩国电视节目中所包含的元素，深受青年人喜爱。电视节目这一媒介吸引了大量中国游客尤其是中国青年游客前往韩国旅游。

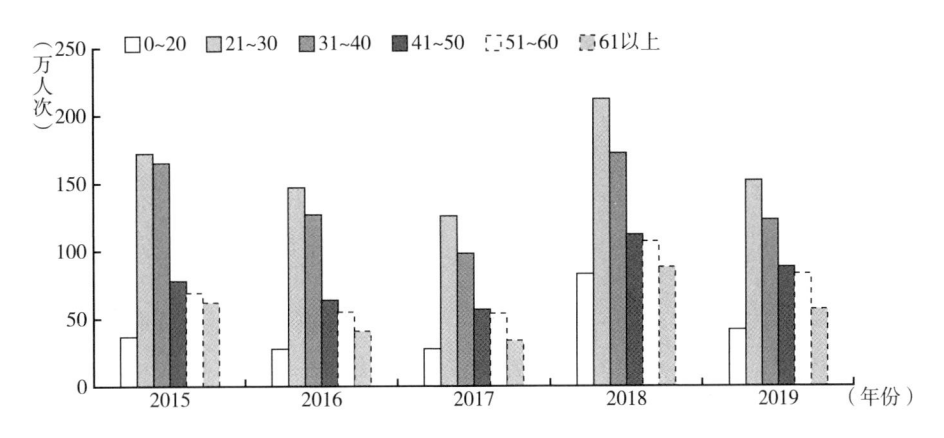

图4　2015～2019年中国赴韩旅游游客年龄段分布

资料来源：KOSIS（韩国国家统计局）。

（三）韩国电视节目出口对赴韩旅游景点和路线的影响分析

自2013年以来，中国一直是韩国第一大入境客源国，过去中国游客赴韩旅游以景观游览为主，韩国历代的王宫、著名的山峰等景点是中国游客参观游玩的主要景点。

2005年，韩剧《大长今》火爆亚洲，掀起了中国公民赴韩旅游的热潮。据韩国观光公社统计，在《大长今》电视剧的带动下，2005年前往韩国的游客人次增长了15%，而其中以中国游客为主。由于韩剧的热播，中国游客在赴韩旅游的路线上有了更多的选择。中国游客赴韩旅游不再固定于传统的旅游路线，旅游路线更为丰富和多元，热门的影视剧拍摄地点也被纳入旅游计划之中。这种旅游路线和游览内容的改变正体现出进口韩剧对中国游客的影响。

《大长今》对赴韩旅游的影响很大，韩国旅游部门在旅游路线设计上做出了迎合游客喜好的改变。韩国旅游发展局的官方网站中设有旅游产品一栏，其中专门设置了"浪漫韩剧拍摄地"旅游路线，并推出"与来自星星的你同游加平"一日游旅游产品。"浪漫韩剧拍摄地"旅游路线中包含南怡岛、法国村、江村铁轨等旅游景点。南怡岛为韩剧《冬日恋歌》的拍摄地之一,《冬季恋歌》的播出使南怡岛的门票涨至3000韩元。玄彬以及河智苑出演的电视剧《秘密花园》在位于韩国京畿道的法国村取景,由张根硕主演的电视剧《贝多芬病毒》在江村铁轨附近取景。这些电视剧拍摄地现如今都成为中国游客赴韩旅游喜爱游览的景点。

(四)韩国电视节目出口对赴韩旅游游客购买行为的影响分析

在问卷调查中,"看完韩国电视节目后想参与的活动"这一问题的问卷调查结果显示,有13%的人在观看韩国电视节目后想购买韩剧相关产品。以此为契机,本报告针对韩国电视节目出口对中国赴韩旅游游客购买行为的影响进行分析。

在日常生活中,也能感受到"韩流"对中国公民购买行为的影响。韩国电视节目进入中国市场之际,也带动了韩国其他行业的发展,其衍生产品的影响力不容小觑。韩国电视剧中,男主角或是女主角姣好的相貌,精致的面容,看似舒服又得体的服饰,都受到中国观众的喜爱。在"韩流"的影响之下,韩式服装受到中国观众的热捧,淘宝网页上有很多韩式服装店。除此之外,中国观众的饮食消费也受到了韩国文化的影响。2014年,《来自星星的你》中女主角"千颂伊"最喜欢啤酒和炸鸡,在这部剧的影响下,掀起了"炸鸡啤酒"热潮。韩国电视节目并没有生硬地进行产品营销,而是顺其自然地将其融入情景之中,对需要营销的产品进行特写,或使其在多个场景中出现,这种看似无意的镜头特写,往往可以激发观众的好奇心,从而成功营销。

根据KOSIS(韩国国家统计局)所提供的数据,可以看出中国游客在韩消费人数最多,2016年外国游客中有12003人在韩消费,购买商品。其中中国内地(大陆)游客有6020人,占总人数的50%。日本游客有1763人,消费人数排名第二(见图5)。6020名在韩消费的中国游客中,64.3%的游客购买了香水、化妆品,40.7%的游客选择购买服装。

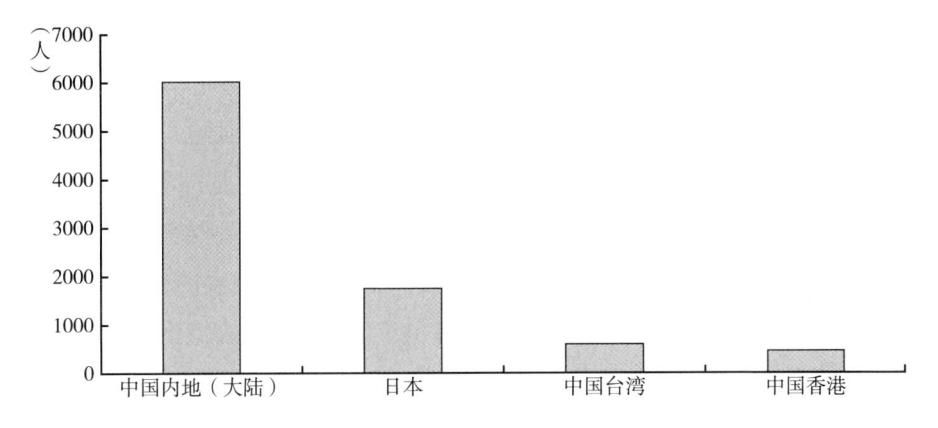

图 5　2016 年在韩消费人数

资料来源：KOSIS（韩国国家统计局）。

四　启示与建议

根据本报告的结论，可知中国从韩国进口电视节目的总额与中国公民赴韩旅游之间有因果关系。韩国影视业和旅游业的良性深度互动也给中国提供了诸多启示。

（一）提高电视节目质量

实现影视业和旅游业的良性互动，提高电视节目的质量是根本。中国现阶段对文化产业的开发利用还处于较为初级的水平。目前市场上，大多影视企业热衷于资本运作，过于关注于眼前利益，而非创作好的作品。中国早期电视剧《西游记》《还珠格格》颇受国内观众的喜爱，也走出国门，被多个国家的观众所熟知。《西游记》拍摄长达十几年之久，将唐玄奘取经之路，真真切切走了一遍。正是该剧剧组人员的用心，才使其成为一代人心中不可代替的经典。

韩国每年都会评选和颁发"广播委员会大奖"来激发各位制作人的创作欲望，从而提高电视节目的质量。中国也可向韩国学习，设立相关奖项，

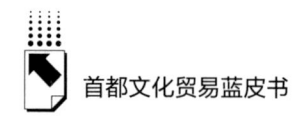

以此激励中国制作人积极创新，拒绝一味地引进他国电视节目，陷入文化创新的困境。

创新是许多韩国电影、乐队和戏剧取得成功的核心。而电视导演在节目创新中扮演着不可替代的角色，应从多个角度和不同水平提高综合素质。电视导演应具有较高的职业敏感性和创新能力，而且要对重要材料进行深入研究，优化节目形式，使其更具原创性和独特性。应满足观众的多样化需求，提高节目的满意度，进一步增强电视媒体的市场影响力。在互联网时代，电视导演应有效适应瞬息万变的市场环境，追求可持续发展，以获得更广阔的发展前景。

（二）创新营销手段

营销手段要与时俱进。一部经典影视作品具有长久的魅力，旅游目的地将在影视中长期展示，会具有长久的吸引力。影视旅游的宣传和传播要符合受众特点，把握时代潮流。营销手段的创新可以延长影视旅游地的生命周期。

将营销贯穿在电视节目生产制造播出的过程中。在电视节目生产制作阶段，也需要注重对拍摄地点的宣传和推广，一方面可以为电视节目的推出制造话题和热点，另一方面可以带动拍摄地点旅游业的发展。在该阶段旅游行业、旅行社要担当宣传的主要角色，旅游行业人员要有敏锐的洞察力，应当积极与电视节目制作人沟通和交流，向电视节目制作人主动推荐拍摄地点。不论是综艺节目、电影、电视剧都需要拍摄场地，旅游行业应改变传统的营销思想，主动寻求热点，主动出击，而不是在电视节目播出之后采取营销手段。

在电视节目播出后，要将电视节目受众对电视节目的兴趣转变为参观拍摄地的兴趣，并通过品牌塑造、生产电视节目相关衍生产品来使其价值最大化，延长其生命周期。一旦一部电影或者一部电视剧与某一特定的拍摄地点产生联系，实际就已经成为旅游景点的一个经典的宣传点。迪士尼乐园是影视与旅游深度融合、影视旅游品牌化的最好例证。韩国也是影视旅游品牌化很成功的国家,风靡一时的电视剧《大长今》早已停播,但其热度未减。《大长今》这部电视剧,推广了韩国饮食、服装等韩国的文化。影视旅游地的品牌化,可以使得电视节目的营销价值在未来几年内达到最大化。

参考文献

冯帆、殷音:《影视文化产品"走出去"是否促进了入境旅游?——来自韩国的经验》,《文化产业研究》2019年第3期。

纪晓宇:《真实综艺秀:城市形象塑造与传播的新载体——以韩国综艺节目〈无限挑战〉为例》,《今传媒》(学术版)2015年第8期。

郑杨:《韩国电视节目对观众赴韩旅游的影响研究——基于广州市的调查》,硕士学位论文,暨南大学,2016。

鲍秀梅:《蒙古族题材影视的草原旅游效应研究——以〈狼图腾〉为例》,硕士学位论文,内蒙古师范大学,2018。

刘力:《旅游目的地形象感知与游客旅游意向——基于影视旅游视角的综合研究》,《旅游学刊》2013年第9期。

刘滨谊、刘琴:《中国影视旅游发展的现状及趋势》,《旅游学刊》2004年第6期。

王艳:《影视剧对其外景地旅游形象的影响研究——以韩剧对韩国旅游形象的影响为例》,硕士学位论文,广西大学,2007。

吴普等:《影视旅游形成、发展机制研究——以山西乔家大院为例》,《旅游学刊》2007年第7期。

潘丽丽:《影视拍摄对外景地旅游发展的影响分析——以浙江新昌、横店为例》,《经济地理》2005年第6期。

高懿、付美:《生态环境保护在影视制作中的重要性探析——从〈无极〉剧组破坏生态环境被罚款说起》,《福建论坛》(社科教育版)2010年第2期。

黄锡生:《谁应为天池的破坏承担责任?——对〈无极〉剧组破坏天池的法律责任分析》,《中国环境法治》2006年第1期。

张希:《影视节目的受众参与对影视旅游动机的影响研究——以〈奔跑吧兄弟〉节目受众为例》,硕士学位论文,武汉大学,2017。

王小琼:《真人秀节目对常德旅游者到拍摄地出游意向的影响研究——以〈爸爸去哪儿〉为例》,硕士学位论文,湖南师范大学,2016。

易晓雯:《真人秀对旅游者出游意愿的影响机制研究——以电视节目〈亲爱的客栈〉为例》,硕士学位论文,西南民族大学,2020。

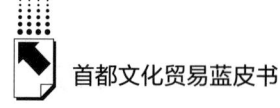

王子腾、谢炽辉、张雯:《明星真人秀节目对青年旅游意愿影响研究》,《合作经济与科技》2020年第16期。

杨文裕、于晓涵:《影视节目对大学生旅游动机的影响——以黑龙江工程学院昆仑旅游学院学生为例》,《经济师》2020年第2期。

金俞珍:《韩流背景下中国游客赴韩购物旅游行为研究》,硕士学位论文,浙江工业大学,2016。

刘莹莹:《服务业FDI对我国服务业增长影响的研究》,硕士学位论文,山东理工大学,2011。

Abstract

2021 is the first year to start a new journey of modernization in an all-round way, and it is also the implementation of the "14th Five-Year Plan", planning and launching the first year of the new journey of building a socialist modernized country in an all-round way. Standing at such an important historical starting point, looking back on 2020, the 13th Five-Year Plan ended successfully, the 14th Five-Year Plan was fully broken, the new development pattern was accelerated, and high-quality development was implemented in depth. In 2020, the total income of cultural industries above designated size in Beijing reached 1420.93 billion yuan, up 0.9% year-on-year, among which the total income of cultural core areas reached 1298.62 billion yuan, up 3.6% year-on-year, accounting for 91.39% of the total income.

Research Report of Beijing International Cultural Trade (2021) includes general report, industry reports, special topics, comparison and reference reports, focusing on 9 key industry fields of capital culture and trade, such as performing arts, radio, film and television, book copyright, animation, games, cultural tourism, artworks and creative design. This book comprehensively uses the methods of on-the-spot investigation, typical case study, literature data analysis and comparative study, and through the overall research and key industry research, makes an in-depth discussion on the problems existing in the foreign cultural trade of the capital, sums up experiences and puts forward countermeasures. Under the unprecedented changes in the international situation and the normalization of epidemic prevention and control in a hundred years, Beijing's cultural trade needs to make full use of Beijing's service industry to expand its opening policy, build a foreign cultural trade mechanism platform, strengthen intellectual property transactions and consulting services, and " + culture" stimulate the horizontal linkage of multi-industries, seize the development opportunities of digital trade, etc. , so as to enhance the core competitiveness and international influence of cultural innovation in the capital.

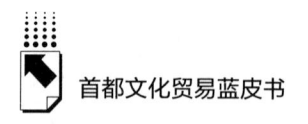

Keywords: Cultural Trade; Opening Up; Beijing

Contents

I General Report

B.1 Research on the Development Characteristics and
Countermeasures of Beijing Cultural
Trade (2021) *Li Jiashan* / 001

Abstract: In 2020, Beijing's cultural industry is developing well, and the quality of content supply has improved significantly. Perfect policies and regulations promote the development of Beijing's cultural trade. The construction of platforms, such as Tianzhu comprehensive bonded zone and digital economy platform, expands the cultural opening to the outside world. The development of Beijing's cultural trade is also facing many opportunities and challenges. The outbreak of the epidemic has seriously damaged the international cultural trade, and the new technological advantages are continuously driven by innovation. Traditional cultural exchange activities encounter bottlenecks, and the advantages of global layout of urban diplomacy are prominent. Changes in international relations have led to changes in trade, and overseas investment has achieved remarkable results in deepening opening up. Faced with severe challenges, Beijing should seize the opportunity to build a foreign cultural trade mechanism and platform, strengthen intellectual property trading and consulting services, and cultivate an open and integrated international cultural market. Beijing should incubate diversified and inclusive city culture, and establish international city brand image, and stimulate multi industry horizontal linkage with "+ culture". Beijing should also seize the development opportunity of digital trade, and encourage the development of emerging cultural fields and cultural markets, and innovate the development path of international cultural trade from the global perspective of strategic layout. We should make full use of Beijing's service industry opening-up policy, fully release the advantages of the national cultural export base, and enhance the core competitiveness and international influence of the capital's cultural innovation.

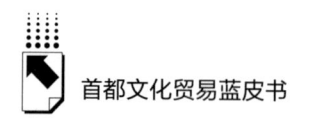

Keywords: Cultural Trade; Cultural Industry; Beijing

II Industry Reports

B.2 Development Report of Beijing International Trade of Performing Arts Industry (2021) *Zhang Wei* / 017

Abstract: While the Beijing performing arts industry is still booming, the sudden epidemic of COVID-19 has cast a shadow on Beijing's cultural industry. Among all the cultural fields, performing arts industry bore the brunt of the impact. This report summarizes the development characteristics of Beijing performing arts market in 2020, and based on the features of Beijing market, it analyzes the characteristics of Beijing's international trade in performing arts from different dimensions such as trade channels, market demands, policies, and online platform, and tries to find optimization from the perspective of development strategies, market supply, performing arts products and services, market exploiting and improvement of market players and talent cultivation, etc. Hopefully the solution could provide some feasible references for Beijing's performing arts industry and international trade to overcome the impact of the epidemic and find new growth points under the background of regular epidemic prevention and control.

Keywords: Performing Arts Market; International Development Strategy; International Trade; Digital Platform

B.3 Report On the Development of Beijing Radio, Film and
Television International Trade   *Liang Feng, Li Jidong* / 038

Abstract: In 2020, Beijing radio, film and television industry still maintained a good development trend while the COVID－19 was sweeping the world. First, a series of policies and measures were introduced, aiming to cope with COVID－19's impact, keep the growth of film, television and other cultural enterprises, and promote the Beijing film and television industry to high quality and internationalization. Second, Beijing combined the online and offline ways to carry out international trade activities, including international exhibitions, forums and conferences. These activities help China's 5G new technology and other high-tech audio-visual technologies to go abroad. This year, Beijing media industry's foreign trade achieved great success, which also enhanced its technical strength. In the future, Beijing will promote the integration of media industry and high-tech, and keep developing the media convergence and media industrial clusters. Beijing will also boost the high-quality development of its film and TV production, and enhance personnel training.

Keywords: Beijing Radio, Film and Television Industry; Beijing Mode; The New Audio-visual; Media Convergence

B.4 Report on the Development of Film Trade in
Beijing (2021)   *Luo Libin, Liu Hongyu and Liao Linyu* / 053

Abstract: In 2020, the COVID－19 epidemic brought a huge impact on the global film industry and market. Relying on a solid industry foundation and unique institutional advantages, Chinese films took the lead in recovering, and the annual total box office ranked first in the world. Beijing's film industry continues to maintain its leading position, accounting for a large proportion of the country's film output, and its cinemas are developing well. It has actively participated in foreign film exchanges through online film festivals and "cloud viewing" activities. Beijing films show new features in "going global". They have performed well on the global box office charts and won many awards overseas. Film companies in Beijing actively participated in international film productions and penetrates deeply into the international film market. In the future, Beijing should continue to give full play to its multi-faceted advantages as a cultural center, take advantage of the construction opportunities of "two districts" to consolidate its industrial foundation and strengthen international cooperation. At the same time, we will strive to turn the risk of COVID-19 into an opportunity for development, and expand the influence of Beijing-produced films in global cinemas and cyberspace.

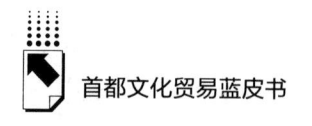

Keywords: Film Industry; International Trade; Beijing

B.5 Report on Beijing International Trade of Book Copyright (2021)

Sun Junxin, Li Jiechenxi / 063

Abstract: Facing the impact of the epidemic, the capital book copyright industry insists on innovation and development, and continues to maintain a good development trend, which is highlighted in the following aspects: following the trend of the digital age, focusing on developing the digital copyright industry; The unveiling of China (Beijing) Pilot Free Trade Zone brings new opportunities for copyright trade; The adoption of the new copyright law will further strengthen the atmosphere of copyright protection. By combing the foreign trade activities of the capital book copyright industry, this paper finds that the development of digital publishing still has great potential, the international influence of the capital book publishing industry still needs to be improved, and the demand for publishing talents is very urgent. Finally, this paper puts forward some suggestions from enriching book content, strengthening personnel training, supporting digital publishing, holding and participating in international book fairs creatively, and making full use of the platform of the Pilot Free Trade Zone, in order to continue to promote the development of the publishing industry in the capital and serve the goal of building a cultural power and four centers.

Keywords: Copyright Trade; Book Trade; Beijing

B.6 Report on the Development of Foreign Trade of Beijing Animation Industry (2021)　　*Lin Jianyong, Ni Jingxian* / 076

Abstract: In 2020, the animation industry in Beijing developed steadily, and the foundation of industrial trade will be consolidated to a further step. At the same time, the Beijing Municipal Government has issued various policies to support the development of animation enterprises, therefore the foreign trade of Beijing's animation industry will continue to develop rapidly. However, Beijing's animation industry still faces many difficulties in the foreign trade, such as lack of core worldview, scientific personnel training mechanism and integrated industrial chain. In order to promote the further development of foreign trade in Beijing's animation industry, this article suggests to explore cultural commonality, create excellent animation scripts; attract and cultivate talents, alleviate the dilemma of animation talent shortage; and build an integrated marketing system of animation derivatives to promote online and offline linkage more closely.

Keywords: Animation Industry Chain; Go out; Animation Talent

B.7 Foreign Trade Development Report of Beijing Game Industry (2021)　　*Sun Jing* / 088

Abstract: In 2020, as the heavy town of China's game exports, Beijing Games foreign trade has maintained a growth trend, but the growth rate is low. This paper departs from the global context, deeply analyzing the foreign trade in the capital game industry, the current capital game export has a single game, the game boutique shortage, the lack of deep understanding of overseas game culture, etc., the capital area needs to increase scientific research, encourage and support game research, build a high-level game education system, promote the upgrade of game products, provide diverse game boutiques for overseas gamers.

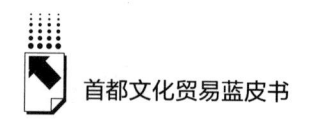

Keywords: Foreign Trade; Game Industry; Game Education; Beijing

B.8 Capital Cultural Tourism Service Trade Development Report (2021) *Wang Haiwen, Fang Shuo* / 114

Abstract: 2020 is a crucial year for the capital, in which the development of cultural tourism service trade is particularly tortuous. On the one hand, the outbreak of COVID-19 epidemic at the beginning of the year led to a sharp decline in the revenue-generating capacity of cultural tourism service trade in the capital, and enterprises faced a serious survival crisis; On the other hand, with the proposal of the "14th Five-Year Plan" and the promotion of the "Two Districts Construction", the future development direction of the cultural tourism service trade in the capital is further clarified, and the construction of the "Four Centers" is also in-depth practice, which promotes the further deepening of the reform of the cultural tourism industry, and the characteristics of cultural tourism integration are more obvious. In 2021, the international situation changed far beyond the past, and the number of inbound tourism consumers decreased greatly. The tourism market in other parts of China became the mainstay of cultural tourism service trade in the capital. At the same time, various support and promotion policies were also implemented, and the protection of cultural tourism industry was greatly enhanced. At present, there are still some problems in the trade of cultural tourism services in the capital, such as the lack of scientific and technological integration, the lack of prominent cultural characteristics, the need to improve the regional synergy effect, the weak international influence and the need to strengthen the cultural tourism risk prevention system. Therefore, the cultural tourism industry in the capital should further accelerate the pace of innovation, integration and transformation, dig deep into regional tourism characteristics, strengthen multi-regional strategic cooperation, further build well-known international brands and improve the risk prevention system.

Keywords: Cultural Tourism; Service Trade; Beijing

B.9 Report on the Development of Art Trade in Beijing (2021)

Cheng Xiangbin, Chu Qi / 128

Abstract: In 2020, due to the influence of domestic and foreign epidemics and global economic uncertainties, the scale of the art market in the capital shrunk, and the transaction volume of foreign trade declined. In terms of art trade, the total volume of art import and export in Beijing declined in most months compared with the same period last year, and there was a large trade deficit in all of them. However, with the success of domestic epidemic prevention and control, the import and export volume of art in the capital gradually recovered and gradually approached the level of the same period last year in the third quarter. In the art market, online exhibition and trading ushered in new development opportunities, cloud exhibition, online auction and other new models came into being, becoming a new highlight of the growth of the capital art market under the epidemic situation. Although the art market has been gradually standardized in recent years and the art category structure has been gradually enriched, China's art trade still face a situation of small export scale and trade deficit. On the whole, the capital art trade mainly has problems such as weak export competitiveness, high tax on art, slow development of art parks, and market management to be further improved.

Keywords: Art Market; International Trade; Beijing

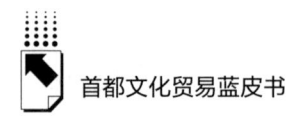

B.10 Creative Design Trade Development Report of

Beijing（2021） *Liu Xia，Wu Gehui* / 148

Abstract: With the rapid development of digital technology, the creative design industry, as an important part of the cultural industry, has become increasingly closely related to all aspects of economic and social life. In the process of building the capital's "four centers" function, promoting the continuous expansion of the capital's creative design industry and the high-quality development of foreign trade is an important measure to improve the city's international competitiveness and accelerate the spread of China's excellent traditional culture. At present, the regional characteristics of Beijing's creative design industry have become increasingly prominent, continuously integrated with related industries, and foreign trade has developed rapidly. However, there are still insufficient intellectual property protections, lack of high-end design talents, serious homogeneity of creative design products, and insufficient creative design radiation driving effects. Aspects of the problem. To this end, this article puts forward corresponding countermeasures and suggestions from the aspects of improving the intellectual property protection system, optimizing the training mechanism of design talents, improving the innovative capabilities of enterprises, and improving the creative design support policies.

Keywords: Creative Design; Foreign Trade; Cultural and Creative Industries

Ⅲ Special Topics

B.11 The Cultural Heritage of the Central Axis of Beijing is Alive

—*A New Path of Creative Transformation and Innovative*

Development of Cultural Resources *Li Hongbo* / 161

Abstract: The cultural heritage of Beijing's axis has rich cultural connotations. It is not only the embodiment of the traditional ideas of unity of heaven and man, the beauty of the golden mean, but also the essence of ancient architecture and city planning art, and also embodies the spirit of continuous development and innovation of the Chinese nation. In order to realize the creative transformation and innovative development of the cultural heritage resources of the central axis, we need to adhere to the systematic concept and systematically explore how to further explore, interpret and carry forward the historical and cultural connotation of Beijing central axis from the macro strategic height. The specific strategies are: promoting the development and upgrading of cultural and creative industries and products, strengthening the integration development of culture and tourism, Promote the integration of cultural heritage resources and public service system, deepen the combination of cultural heritage resources and cultural education industry, and strengthen the integration of cultural heritage resources with foreign cultural exchanges and cultural trade. On this basis, it forms the realistic path of creative transformation and innovative development of traditional cultural resources, and explores the implementation strategies for the urban development orientation of the construction of National Cultural Center.

Keywords: Cultural Heritage; Cultural Resource; Industrial Convergence; Beijing

B.12 Three Major Brand Exhibition Platforms Contribute to the Development of Cultural Service Trade Between Beijing and the World *Liu Chang, Mei Kai* / 175

Abstract: In 2020, COVID -19 will bring a strong impact on international trade and reshape the development mode of the exhibition. China International Trade Fair for Services (CIFTIS), ZGC Forum and Financial Street Forum three major brands have convergence of global resources, the exhibition show play the important role of capital, in 2020, the three major brands exhibition adopts "online and offline" mode of exhibition, promote cultural service trade in different degrees. This paper discusses the direct and indirect effects of the three brand exhibitions in promoting trade in cultural services, the advantages, problems and challenges of the three brand exhibitions as a platform for trade in cultural services. Finally, it puts forward policy suggestions on how to better play the role of the three brand exhibition platforms in promoting the development of trade in cultural services between Beijing and the world.

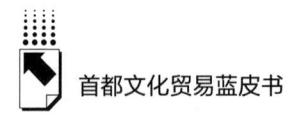

Keywords: CIFTIS; ZGC Forum ; Financial Street Forum; Cultural Service Trade

B.13 Research on the Influencing Factors of Beijing's Export of Cultural Products under Dual Circulation Pattern
——*Based on the Analysis of Countries Jointly Building the Belt and Road*

Sun Qiankun, Liu Dongxue and Zhang Chenyan / 188

Abstract: Based on Beijing's status as a national cultural center and the complex international environment of countries jointly building "The Belt and Road" (B&R), this report analyzes the significance for Beijing's export of cultural products to countries jointly building the B&R. It points out that the export of Beijing's cultural products can not only enhance the impact of Beijing's culture influence, promote external circulation to a higher level, but also open up the cultural market of countries jointly building the B&R and drive Beijing's cultural foreign investment; further, this report have examined the favorable and unfavorable factors of Beijing's cultural product exports to countries jointly building the B&R from the policy environment, international influence, dual-cycle pattern, and multiculturalism differences, geopolitical systems, and economic risks under the COVID-19 separately. Finally, in combination with the above content, this report put forward targeted strategy for promoting the export of

Beijing's cultural products towards the countries jointly building the B&R under the dual circulation, that is, Beijing should seize the policy opportunity, promoting a series of cultural trade policies to be tested, preventing risks of external circulation, creating cultural brands with Beijing characteristics, adjusting the contradiction in the export structure of cultural products, shaping the image of Beijing, and so on.

Keywords: Dual Circulation Pattern; Export of Cultural Products; The Belt and Road; Beijing

B.14 New Ways of International Communication in The Era of Pan-animation　　*Li Zhongqiu, Li Hongxin and Li Pei-Hong* / 199

Abstract: Digital technology enabled the traditional animation industry to enter the pan-animation era and has become a part of the digital creative industry. The development of technology and the new business models promoted the globalization of animation; however, it is still difficult to break the pattern and the rules of the international animation mainstream market. Under the influence of unilateralism of the US in recent years, the trends of anti-globalization such as trade protectionism have been strengthened gradually and the pandemic of COVID-19 has brought more new challenges. The obstacles created by the pandemic and the promoted ideological conflicts have made international trade especially difficult in the cultural industry. Chinese animation has taken a successful step in its entry into the highly competitive international market despite the challenges. This article analyzes the status of animation in the global markets and business rules, and study the successful pathways of Chinese animation companies that perform globally.

Keywords: Comic & Animation Industry; Pan-Animation; Oversea Market; Globalization; Digital Creative Industry

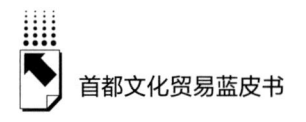

B.15 Research on Internationalization Strategies of the Performing Arts Brands in Beijing under the Background of the Belt and Road
Gong Yueqing / 208

Abstract: The Belt and Road has brought opportunities for the internationalization of capital's performing arts brands. However, COVID-19 has had a great impact on the performing arts industry. Based on the analysis of the connotations and relationship between B&R and the internationalization of capital's performing arts brands, this paper systematically analyzes the characteristics and realistic straits of the internationalization of capital's performing arts brands in the context of B&R in 2020. It also proposes the corresponding development methods of the internationalization of performing arts brands in Beijing: enhancing cultural self-confidence and building characteristic capital's performing arts brands, promoting exchanges of performing arts and building digital international communication platforms, and using performing arts diplomacy to expand communication and cooperation in multiple fields.

Keywords: The Belt and Road; Performing Arts Brands; Internationalization

B.16 Research on Mobile Short Videos Assisting Foreign Trade
—*Take the Role of Short Videos in Information Dissemination under the Conditions of COVID-19 Epidemic as An Example*
Li Jiashan, Jing Wen / 220

Abstract: The mobile short video has played its own advantages and had a positive impact on the establishment of China's image internationally. It has become a booster in the process of China's foreign trade, but at the same time, there are problems such as low content value, lack of relevant binding regulations, irregular review mechanism, illegal dissemination, etc., which require short video platforms to clarify their own responsibilities and strictly review video content; Industry associations formulate specific regulations with strong enforceability according to actual conditions; Relevant state departments carry out special legislation and encourage the production and dissemination of short videos reflecting the reality of Chinese enterprises; The regulatory authorities increase the training of professionals; Users of short videos conduct auxiliary supervision, and the role of short videos in external information dissemination can be better played through the linkage of all sides.

Keywords: Mobile Short Video; Spread of Information; Foreign Trade

B.17 The Development Report of Core Culture Enterprises in Beijing *Dong Tao, Guo Jian* / 237

Abstract: After collection of data from statistic and survey, we analyze, from different perspectives, such as number, type, business status, industry distribution, the Intellectual Property development of core culture enterprises in Beijing City. The statistic shows, that the Intellectual Property activitis of core culture enterprises in Beijing City are concentrated mainly in the field of copyright and trademark. Genreally speaking, the Intellectual Property activities is not enough for the core culture enterprises in Beijing and needs to be improved in the future.

Keywords: Culture Enterprises; Intellectual Property; Beijing

Ⅳ Comparison and Reference Reports

B.18 Research on the Development Status and Trends of the Global Value Chain of China's Digital Creative Industry *Liu Xia* / 260

Abstract: In the context of the rapid development of 5G, AI + and other emerging digital technologies, China's digital creative industry is an important strategic emerging industry in the country. The extension and expansion of its global value chain is breaking through the traditional model, gradually achieving transformation and upgrading and giving birth to new development format. At present, the global value chain of China's digital creative industry has shown new development status and trends in the integration of creativity and digital technology, the mode and trend of chain extension and expansion, and the embedding of global value chain. In the future, digital technology will continue to upgrade and the degree of integration with all links of the creative industry value chain will be further improved. At the same time, international division of labor and cooperation will become more frequent. Because, in order to better realize the ecological network development of the global value chain of China's digital creative industry, and continuously improve the status of China's digital creative industry embedded in the global value chain, China will pay more attention to the innovation of digital technology, the support of digital creative enterprises, and high-quality the cultivation of professional talents, the construction of social infrastructure, and the integrated development of multi-industry and diversification.

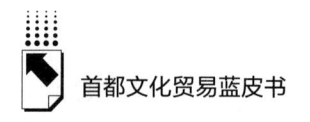

Keywords: Digital Creative Industry; Global Value Chain; Ecological Networking

B.19 The Impact of Korean TV Exports on Chinese Travel to South Korea　　　　　　　　　　*Li Jiashan, Liu Jiayao* / 272

Abstract: South Korea and China are located in the Asia-Pacific region and are geographically adjacent and have a long history of friendly exchanges at the social, cultural and economic levels. Under the background of China's huge tourism demand and the revival of Korean Wave, this article tries to explore the influence of Korean culture and Korean TV programs on Chinese tourism to Korea. After consulting the literature and data related to this topic, the second part of this paper mainly introduces the export of Korean TV programs to China, including the total amount of exported TV programs, as well as the viewing situation of Korean TV programs in China. After understanding the viewing situation of imported Korean TV programs in China, this paper mainly analyzes the impact of Korean TV programs exported to China on Chinese audiences, and explores whether Korean TV programs exported to China will affect the willingness, motivation and route choice of Chinese viewers to travel to South Korea. In the third part, a questionnaire is designed to analyze the influence of Korean TV programs on China's willingness to travel to South Korea. After analyzing the returned questionnaires, it is found that Korean TV programs will affect the willingness of Chinese citizens to travel to South Korea. Finally, in view of the above conclusions, this article puts forward constructive suggestions and countermeasures for the better and closer development of China's film and television industry and tourism industry.

Keywords: TV Programs; Export; Travel to South Korea

北京市哲学社会科学研究基地智库报告系列丛书

推动智库成果深度转化

打造首都新型智库拳头产品

为贯彻落实中共中央和北京市委关于繁荣发展哲学社会科学的指示精神，北京市社科规划办和北京市教委自2004年以来，依托首都高校、科研机构的优势学科和研究特色，建设了一批北京市哲学社会科学研究基地。研究基地在优化整合社科资源、资政育人、体制创新、服务首都改革发展等方面发挥了重要作用，为首都新型智库建设进行了积极探索，成为首都新型智库的重要力量。

围绕新时期首都改革发展的重点热点难点问题，北京市社科联、北京市社科规划办、北京市教委与社会科学文献出版社联合推出"北京市哲学社会科学研究基地智库报告系列丛书"。

北京市哲学社会科学研究基地智库报告系列丛书
（按照丛书名拼音排列）

·北京产业蓝皮书：北京产业发展报告

·北京人口蓝皮书：北京人口发展研究报告

·城市管理蓝皮书：中国城市管理报告

·法治政府蓝皮书：中国法治政府评估报告

·健康城市蓝皮书：北京健康城市建设研究报告

·交通蓝皮书：中国城市交通绿色发展报告

·京津冀蓝皮书：京津冀发展报告

·平安中国蓝皮书：平安北京建设发展报告

·企业海外发展蓝皮书：中国企业海外发展报告

·首都文化贸易蓝皮书：首都文化贸易发展报告

·中央商务区蓝皮书：中央商务区产业发展报告

社会科学文献出版社

皮 书

智库报告的主要形式
同一主题智库报告的聚合

✤ 皮书定义 ✤

皮书是对中国与世界发展状况和热点问题进行年度监测,以专业的角度、专家的视野和实证研究方法,针对某一领域或区域现状与发展态势展开分析和预测,具备前沿性、原创性、实证性、连续性、时效性等特点的公开出版物,由一系列权威研究报告组成。

✤ 皮书作者 ✤

皮书系列报告作者以国内外一流研究机构、知名高校等重点智库的研究人员为主,多为相关领域一流专家学者,他们的观点代表了当下学界对中国与世界的现实和未来最高水平的解读与分析。截至2021年,皮书研创机构有近千家,报告作者累计超过7万人。

✤ 皮书荣誉 ✤

皮书系列已成为社会科学文献出版社的著名图书品牌和中国社会科学院的知名学术品牌。2016年皮书系列正式列入"十三五"国家重点出版规划项目;2013~2021年,重点皮书列入中国社会科学院承担的国家哲学社会科学创新工程项目。

中国皮书网

（网址：www.pishu.cn）

发布皮书研创资讯，传播皮书精彩内容
引领皮书出版潮流，打造皮书服务平台

栏目设置

◆ **关于皮书**
何谓皮书、皮书分类、皮书大事记、
皮书荣誉、皮书出版第一人、皮书编辑部

◆ **最新资讯**
通知公告、新闻动态、媒体聚焦、
网站专题、视频直播、下载专区

◆ **皮书研创**
皮书规范、皮书选题、皮书出版、
皮书研究、研创团队

◆ **皮书评奖评价**
指标体系、皮书评价、皮书评奖

◆ **皮书研究院理事会**
理事会章程、理事单位、个人理事、高级
研究员、理事会秘书处、入会指南

◆ **互动专区**
皮书说、社科数托邦、皮书微博、留言板

所获荣誉

◆ 2008年、2011年、2014年，中国皮书网均在全国新闻出版业网站荣誉评选中获得"最具商业价值网站"称号；

◆ 2012年，获得"出版业网站百强"称号。

网库合一

2014年，中国皮书网与皮书数据库端口合一，实现资源共享。

中国皮书网

权威报告·一手数据·特色资源

皮书数据库
ANNUAL REPORT(YEARBOOK) DATABASE

分析解读当下中国发展变迁的高端智库平台

所获荣誉

- 2019年，入围国家新闻出版署数字出版精品遴选推荐计划项目
- 2016年，入选"'十三五'国家重点电子出版物出版规划骨干工程"
- 2015年，荣获"搜索中国正能量 点赞2015""创新中国科技创新奖"
- 2013年，荣获"中国出版政府奖·网络出版物奖"提名奖
- 连续多年荣获中国数字出版博览会"数字出版·优秀品牌"奖

成为会员

通过网址www.pishu.com.cn访问皮书数据库网站或下载皮书数据库APP，进行手机号码验证或邮箱验证即可成为皮书数据库会员。

会员福利

- 已注册用户购书后可免费获赠100元皮书数据库充值卡。刮开充值卡涂层获取充值密码，登录并进入"会员中心"—"在线充值"—"充值卡充值"，充值成功即可购买和查看数据库内容。
- 会员福利最终解释权归社会科学文献出版社所有。

卡号：941342263518
密码：

数据库服务热线：400-008-6695
数据库服务QQ：2475522410
数据库服务邮箱：database@ssap.cn
图书销售热线：010-59367070/7028
图书服务QQ：1265056568
图书服务邮箱：duzhe@ssap.cn

S 基本子库
SUB DATABASE

中国社会发展数据库（下设 12 个子库）

整合国内外中国社会发展研究成果，汇聚独家统计数据、深度分析报告，涉及社会、人口、政治、教育、法律等 12 个领域，为了解中国社会发展动态、跟踪社会核心热点、分析社会发展趋势提供一站式资源搜索和数据服务。

中国经济发展数据库（下设 12 个子库）

围绕国内外中国经济发展主题研究报告、学术资讯、基础数据等资料构建，内容涵盖宏观经济、农业经济、工业经济、产业经济等 12 个重点经济领域，为实时掌控经济运行态势、把握经济发展规律、洞察经济形势、进行经济决策提供参考和依据。

中国行业发展数据库（下设 17 个子库）

以中国国民经济行业分类为依据，覆盖金融业、旅游、医疗卫生、交通运输、能源矿产等 100 多个行业，跟踪分析国民经济相关行业市场运行状况和政策导向，汇集行业发展前沿资讯，为投资、从业及各种经济决策提供理论基础和实践指导。

中国区域发展数据库（下设 6 个子库）

对中国特定区域内的经济、社会、文化等领域现状与发展情况进行深度分析和预测，研究层级至县及县以下行政区，涉及省份、区域经济体、城市、农村等不同维度，为地方经济社会宏观态势研究、发展经验研究、案例分析提供数据服务。

中国文化传媒数据库（下设 18 个子库）

汇聚文化传媒领域专家观点、热点资讯，梳理国内外中国文化发展相关学术研究成果、一手统计数据，涵盖文化产业、新闻传播、电影娱乐、文学艺术、群众文化等 18 个重点研究领域。为文化传媒研究提供相关数据、研究报告和综合分析服务。

世界经济与国际关系数据库（下设 6 个子库）

立足"皮书系列"世界经济、国际关系相关学术资源，整合世界经济、国际政治、世界文化与科技、全球性问题、国际组织与国际法、区域研究 6 大领域研究成果，为世界经济与国际关系研究提供全方位数据分析，为决策和形势研判提供参考。

法律声明

"皮书系列"(含蓝皮书、绿皮书、黄皮书)之品牌由社会科学文献出版社最早使用并持续至今,现已被中国图书市场所熟知。"皮书系列"的相关商标已在中华人民共和国国家工商行政管理总局商标局注册,如LOGO( )、皮书、Pishu、经济蓝皮书、社会蓝皮书等。"皮书系列"图书的注册商标专用权及封面设计、版式设计的著作权均为社会科学文献出版社所有。未经社会科学文献出版社书面授权许可,任何使用与"皮书系列"图书注册商标、封面设计、版式设计相同或者近似的文字、图形或其组合的行为均系侵权行为。

经作者授权,本书的专有出版权及信息网络传播权等为社会科学文献出版社享有。未经社会科学文献出版社书面授权许可,任何就本书内容的复制、发行或以数字形式进行网络传播的行为均系侵权行为。

社会科学文献出版社将通过法律途径追究上述侵权行为的法律责任,维护自身合法权益。

欢迎社会各界人士对侵犯社会科学文献出版社上述权利的侵权行为进行举报。电话:010-59367121,电子邮箱:fawubu@ssap.cn。

社会科学文献出版社